LUDICROUS

테슬라와 일론 머스크, 그 숨겨진 신화

루디크러스

루디크러스: 테슬라와 일론 머스크, 그 숨겨진 신화

초판 발행 2021년 9월 6일

지은이 에드워드 니더마이어 **옮긴이** 이정란 **펴낸이** 이성용 **책임편집** 박의성 **책디자인** 책돼지

펴낸곳 빈티지하우스 **주소** 서울시 마포구 성산로 154 4층 407호(성산동, 충영빌딩)

전화 02-355-2696 **팩스** 02-6442-2696 **이메일** vintagehouse_book@naver.com

등록 제 2017-000161호 (2017년 6월 15일) **ISBN** 979-11-89249-59-5 03320

LUDICROUS

Copyright ⓒ 2019 by Edward Niedermeyer.

Korean-language edition copyright ⓒ 2021 by Vintage House

Published by arrangement with BenBella Books, Inc., Folio Literary

Management, LLC, and Danny Hong Agency

LUDICROUS

테슬라와 일론 머스크, 그 숨겨진 신화
루디크러스

에드워드 니더마이어 지음 / 이정란 옮김

빈티지하우스
VINTAGE HOUSE

독자 여러분께

자동차 분야에서 오랫동안 일해온 내게 이 책은 가장 어려운 도전 과제였다. 다양한 주제들이 복잡하게 얽혀 있는 테슬라의 기업 스토리는 논쟁을 양극화하여 방향을 잃게 만드는 미묘한 뉘앙스로 가득 차 있기 때문이다.

이 책을 쓰기 시작한 이후로 나는 몇 년 동안 우여곡절을 겪어야 했다. 사실 이 말은 대단히 절제된 표현이다. 테슬라는 테슬라의 팬들이 보기에 왕좌를 눈앞에 두고 있었겠지만 회의론자들의 시선에서는 늘 붕괴 직전의 상태였다. 새로운 개발 단계에서 이룩한 결과들은, 그것이 긍정적이든 부정적이든 테슬라에 대한 기대를 높여주기도 했고 추락시키기도 했다.

자동차산업은 가장 복잡하고 어려운 사업 분야 중 하나다. 이 분야에 새로 진입하는 회사들은 항상 험난한 장애물과 직면한다. 이는 테슬라만이 겪는 문제가 아니다. 다른 자동차회사를 취재해도 마찬가지다. 하지만 유독 테슬라의 팬들은 나를 테슬라 혐오자hater로 자주 오해하곤 한다. 내가 쓴 글들을 자신들이 사랑하는 회사를 파괴하려는 시도로 보는 것이다.

테슬라에 대해 진지한 글을 쓰기 시작하자마자 과열된 공격이 시작되었다. 처음에는 테슬라의 팬과 투자자로부터 공격을 받았고, 이후(내가 막 이 책의 집필을 시작했을 때)에는 테슬라로부터 직접적으로 공격을 받았다.

나는 내 글에서 나를 드러내지 않으려고 노력한다. 글이 그 자체만으로 존재하기를 바랄 뿐이다. (또 한편으로는 내 의견이 그렇게 흥미롭다고 생각하지 않기 때문이기도 하다.) 하지만 내가 받았던 공격들은 대부분 기사와 분석의 본질에 대한 것이 아니라 내가 인지한 내용에 초점을 맞추고 있었다. 따라서 이 책은 내가 어떻게 이러한 견해를 가지게 되었는지 설명하는 데 집중하고 있다. 내가 글을 쓴 동기에 대한 혼란스러운 추측을 방지하기 위해 개인적인 경험도 공유할 것이다.

이 책에 실린 수백 시간의 인터뷰는 대부분 익명으로 처리되었다. 또한 출처를 알리고 싶지 않은 이들의 요청으로 수많은 일화와 데이터가 제외되기도 했다. 인터뷰에 응한 테슬라의 전직 임직원들, 책임자들, 협력업체들은 보복을 두려워했다. 테슬라의 공격적인 팬 문화는 테슬라의 무자비한 홍보방식과 닮아 있다.

중요한 이야기가 담긴(그리고 상당히 재미있기까지 한) 사례들과 그것을 제공한 이들이 얼마나 정통한 소식통인지 보여줄 수 없다는 점이 너무나 아쉽지만, 이들이 익명을 조건으로 인터뷰를 진행할 수밖에 없었던 것에 대해 누구도 탓할 수는 없다. 테슬라의 내부고발자들 여럿이 고소당하고 협박당하는 것을 지켜봐온 나로서는 이들의 두려움이 극히 당연하다고 생각한다.

이러한 상황에서 개인적이며 직업적인 안녕을 걸고 자신의 이야기를 나에게 들려주었다는 사실은 이들의 용기와 소신이 얼마나 대단한지 보여준다. 나는 이들에게 깊은 감사를 표한다. 그리고 이들이 당연히 인정받아야 할 공로를 제대로 인정받을 수 있기를 바랄 뿐이다.

차례

독자 여러분께 004

들어가는 글 009

01. 자동차업계에서 살아남다 ································· 019

02. 톱시크릿 마스터플랜 ································· 039

03. 뜻하지 않게 자동차 제조회사가 되다 ········ 058

04. 스타트업의 덫에 걸리다 ························· 070

05. 자동차 생산은 어려운 일이다 ················ 089

06. 구제금융을 받다 ································· 105

07. 0달러에서 600억 달러가 되기까지 ········ 130

08. 테슬라의 지지자와 회의론자 ················ 145

09. 태양광과 슈퍼차저, 배터리 교환 ············ 169

10. 오토파일럿 피벗 ································· 186

11. 모델X, 오점을 남기다 208

12. 결함, 폭로, 드라마 226

13. 리마스터플랜 252

14. 기계를 만드는 기계 278

15. 제국의 역습 296

16. 루디크러스 모드 319

17. 가장 중요한 것은 무엇인가 339

감사의 글 352

참고문헌 353

들어가는 글

자동차산업에 대한 글을 쓰기 시작했던 2008년, 나는 자동차와 모빌리티산업에 어떤 위기가 닥쳤는지 전혀 알지 못했다. 나는 그저 좋지 않은 시기에 대학을 졸업하고 일자리를 구하지 못했던 청년에 불과했다.

당시의 경제위기는 나를 둘러싼 환경을 무참히 짓밟았다. 자동차산업은 말 그대로 근본적인 변화라는 위기에 봉착해 있었다. 그때 마침 디트로이트 자동차회사들의 몰락을 예견하는 글로 유명해진 'TTAC^The Truth About Cars'에서 내게 글을 쓸 기회를 주겠다고 제안했고, 나는 프리랜서로 글을 쓰기 시작했다.

자동차산업 분야에 뛰어든 지 몇 달 만에, 나는 현대인의 삶에서 가장 매력적인(하지만 인정은 받지 못하는) 분야에 운 좋게 발을 들이게 되었다는 사실을 깨달았다. 알고 보니 자동차는 내가 생각하던 값비싼 소비재 그 이상의 물건이었다. 즉, 자동차란 사회의 거의 모든 측면에 영향을 미치는 문화의 토대였다. 미학과 공학에서부터 역사, 정치, 경제, 환경, 무역, 도시개발에 이르기까지, 자동차산업은 들여다볼수록 상당히 복잡한 주제와 아이디어를 탐구할 수 있는 렌즈나 마찬가지였다.

2008년은 자동차산업을 지배하는 숨겨진 세력에 대해 배우기에 너무도 적절한 시기이기도 했다. 경기침체와 유가 급등이라는 두 번의 타격이 자동차산업의 구조적인 문제와 충돌하면서 자동차산업 전반은 무너져가는 과정에 있었다. GM과 크라이슬러의 파산은 구제금융을 불러왔고, 그 뒤에 수술대에 오른 이 회사들의 문제점을 공개적으로 분석함으로써 자동차산업의 현실을 구체적으로 확인했다. 일반적으로는 자동차 자체에 매력을 느껴 자동차산업에 발을 들이게 되지만, 내 경우에는 자동차를 만드는 사람들과 아이디어들의 복잡한 시스템이 나를 이 분야로 이끌었다.

나는 자동차와 자동차산업에 대해 찾을 수 있는 모든 자료를 읽어나가면서 진지하게 이 분야를 분석했고, 내가 알게 된 바를 종합적으로 정리하여 글을 썼다. 지난 11년 동안 나는 운 좋게도 〈월스트리트저널〉, 〈블룸버그〉, 〈데일리비스트〉, 〈오토모티브뉴스〉 등의 독자들을 위해 글을 쓸 수 있었다. GM과 크라이슬러의 구제금융을 비판적으로 바라보면서 업계에서의 경력을 쌓아가기 시작했던 나는, 일반적인 통념은 무시하고 숨겨진 이야기를 반드시 파헤쳐서 세상의 빛을 보도록 해야 한다는 관점에 자연스럽게 끌렸다.

당시 나의 주된 관심사가 디트로이트의 붕괴와 구제금융을 둘러싼 격렬한 논쟁이었다는 점을 고려해봤을 때, 창업 초기의 테슬라는 관심 밖에 있었다. 영국에서 수입한 스포츠카를 전기자동차로 개조하는 캘리포니아의 작은 스타트업에 흥분할 상황이 아니었다.

전기자동차 스타트업 모두가 베이퍼웨어vaporware(개발 중에는 요란하게 선전하지만 실제로는 완성될 가능성이 없는 소프트웨어)라거나 중국산 골프 카트보다 조금 나아 보이는 정도로 알려지던 시절에, 테슬라는 전기 스포츠카로 최고급시장을 겨냥함으로써 기존 전기차 스타트업들과 차별화했다. 테슬라의 로드스터가 엄청난 가속도와 친환경 이미지로 캘리포니아의 유명인사들에게 인기가 많다는 기사가 나오면서, 테슬라는 적어도 반짝 성공을 하고 사라질 회사가 아닌 잠재력 있는 스타트업이라는 것을 알렸다.

　사실, 이 시기 테슬라는 걱정으로 가득 찬 상황이었다. 테슬라는 당장 리엔지니어링이 필요한 부품들이 있었고, 설립자들의 불화가 시작되었으며, 살아남기 위해 필요한 자금이 고갈되고 있었다. 오늘날의 테슬라가 그런 것처럼, 2008년의 테슬라 역시 심각한 단기적인 문제와 함께 거대한 장기적 문제들이 복잡하게 얽혀 있었다.

　2008년, 당시 테슬라가 대부분의 전기자동차 스타트업보다 더 많은 차량을 실제로 출시하기 시작하면서 나는 '테슬라 데스워치Tesla Death Watch'라는 짧은 블로그 시리즈를 시작했다. 차후에 훨씬 더 많은 주목을 받게 되었지만, 테슬라 시리즈는 내가 일하기 전부터 있었던 GM, 크라이슬러, 포드의 데스워치 시리즈 이후에 덧붙여 만들어진 시리즈에 불과했다. 우리는 그 어떤 반감을 가지고 테슬라 데스워치 시리즈를 시작했던 것이 아니었다. 사실 나는 2009년 모든 데스워치 시리즈를 중단했다. 선동적인 시리즈 제목 때문에 우리가 자동차산업의 본질적인 어려움에 대해 기록하기보다 이 회사들이 실패하기를 바라는 마음에서 이 글을 쓰는 거라고 구독자들이 오해할까 봐 걱정되었기 때문이다. 테슬라 데스워치는 기존 데스워치 시리즈와는 다른 신선함을 전해주었을 뿐 아니라, 새로운 자동차회사들이 살아남기에 이 업계가 얼마나 잔인할 정도로 힘든 곳인지를 보여준 흥미로운 이야기였다.

산발적으로 테슬라를 취재한 지 1년이 채 안 되어, 우리는 테슬라의 100번째 로드스터 인도를 기념해 테슬라 데스워치를 멈추었다. 그로부터 5년 동안, 테슬라가 온갖 역경을 헤치고 나아가 본격적으로 자동차업계에 한 획을 긋는 모습을 나는 감동과 놀라움의 눈으로 지켜보았다. 비록 테슬라의 야심이 폭주하면서 이에 대해 회의적인 시선을 갖기도 했지만, 신생 기업에게 전혀 승산이 없을 것 같았던 자동차업계에서 살아남은 테슬라의 능력에 정말이지 감탄했다.

테슬라가 어떤 어려움을 극복해냈는지와 상관없이, 테슬라의 성공은 불안정한 기반 위에 세워진 듯 보였다. 테슬라의 디자인이나 성능, 엔지니어링, 신속한 시제품 제작 능력 모두 어느 기업에도 뒤지지 않았다. 하지만 음울한 시절이었던 2008년에 내가 배웠던 제조업과 금융의 따분한 기초지식은 테슬라에게 항상 부족했다. 이렇게 매력적이지 않은 부분들은 규모가 작은 프리미엄 브랜드의 경우 간과될 수 있다. 하지만 대중시장을 열망하는 기업에게는 이러한 부분은 근본적으로 중요한 요소가 된다.

2014년, 나는 스탠퍼드대학교 근처에 위치한 테슬라 본사로 갑작스러운 초청을 받았고, 그때 처음으로 커튼 뒤에 숨겨진 테슬라의 진짜 모습을 엿볼 수 있었다. 건물 내부에 벽이 하나도 없는 사무실 모습은 그동안 내가 보았던 자동차회사들과는 사뭇 달랐다. 홍보담당자들은 각종 부품으로 뒤덮인 엔지니어링 작업 공간 바로 옆에 앉았고, CEO의 책상은 다른 직원들의 자리와 구별되지 않았다. 활기차고 꾸밈없는 사무실 환경은 젊은 직원들이 소프트웨어 스타트업 스타일로 창의적인 협업을 해나갈 수 있는 분위기였다. 하지만 실리콘밸리의 자동차 스타트업이라는 아이디어 자체가 매력적인 만큼, 자동차산업에 대한 새로운 접근방법은 이 산업의 근본에서 가장 어려운 문제를 종종 일으키게 된다는 사실을 알게 되었다.

이 일을 시작했던 시기에 나는 이스라엘의 스타트업 '프로젝트베터플레이스Project Better Place'에 매료된 적이 있었다. 이 회사는 지금껏 들어본 것 중 가장 대담하고 독특한 전략을 가진 곳이었다. 그것은 바로 배터리가 없는 전기차를 판매하는 전략이었다. 내연기관 자동차와의 가격 경쟁력을 확보하기 위해 차를 소유한 사람들에게 배터리 교환 네트워크 사용 요금을 청구하는 방식이었다. 휴대폰사업에서 영향을 받은 이 사업계획은 전기자동차의 두 가지 문제점인 비용과 충전 시간을 해결하겠다고 약속했다.

이 훌륭한 아이디어의 잠재력에 흥분할 정도로 놀랐던 나는, 2013년 베터플레이스가 갑자기 파산했다는 소식을 듣고 허를 찔리고 말았다. 이때의 일로 스마트한 아이디어가 대규모로 수행되는 일에는 적합하지 않다는 사실을 알게 되었다. 그뿐 아니라 이로 인해 배터리 교체

충전소를 조사하면서 테슬라에 대한 인식이 점차 바뀌게 되었다. 2015년, 샌프란시스코와 로스앤젤레스 중간에 위치한 테슬라의 충전소에서 내가 보았던 광경은 테슬라의 이미지와 현실 사이에 엄청난 간극이 존재함을 알려주었다. 하지만 테슬라는 명성을 유지하기 위해서라면 무엇이든 말하고 행동할 수 있었다.

테슬라의 인기는 치솟고 있었지만 갑작스럽게 테슬라에 회의를 느끼게 된 나는 테슬라의 과거와 현재에 대해 파헤치기 시작했다. 내가 의문을 제기하고 파고들면 들수록 테슬라의 잘 알려진 이미지는 이들이 근본적인 기능장애를 숨기기 위해 일부러 만들어낸 허울일 뿐이라는 증거를 찾아내게 되었다. 하지만 테슬라의 전현직 직원들을 통해 더 많은 정보를 얻으면서, 테슬라에 영웅주의가 존재함을 알 수 있었다.

나는 이 책의 아이디어를 다양한 매체를 통해 테슬라의 이야기를 수집하고 소개하기 시작하면서 구상했다. (또한 테슬라 팬들이 테슬라를 옹호하는 이메일을 점점 더 많이 보내기 시작했다.) 그러던 2016년 여름, 테슬라가 결함이 있는 차량에 대한 '선의의 수리'를 대가로 소유주들과 '기밀유지협약'을 맺었다는 기사가 전국적으로 퍼졌고, 테슬라는 이에 대해 직접적으로 반격했다.

테슬라는 공식 블로그를 통해 내가 이야기를 '조작'했으며, 언론을 통해 전국적으로 테슬라를 오도했다고 비난하면서, 내가 경제적인 이유 때문에 이런 일을 한 것 같다고 했다. 취재기자와 그들이 조사하는 회사와의 관계가 그다지 훈훈하지는 않지만, 보통은 양쪽 모두 각자의 일을 하고 있는 거라는 근본적인 이해가 존재한다. 하지만 테슬라의 블로그와 소셜미디어를 가득 채운 그들의 폭언은 분명한 메시지를 던졌다. 바로 내가 테슬라의 적이라는 메시지였다.

내가 밝혀냈던 문제와 그에 따른 지극히 개인적인 공격 사이에서 나는 이 책에 대한 비전을 다음과 같이 확고히 했다. 나는 테슬라의 첨단기술과 환경주의라는 계산된 허울 속에 깔려 있는 기능장애를 밝혀 '진짜 테슬라의 모습'을 드러내고자 했다. 그 후 수개월간의 연구와 인터뷰를 통해 이러한 비전을 입증할 수 있는 사례와 데이터가 부족하지 않다는 사실을 알게 되었다. 하지만 내가 테슬라의 역사를 깊이 파고들고 이 회사에 수년간 헌신해왔던 직원들과 대화를 나누면서, 테슬라와 나사이의 적대감이 전체적인 이야기에 방해가 된다는 사실을 깨닫게 되었다.

시간이 지나면서 나는 테슬라의 이야기 속에서 보다 미묘한 차이를 보기 시작했다. 고객들은 테슬라의 품질과 서비스 문제에 대해 불평을 해대고, 그런 뒤 테슬라를 자동차사업의 미래라며 극찬한다. 내가 대화를 나누었던 임직원들은 테슬라의 추악한 문화와 심각한 기능장애에 관한 놀라운 이야기를 들려주곤 했다. 하지만 그런 다음 테슬라에서 일하는 것이 자신의 경력에 얼마나 고무적이며 동기부여가 되는 경험이 었는가에 대해 점점 웅변조가 되어 이야기했다. 전기자동차의 역사에 대해 더 깊이 있게 이해해보니 왜 그렇게 많은 이들이 테슬라에 대해 열정적인 반응을 보이며 테슬라의 성공을 확신하고 있는지 명확히 알게 되었다.

첨단기술의 도전에 관한 다른 이야기들과는 달리, 테슬라의 이야기를 보기 좋게 마무리할 수 있는 방법은 없다. 테슬라의 이야기는 분명 영웅 같은 악당과 악당 같은 영웅이 등장하고 복잡한 사건들이 제멋대로 뻗어나가는 이야기다. 그리고 내가 이러한 사실에 대해 이야기하는 것은 테슬라를 열렬히 지지하는 팬들과 이들을 비판하는 회의론자 모두를 실망시킬지도 모른다. 하지만 이러한 복잡성은 우리에게 세상을 바라보고 이해하는 방식에 대한 다양한 교훈을 전해줄 수 있다.

결국 테슬라는 이 회사의 미래만큼이나 복잡하고 불확실한 거대한 이야기의 일부에 불과할 뿐이다. 전기자동차가 불러일으키는 열광에도 불구하고 전기차의 시장점유율이 한 자릿수라는 점은 우리가 오랫동안 기다려온 전기차 혁명이 여전히 초창기에 불과하다는 사실을 말해준다. 비록 전기자동차 분야에 대규모 투자가 이루어지고 있지만, 스마트폰 기반의 차량 호출 서비스나 차량 공유, 자율주행, 마이크로 모빌리티 등의 기술은 단순히 전기차 이상으로 사회적이며 친환경적인 기회가 이 분야에 존재함을 시사한다.

우리는 거대한 모빌리티 혁명의 초기 단계에 여전히 머물러 있다. 그리고 기술의 변화나 정부의 정책, 소비자의 다양성은 우리를 완전히 다른 결과로 이끌어갈 수 있다. 테슬라가 계속해서 이 혁명을 주도해나갈지, 아니면 이 혁명에서 뒤처질지는 여전히 지켜볼 일이다. 하지만 이러한 변화의 초기 단계에서 테슬라의 성공과 도전은 모빌리티시장을 새롭게 열어나가길 희망하는 새로운 도전자들에게 이미 영향을 주었고, 이들에게 중요한 경고 메시지 또한 남겨두었다.

매우 역동적이고 예측 불가한 바로 이 순간에, 단 한 가지 분명한 것이 있다. 앞으로의 수십 년이 바로 자동차와 모빌리티 분야를 주목해야 할 가장 중요한 시점이라는 점이다. 그리고 온갖 우여곡절을 겪은 테슬라모터스의 이야기는 우리가 살아갈 앞으로의 미래를 소개하는 완벽한 서문이라 할 수 있다.

01 ≡
자동차업계에서
살아남다

"이건 실리콘밸리 대
디트로이트 스토리가 아닙니다."

2009년 1월 15일, 일론 머스크

"당신이 해냈어요!" 관중들의 함성을 뚫고 큰 소리로 울려 퍼진 이 말에 다시 한 번 환호의 물결이 이어졌다. 일론 머스크는 잠시 멈춰서 열광적인 환호에 웃음을 지어 보였다. 테슬라모터스의 CEO 일론 머스크는 양팔을 활짝 벌려 관중들의 환호에 호응했다. 그리고 다시 말을 이으려 했다. "자…" 그러자 관중들은 이번에는 더 큰 목소리로 외쳤다. "당신이 정말 해냈다고요!"

"감사합니다." 머스크는 싱긋 웃으며 답했다. 테슬라가 '모델3'의 예약 주문을 11만 5,000건이나 받았다고 발표한 직후, 그가 처음으로 끝맺은 말이었다. "와, 정말 많은 숫자네요." 그가 웃음 지으며 말했다. 머스크가 무대 위에서 관중들을 향해 활짝 웃어 보이자 관중들은 다시 한 번 함성을 질렀다.

그를 바라보고 있던 사람들 대부분이 그렇게 생각했듯, 머스크가 결국 해냈다. 그날 하루 종일, 아직 실물을 접하지도 못한 자동차를 선 주문하기 위해 전 세계 테슬라 대리점에 줄지어 선 머스크 팬들의 이미지가 온라인을 뜨겁게 달구었다. 이튿날까지 예약 주문 건수는 23만 건 이상으로 두 배가 되었고, 뉴스의 헤드라인은 '자동차업계 최초로 아이폰 대기 행렬'을 연상시켰다며 치켜세웠다.

일주일 뒤, 테슬라는 32만 5,000건의 모델3 예약 주문을 받았다고 발표했다. 100억 달러 이상의 매출이 예상되었으며, 예약 건수는 45만 건을 넘어설 것으로 보였다. 한 세기 동안의 자동차 역사에서 모델3만큼 열광적인 반응을 얻은 차는 결코 찾아볼 수 없었다.

물론 지금까지 테슬라모터스 같은 자동차회사도 없었다. 자동차회사 대부분이 기술발달과 상업화를 향해서만 나아가고 있을 때, 머스크는 자신이 이끌던 전기자동차회사를 자동차 혁명의 선봉에 세웠다. 그리고 오랜 기간 잠들어 있었던 대중들의 자동차에 대한 열정에 다시 불을 붙였다. 테슬라가 소개한 각각의 모델은 지금까지의 자동차를 단순히 개선한 것 이상이었다. 테슬라는 빠르고 섹시한 자동차 모델로 친환경적이고 안전하며, 더 나은 미래로 향하는 길을 제시했다.

이제 3만 5,000달러짜리 모델3의 출시를 통해 보급형 전기차를 만들겠다는 머스크의 10년 전 약속은 곧 이행될 준비를 마친 상태였다. 예치금 1,000달러만 지불할 수 있다면 누구나 전기자동차라는 미래를 경험할 수 있게 된 것이다. 반짝이는 모델3 시제품과 대중들의 감탄 속에 둘러싸인 머스크는 마치 4조 달러나 되는 자동차업계의 지각변동을 예언하며 미소 짓는 예언자처럼 보였다.

테슬라가 이미 대담한 여정의 마지막 단계에 도달했다는 믿음, 즉 머스크가 진정 '그 일을 해냈다'는 생각까지는 이해할 수 있었다. 13년 전, 테슬라가 처음 설립되었을 당시에는 공동창업자들조차 향후 테슬라가 보급형 전기차를 출시해 예치금을 받게 될 것이라 생각하지 못했었다. 그랬던 회사가 숱한 우여곡절을 극복해냈고, 혁명과도 같은 약속을 이행하는 날이 바로 눈앞에 다가온 것이다.

하지만 승리의 함성이 사라지고 긴 행렬을 이뤘던 소비자들이 모델3를 인도받기 위해 흩어진 동안에도, 여전히 풀리지 않는 불편한 질문, 바로 "테슬라가 정말 그 일을 해낸 걸까?"라는 의문이 남아 있었다. 테슬라라는 기업과 대량생산이 가능한 보급형 전기차 모델3라는 꿈 사이에는 수년간의 노력과 엄청난 도전, 막대한 실수가 모두 존재한다. 테슬라는 이미 수많은 장애물을 극복해냈지만, 예지력 넘치는 CEO조차 아직 완전히 파악하지 못한 미지의 세계로 테슬라는 발을 내딛고 있었다.

테슬라가 수년간 끊임없이 고군분투한 결과, 현재까지 모델3는 계속해서 출하되고 있다. 그리고 이 책을 집필하고 있는 시점에 모델3는 주당 5,000대 이상 제작되고 있다. 하지만 이 생산량에 도달하기까지 약 45억 달러(최소 두 곳의 신규 공장 건설비용)의 신규 자본이 들었다. 이는 테슬라가 2018년 말까지 달성하겠다고 밝힌 연간 생산량 50만 대의 절반을 웃도는 수준이다. 2019년 1분기까지 테슬라의 최대 시장인 북미에서 보급형 버전을 제외한 모든 버전의 수요가 고전을 면치 못했고, 인도 수량도 지난 분기보다 30% 이상 떨어졌다.

테슬라는 항상 대중의 열망을 유리하게 활용해왔지만 어려운 문제들이 모든 단계마다 끊임없이 따라다녔고, 그로 인해 가장 중요한 약속을 이행하지 못해왔다. 15년이 넘도록 테슬라는 대중의 인식을 조작해옴으로써 아무리 어려운 일에 직면하더라도 도산의 위기를 막을 수 있었다. 하지만 모델3를 출시하면서 테슬라는 자동차업계의 본질적인 현실을 더 이상 무시할 수 없게 되었다. 테슬라가 대량생산이 가능한 보급형 전기차를 만들어내겠다는 사명을 제대로 달성해냈다는 인식과 이 회사의 현실 사이에는 단절된 부분이 있다. 이러한 단절 상태는 창업 첫날부터 지금까지 이 회사를 정의하는 특징으로 자리 잡아왔다.

자동차산업에 대한 글을 쓰기 시작하던 2008년, 내 머릿속에 가장 먼저 떠오른 생각은 그 누구도 이 산업에 뛰어들기를 원하지 않으리라는 것이었다. 자동차회사는 신차를 개발하는 데 수십억 달러를 투자해야 한다. 게다가 4년 혹은 그 이후에나 시장 상황에 따라 출시 여부가 결정된다. 그리고 엄청나게 큰, 세계시장 규모로 움직이는 극도로 경쟁적인 시장에 신차를 내놓고 판매해야만 한다. 분명 이 사업은 돈을 벌기 가장 어려운 길임에 틀림없다. 만약 일이 잘되면 자동차회사는 적당한(하지만 그리 많지 않은) 수익을 창출해낼 수 있다. 그러나 일이 잘 풀리지 않을 경우에는 과거 미국의 자동차회사들처럼 그 손실액이 순식간에 엄청나게 불어나버린다.

이렇듯 가혹한 자동차업계에서 살아남은 기업들은 막대한 자본 지출을 가능한 한 많은 자동차에 분산시키기 위해 서로 연대했다. 세르지오 마르치오네Sergio Marchionne 회장은 구제금융을 받은 크라이슬러와 이탈리아 자동차회사 피아트의 합병을 이뤄내면서 그 시기 가장 주목할 만한 합병을 주도해낸 인물이다. 그는 자동차회사가 살아남기 위해서는 연간 500만 대를 생산해내야 한다고 주장했다. 자동차업계 상위 3대 기업인 GM, 토요타, 폭스바겐은 매년 각각 500만 대의 두 배, 즉

1,000만 대에 조금 못 미치는 자동차를 판매하고 있다.

이렇게 거대한 자동차산업은 수십억 달러의 손실을 입고 있었다. 그럼에도 2008년 전후로 예상치 못했던 현상이 생겨나기 시작했다. 신생 기업들이 자동차를 만들고 파는 이 어려운 시장에 뛰어들고자 했던 것이다. 치솟는 기름값으로 인해 픽업트럭과 SUV를 주로 판매하던 디트로이트의 자동차회사들은 무방비 상태가 되었다. 반면 새로운 세대의 기업가들은 '피크 오일' 시대를 맞아 '친환경차'를 생산하는 회사를 출범시켰다. 이 새로운 기업들이 자동차사업이 얼마나 어려운 분야인지 완전히 파악했는지 모르겠으나, 이들의 무한한 낙관주의와 때로 지나치게 실험적인 아이디어는 메이저 자동차산업과는 뚜렷한 대조를 보였다.

비록 자동차업계에서 새로운 아이디어와 신생 기업의 폭발적인 증가가 오늘날 전개되고 있는 '모빌리티 기술 혁명'을 암시한 것이긴 해도 여전히 자가 소유라는 자동차 패러다임이 확고한 상태다(집카Zipcar와 같은 차량 공유 스타트업은 제외). 잽Zap과 마일즈Miles, 코다Coda와 같은 친환경차 스타트업은 중국에서 저렴한 전기자동차를 수입했다. 압테라Aptera와 같은 기업은 1960년대 만화영화에 등장했을 법한 기체역학적이며 초효율적으로 설계된 차량을 고안해냈다. 브라모Brammo와 제로Zero와 같은 회사들은 전기오토바이를 만들어냈고, 노르웨이의 스타트업 씽크글로벌Think Global은 플라스틱으로 된 가벼운 차체의 통근용 전기차 씽크THINK를 개발했다. 이스라엘의 스타트업 프로젝트베터플레이스는 배터리 교환 네트워크를 선보였다. 이는 전기차를 석유자동차만큼 저렴한 가격에 빠른 재충전이 가능하도록 만들겠다는 야심찬 약속의 결과였다.

전기자동차가 대중들의 상상 속에 크게 자리했던 것은 이번이 처음이 아니었다. 1970년대 석유위기 이후 배터리로 움직이는 전기자동차는 화석연료에 대한 의존과 환경오염에 대한 해답처럼 여겨졌다. 전기자동차는 차에 열광하는 문화를 지속시켜줄 수 있는 해답처럼 받아들여졌다. 그러면서 전기자동차가 가져올 최악의 영향은 전혀 고려되지 않았다. 실제로 전기자동차는 자동차산업 초기의 자동차보다 더 많이 팔렸기에 내연기관 자동차로부터 인류를 구해내는 일은 마치 아서왕의 귀환 같이 시간문제였을 뿐, 언제고 반드시 일어날 일이었다.

또한 1990년대는 전기차에 대한 기대감에 한껏 고무되던 시기였다. 캘리포니아주 대기자원위원회가 배기가스 문제를 전기자동차로 해결할 수 있고, 전기자동차 제작이 기술적으로 실현 가능하다고 판단하자 그 분위기는 더욱 고조되었다. 대기자원위원회는 지금까지 미국에서 가장 까다롭게 자동차의 배출 규제를 해온 기관이다. 대기자원위원회는 연방정부 차원에서 규제를 가할 수 있을 만큼 기준을 높게 책정하고 있으며(그리고 지속적으로 자동차회사들을 힘들게 만들고 있다),

대기자원위원회의 무공해 차량^{ZEV} 명령은 상당한 영향력을 행사해오고 있다. 이 명령은 무공해 차량의 개발 및 생산을 장려하기 위한 것으로, 각 자동차회사는 캘리포니아주 판매량의 일정 비율을 무공해 차량으로 채워야 한다. 대기자원위원회는 크레딧 시스템으로 이 명령을 강화했다. 이 명령은 일반 자동차 판매로 부과된 크레딧을 무공해 차량 판매로 발생한 크레딧으로 상쇄해야 하는 시스템이다.

추가로 8개 주에서도 무공해 차량 명령을 채택했지만, 캘리포니아주만큼 시장 규모와 그 효과 측면에서 큰 영향을 미치는 곳은 없었다. 결국 특정 주에서 생긴 명령으로 인해 자동차회사들은 전기로만 움직이는 자동차 개발에 착수하게 되었다. 이들 중 제너럴모터스^{GM}는 짧은 기간이었지만 전기차를 성공적으로 만들어낼 수 있음을 보여주었다. 가장 큰 자동차시장에서 배제될까 봐 두려웠던 자동차회사들은 기술적인 경쟁에 동참했다. 이로써 대중들에게 자동차산업의 근본적인 변화가 임박했음을 알렸다.

테슬라의 초기 기술을 일부 개발했던 캘리포니아 엔지니어들이 처음으로 제작한 콘셉트카 '임팩트^{Impact}'는 미래지향적인 공학 기술을 그대로 보여주었다. 임팩트는 더 낮은 공기저항을 받도록 설계되고 경량의 소재를 사용하여 한 번의 충전으로 120~160킬로미터까지 운행할 수 있었고, 납축전지를 장착하여 빠른 가속이 가능했다.

심지어 GM의 엔지니어들이 이 콘셉트카를 'EV1'이라는 이름으로 시장에 출시할 수 있도록 제작했을 때에도 동일한 성능을 유지했다. 하지만 GM 내부적으로는 EV1 제작에 대한 찬반 의견이 갈렸다. EV1은 제작비용이 높고 생산량은 적었기 때문에 수익을 내지 못할 수밖에 없었다. 전기차를 반대하는 세력의 로비와 몇 차례 소송이 더해지면서 결국 대기자원위원회의 무공해 차량 명령이 연기되고 무력화되었다. 게다가 2003년 GM이 자금난을 겪게 되면서 EV1 프로젝트는 중단되고 말았다(이 일로 공상적인 엔지니어 앨런 코코니^{Alan Cocconi}가 GM을 떠나게 된다).

GM이 EV1 프로젝트를 중단하자 분노가 치민 EV1 운전자들은 전기자동차 장례식을 치르면서 이에 항의했다. EV1 운전자들의 입장에서는 EV1이 전기자동차가 실제로 양산될 수 있음을 증명한 것이었지만, 무공해 차량 명령에 반대하는 이들의 로비는 계속되었고 자동차회사들이 전기자동차 제조를 원하지 않는다는 사실은 명확해졌다.

영화제작자 크리스 페인은 〈누가 전기자동차를 죽였는가?〉에서 EV1의 열렬한 지지자들에 대해 조명하고, 전기자동차가 사라지도록 만든 주범을 찾아 나서며 전기자동차 지지자들의 분노를 고스란히 담아냈다. 이 다큐멘터리 영화는 2006년 개봉되었고, 전기차에 대한 음모를 밝혀내면서 친환경차 스타트업을 대중들에게 알리는 데 도움을 주었다.

〈누가 전기자동차를 죽였는가?〉에 담긴 논리는 사람들의 관심을 끌기에 충분했다. 전기차 기술은 충분히 발전했고 배터리로 움직이는 전기차는 사람들에게 인기를 끌었다. 하지만 자동차회사와 석유회사들이 만들어낸 음모로 인해 이들의 유토피아는 저지되고 있었던 것이다. 이러한 생각은 혁명적인 함의를 내포하고 있었다. 즉, 전기자동차는 주류 세력을 상대하기 위해 정치적인 지지가 필요했고, 일단 그 반대 세력을 극복하고 나면 대중들은 곧바로 전기자동차에 열렬한 반응을 보일 것이다. 새로운 전기자동차의 리더들이 기존 자동차업계 관계자가 아닌 다른 분야에서 나와야 한다는 의견 또한 강력히 제기되었다. 기존 업계 관계자들은 내연기관 기술에 투자해왔기 때문에 이들은 전기자동차 혁명에 반대하는 적이나 마찬가지였기 때문이다.

하지만 2020년까지 휘발유 가격은 가파르게 하락했다. 픽업트럭과 SUV 판매가 다시 늘면서 미국 자동차회사들은 활력을 되찾기 시작했고 신환경차 스타트업들은 대부분 파산하거나 파산을 향해 가고 있었다. 친환경 자동차산업이라는 꿈은 신기루와 다름없다고 판명 나고 만 것이다. 디트로이트의 자동차회사들이 출시하는 연비가 나쁜 차들이 기름값이 오르면 인기가 떨어지듯, 기름값이 내리자 전기차는 더 이상 매력적인 자동차가 아니었다.

자동차산업에서 가장 중요한 과제 중 하나는 미래의 시장 상황에 맞춰 자동차를 개발해야 한다는 점이다. 수많은 친환경차 스타트업은 그러한 필요에 걸맞은 새로운 회사들이었다. 하지만 대부분의 스타트업들은 자동차회사를 이끌어가기 위해 상당한 자본을 갖추어야 했고 규제라는 혹독한 장애물을 극복해야 했다. 이렇듯 어려운 상황에 등장한 기업들 가운데 단 한 곳만이 그 어려움을 모두 극복함으로써 '자동차시장의 잔혹한 겨울'에서 살아남아 업계에서 엄청난 영향력을 가진 기업으로 부상하게 된다. 그 기업이 바로 테슬라모터스다.

테슬라는 다른 친환경차 스타트업들 중에서도 유독 돋보이는 기업이었다. 이미 실력이 검증된 첨단기술 분야의 기업가들이 설립한 테슬라는 실리콘밸리에서 급성장 중인 벤처캐피털을 활용했고 업계 최고를 지향했다. 그 당시 전형적인 전기자동차는 가격이 비싸고 디자인도 볼품없는 통근용 자동차 수준이었다. 저렴한 내연자동차를 개조하거나 골프 카트와 비슷한 차량이었기 때문에 강경한 환경보호론자 정도만 전기자동차에 관심을 보였을 뿐이었다. 테슬라는 기존 전기차 생산자들과는 노선을 달리했다. 속도가 빠르고 세련된 디자인의 전기차를 만들어 가격에 민감하지 않으면서 품질 문제에 있어서는 좀 더 관대한, 그리고 자기 자신을 돋보이게 할 자동차를 찾고 있는 고객들을 끌어들였다.

테슬라의 첫 번째 전기자동차 로드스터Roadster는 시장에 출시된 다른 전기차들보다 훨씬 나은 사양을 제공한 차다. 이 차는 날렵하고 멋진 디자인뿐 아니라 스포츠카와 경쟁할 정도의 빠른 속도를 자랑했다. 10만 달러가 넘는 가격은 눈물이 찔끔 날 정도로 엄청나긴 하지만, 사실 그 어떤 가격으로도 이 정도 혹은 이보다 더 좋은 사양의 전기자동차를 구매할 수가 없었다. 이 차를 출시하기까지 거의 모든 단계마다 장벽에 부딪혔을 만큼 힘든 일이 많았지만(다음 장에서 알아보게 될 것이다) 결국 로드스터는 2008년 시장에 등장했다. 다수의 연예인뿐 아니라 유력한 정치가 및 금융가들이 대기 명단에 이름을 걸어두고 있었다. 또한 로드스터는 스페이스X가 첫 민간 로켓 발사에 성공한 시기에 출시되었다. 이 두 회사의 핵심 인물인 일론 머스크의 인지도가 크게 높아진 시기였던 점도 로드스터의 성공에 한몫했다.

2008년 이전까지 테슬라는 전기자동차 및 친환경 자동차에 관해 논의가 이루어지던 블로그나 토론회장을 벗어나면 그다지 대중의 관심을 받지 못한 기업이었다. 2008년 마침내 로드스터가 예약한 소비자들에게 인도되었고, 스페이스X가 지구 궤도에 도달하면서 테슬라 또한 급격히 인기를 얻기 시작했다. 하지만 전부 좋은 쪽으로만 관심을 얻었던 것은 아니었다. 출시된 로드스터는 변속기를 교체해야만 했다. 테슬라의 자금은 빠르게 소진되었고, 2년 만에 머스크는 테슬라의 네 번째 CEO 자리에 앉아야만 했다. 게다가 그의 사생활은 실리콘밸리의 주된 가십거리로 등장했다. 하지만 머스크는 재정위기가 극에 달했을 때 더 많은 자금을 조달할 수 있었고, 아찔할 정도로 어려운 시기를 보내는 동안에 운도 따랐지만 결국 열심히 싸워나간 결과 회사를 지탱해 낼 수 있었다.

테슬라가 설립된 지 10년 만인 2013년, 테슬라는 모델S의 출시로 약 90년 전 설립된 크라이슬러 이래 미국에서 가장 큰 성공을 이룬 자동차 스타트업이 되었다. 테슬라가 자동차산업의 지배 세력으로 자리 매김하기 위한 수순을 밟고 있다는 인식이 점차 보편화되고 있었다. 이는 테슬라 주식투자로 테슬라의 열렬한 팬들이 점점 더 늘어나고 테슬라를 지지해주었기 때문이었다. 테슬라는 자유주의 성향의 기술전문가들과 좌파 성향의 환경보호론자 모두에게 호소하면서 미국 내에서 증가하고 있는 이념적 격차를 좁히는 역할도 했다.

마지막으로 무엇보다 테슬라는 전기자동차 팬들이 수십 년간 기다려온 챔피언 기업이었다. 테슬라는 기술적, 재정적, 조직적인 어려움 속에서도 꿋꿋하게 살아남아 자동차를 만들어내는 족족 빠른 속도로 판매했고, 세계 최고의 자동차회사 두 곳의 지원을 받았다. 한편 주식이 높은 가격에 팔리고 언제나 매스컴의 주목을 받는 테슬라의 행보는 업계의 부러움을 샀다. 테슬라의 모든 업적을 통틀어 보았을 때도 그렇고, 앞으로도 계속해서 과감한 혁신을 약속하겠다고 밝혀왔기 때문에 테슬라의 미래에는 마치 제약이 없는 듯 보였다.

테슬라의 승리는 오랜 기간 기다려온 왕의 귀환과도 같았으며, 수십 년 동안 전해 내려오던 예언이 실현된 것과도 같았다. 테슬라는 미국인의 삶에서 가장 인기 있는 새로운 이데올로기를 활용했다. 바로 인터넷과 소셜미디어, 스마트폰이었다. 실리콘밸리로 대표되는 이들 기업들은 역사상 가장 수익성 높고 강력한 산업을 탄생시켰다. 이미 테슬라를 친환경 자동차산업의 챔피언으로 만들어놓은 머스크는 계속해서 테슬라를 자동차산업을 정복한 실리콘밸리의 최첨단 회사로 만들어나 갔다.

결국 머스크는 2013년 테슬라를 21세기 최고의 브랜드로 만들었다. 테슬라에게는 지구를 살려야 하는 임무와 동시에 수십억 달러의 자동차산업을 지배할 수 있을만한 엄청난 잠재력까지 존재했다. 때문에 대부분에게 테슬라를 지지할 이유가 있었고, 테슬라에 대한 새로운 소식은 항상 낙관적으로 전해졌다. 신문의 헤드라인은 머스크가 '루디크러스Ludicrous 모드'라고 이름 붙인 고성능 모드와 같은 전기자동차의 놀라운 특징은 물론, 테슬라의 지구 구하기 임무에도 찬사를 보냈다. 그리고 대중적으로 영웅과 같은 인물이 드물게 나타나던 시기에 자본가이자 기술전문가 게다가 환경을 생각하는 기업가로서 머스크의 등장은 그 자신과 테슬라 모두를 보다 매력적으로 어필했다. (스페이스X, 하이퍼루프, 더보링컴퍼니, 뉴럴링크 등 수많은 테크노 유토피아를 구축하려는 시도는 말할 것도 없고, 이 기업들 모두를 위해 자금을 제공한 회사 페이팔의 역할도 물론 **빼놓을** 수 없다.)

테슬라라는 브랜드가 견고해지고 테슬라 주식이 인기를 끌자 머스크는 불길에 기름을 붓듯 일을 더 크게 만들어나갔다. 머스크는 2013년부터 테슬라의 야망을 계속해서 키워나갔다. 머스크의 무모해 보이는 생산 목표, 불가능해 보이는 기술적인 가능성, 엉뚱한 유머 감각, 언론 보도에 대한 집착은 순식간에 테슬라를 통제불능의 폭주열차로 만들었다. 머스크와 테슬라는 점점 더 실현 불가능하고 통제조차 불가능해 보이는 끝없는 야망과 기대의 소용돌이 속에서 회사의 이미지와 주가를 과대포장하는 일종의 '루디크러스 모드'에 진입하고 있었다.

이렇게 강력한 문화적이며 기술적인 트렌드에 따라 테슬라에 대한 대중의 인식은 지나칠 정도로 긍정적이었다. 하지만 이는 현실보다 지나치게 앞서간 인식이었다. 테슬라를 자동차회사로 평가하면 긍정적인 부분이 없었다. 테슬라는 수익을 내지 못했고, 기업은 혼란스럽게 돌아가고 있었으며, 공급업체와의 관계도 불안정했고, 직원들의 이직률이 높았고, 제조품질은 떨어졌으며, 계속되는 믿을 수 없는 약속들이 테슬라의 신뢰도를 깎아내리고 있었다. 그럼에도 테슬라의 소프트웨어 스타일 문화는 테슬라로 하여금 굉장히 매력적인 자동차를 만들어내도록 해주었고, 테슬라를 산업 전반의 미래를 이끌어갈 강력한 브랜드로 만들어주었다. 그러나 대규모 제조회사의 운명을 결정지을 핵심 과제에 있어서는 테슬라가 다른 기업들보다 훨씬 뒤처져 있었다. 대량 생산을 통해 합리적인 가격으로 전기차를 판매하겠다는 기업의 야망에 부응하기 위해 테슬라는 이미 잘 알려진 자신의 강점과 지금까지 간과해온 문제점의 균형을 맞춰나가야 할 방법을 찾아야만 한다. 이러한 문제점들은 오늘날까지도 지속되어오고 있기 때문이다.

첫 번째 문제는 테슬라라는 기업이 본질적으로 실리콘밸리의 수많은 스타트업들과 마찬가지로 혁신과 디자인에 의해 움직이는 회사라는 점이다. 하지만 자동차산업은 원래 마진이 적은 제조업에 기반을 둔 산업이다. 애초부터 테슬라는 이런 특성을 지닌 자동차산업 분야에서 성공하기 위해 필요한 부분들을 받아들이지 않았었고, 아직까지도 변화의 기미를 전혀 보이지 않고 있다. 창의성과 혁신을 중요시하는 것만큼 체계를 잘 갖추고 과정을 중시하는 문화를 받아들이는 것이 이 문제를 극복해나갈 열쇠다.

두 번째 문제는, 테슬라가 자금조달이 가능하고 분기별 수익도 어느 정도는 올리고 있으나, 자동차산업에서 가장 근본적인 문제, 즉 투자자본에 대한 지속 가능한 수익을 얻는 문제를 해결하지 못하고 있다는 점이다. 앞으로 계속 살펴보겠지만, 일론 머스크가 원래 가지고 있었던 비전은 바로 값비싼 자동차 판매로 시작해서 그 차를 통한 수익으로 저렴한 가격의 전기차를 만들고 계속해서 저렴한 가격의 전기차를 생산해내겠다는 것이었는데, 이 비전은 아직 실현되지 않았다. 현재까지 테슬라모터스가 생존할 수 있었던 가장 중요한 요인은 바로 벤처투자가들이나 정부, 월스트리트에서 현금을 조달할 수 있는 능력을 가지고 있었기 때문이다.

마지막 문제점은 테슬라라는 기업이 인기를 끄는 데 한몫하고 있는 이상주의적인 사명이 시간이 지남에 따라 계속해서 바뀌었다는 점이다. 테슬라가 세운 숭고한 목표는 진실이 아니거나 실현 가능성 없는 이야기를 만들어내는 것까지 포함해 그 어떤 수단도 정당화한다는 믿음으로 변질되어버렸다. 기업 외부에서 보면 테슬라의 거만한 태도가 심해지면서 정해진 마감일을 계속해서 놓치고 목표 수치 자체를 포기했으며 믿기 어려운 약속들만을 내놓고 있다. 테슬라 내부를 살펴보면 회사의 전문가들이 머스크의 변덕스러움에 자신들의 경험과 전문성을 맞춰가기 힘들기 때문에 조직문화가 정상적으로 작동되지 않고 있다.

지금까지 테슬라가 자동차산업에 대한 대중들의 관심을 끌어올리기 위해 얼마나 노력해왔는지를 알고 있기에, 테슬라의 대중적 이미지와 현실 사이에 존재하는 이러한 모순들이 더욱 안타깝기만 하다. 지금까지 너무나 오랜 시간 동안 자동차는 지극히 피상적인 수준에서 받아들여지고 평가되어왔다. 자동차가 어디에서부터 시작되었고, 자동차를 만들어내는 세력은 무엇이며, 결국 어떻게 자동차가 더 넓은 세상을 만들어나가고 있는지에 대해 우리는 전혀 주의를 기울이지 않았다. 테슬라는 자동차 자체에 새로운 활력을 불어넣어주었을 뿐 아니라, 자동차업계의 미래에 대해 수십 년 전 다른 기업들이 했던 것보다 적절한 방향을 제시했다. 하지만 테슬라는 자동차산업 분야에 보다 깊은 이해를 제공하기보다는 테슬라의 신화를 강화시키는 방식으로 그 방향을 제시했다. 한편, 앞으로 살펴보게 되겠지만 테슬라는 자신이 한때 주도해나갔던 바로 그 '모빌리티 기술' 혁명에서 뒤처진 상태에 있다.

테슬라라는 기업은 업계에 유일무이한 포지셔닝을 했기 때문에 자동차와 모빌리티의 역사적 순간을 연구하기 위한 최적의 사례가 되어주고 있다. 테슬라는 이미 자동차에 대한 오래된 생각을 바꿔가는 변화의 선두에 선 기업이다. 테슬라는 보다 깨끗하고 스마트한 자동차의 미래가 어디로 나아가야 할 것인지를 가리키고 있으며 수십 년간 부재했던 자동차산업에 대한 대중의 관심을 불러일으키고 있다. 한편 이와 동시에 테슬라의 자동차와 브랜드를 매력적으로 만드는 스타트업 문화의 단점도 드러났다. 수십 년에 걸친 경쟁으로 만들어진 소위 '고루해 보이는' 전통적인 자동차산업 문화의 가치가 얼마나 중요한지 알게 해줬기 때문이다.

앞으로 어떤 일이 생긴다 하더라도 테슬라는 자동차업계의 역사상 매우 중요한 순간에 역사적으로 가장 중요한 회사로 기억될 것이다. 누구나 열망하는 고급 전기차를 만들어냄으로써 테슬라는 그 전에 존재하지 않았던 시장을 만들어냈고, 현존하는 자동차회사들이 현실에 안주하지 않도록 도왔으며, 전기차로의 전환을 가속하는 임무를 완수했다. 테슬라를 언급하지 않고서는 지난 100년의 자동차 역사에서 모빌리티 기술의 위대한 전환을 기록할 수 없다.

테슬라가 논의할 가치가 있는 이유는 바로 테슬라를 통해 자동차산업과 모빌리티의 미래에 대한 교훈을 얻을 수 있기 때문이다. 나는 지난 10년 동안 자동차산업과 모빌리티 기술에 대해 연구하고 글을 쓰는 일을 해왔다. 그 시간의 상당 부분이 테슬라가 만들어낸 신화와 거짓 속에서 진실을 찾아내기 위해 온갖 자료를 뒤지고 온라인 커뮤니티를 떠돌며 다양한 문서의 출처를 찾아내는 데 쓰였다. 나는 반드시 테슬라가 성공하는 모습을 보고 싶다. 그리고 테슬라가 성취한 혁신의 측면과 그동안 어려움을 겪었던 부분 사이에서 균형을 잘 찾아낼 수 있기를 바란다.

그렇기 때문에 테슬라라는 독특한 기업의 장점과 단점, 부족한 점 모두를 이해해야 할 필요가 있다. 이 회사의 홍보팀에서 이야기하듯 지속 가능한 운송수단이라는 것에 테슬라라는 기업의 생존이 달려 있는 것은 아닐 수 있다. 하지만 분명 그 어떤 기업도 최근 테슬라만큼 이 분야에 영향력을 미친 적이 없고, 21세기 자동차의 현실을 이야기할 때 테슬라만큼 많은 것을 밝혀낸 기업도 없다. 게다가 테슬라의 이야기가 그 어떤 위대한 서사극보다도 드라마틱하다는 사실은 금상첨화 아니겠는가.

02

톱시크릿
마스터플랜

"우리는 믿고 있는 바에 대해 이야기해야 합니다.

비록 그것이 망상에 가깝다 해도요."

2016년 5월 31일, 일론 머스크

테슬라모터스의 시작은 마틴 에버하드Martin Eberhard와 마크 타페닝Marc Tarpenning이 회사를 설립했던 2003년으로 거슬러 올라간다. 하지만 그로부터 3년이 지나 테슬라의 회장이자 CFO인 일론 머스크가 테슬라의 블로그에 글 하나를 게시하기 전까지는 '테슬라를 세계에서 가장 중요하고 유명해진 자동차회사 중 하나로 만들겠다'는 신화는 대중들의 관심 밖에 존재했다.

'테슬라모터스의 시크릿 마스터플랜(당신과 나만 아는)'이라는 제목의 게시물은 2006년 8월 2일 게재되었는데, 바로 이 시기가 전기자동차 스타트업을 처음으로 언론을 통해 대중에게 알리기 시작한 때다. 이 글에서 머스크는 자신을 테슬라를 대표하는 인물로 소개했다. 이는 테슬라를 궁극적으로 이끌어가겠다는 의지가 담긴 그의 첫 행보였다. 그는 이렇게 글을 시작했다.

마스터플랜의 배경: 제 본업은 스페이스X라는 우주개발업체 운영이지만, 테슬라모터스의 회장을 겸하면서 마틴을 비롯한 팀원들과 함께 사업 및 제품전략 구상을 도모하고 있습니다. 또한 저는 테슬라모터스의 구성원이 단 세 명뿐이었고, 단지 사업계획만 존재하던 시절부터 테슬라의 주요 자금원 역할을 해왔습니다.

머스크는 이후 그만의 독특한 화법으로 알려진 장황한 말투로 전기차의 장점을 설명해나갔고, 사람들이 전기차 기술에 대해 주로 비판하는 부분에 대해서도 설명했다. 하지만 머스크가 괴짜스럽게 본론을 벗어나 '웰투휠 효율Well To Wheel(에너지의 생산에서 최종 소비에 이르기까지의 효율)'에 대해 언급하고 하이브리드에 대해 비판했던 것은 대부분

에버하드와 타페닝이 써놓은 초기의 기업백서를 그대로 반복한 것이었다. 하지만 이 게시글의 마지막 부분에 제시된 테슬라 마스터플랜의 간결한 공식은 테슬라의 전략에 기여한 머스크의 주요 업적으로 기억될 것이다. 그 플랜은 다음과 같다.

> 스포츠카를 만든다.
>
> 스포츠카 수익으로 저렴한 자동차를 만든다.
>
> 그 수익으로 보다 저렴한 가격의 자동차를 만든다.
>
> 이렇게 차를 제작함과 동시에 배기가스 제로 옵션도 제공한다.
>
> 이 전략을 아무에게도 이야기하지 마세요.

만약 머스크가 2006년 이전에 이 전략을 세웠다고 해도, 그가 유일하게 이 전략을 세운 테슬라의 창업자라고 할 수는 없다. 머스크가 테슬라와 함께 일하게 되면서 회장으로 취임하기 이전에 에버하드와 타페닝이 작성했던 초기 사업계획서 역시 이와 동일한 하향식 접근법이었다. 궁극적으로 이 전략은 기술에 의해 윤곽이 정해질 수밖에 없었다. 리튬이온 배터리는 아직까지 신기술인데다 가격이 비쌌기 때문에 테슬라는 최고급 전기 스포츠카로 시작한 다음 배터리 기술이 발달해야 저가 시장으로 옮겨갈 수 있었다.

이러한 방식은 새로운 기술을 마케팅하기 위한 실리콘밸리의 전형적인 전략이기도 했다. 에버하드와 타페닝은 사실 전형적인 실리콘밸리 스타일의 '하드웨어-소프트웨어' 팀이었다. 키가 훤칠하고 턱수염이 난 엔지니어 에버하드는 숨길 수 없는 카리스마를 지닌 인물로 '와이즈테크놀로지'에서 컴퓨터 단말기를 제작하면서 전기 기술자로 경력을 쌓았다. 느긋한 스타일에 유머 감각이 있는 타페닝은 '씨게이트'와 '패킷디자인'에서 소프트웨어와 펌웨어 개발로 유명해진 인물이었다.

이 둘은 함께 누보미디어NuvoMedia를 설립하여 최초로 리튬이온 배터리를 상업적으로 이용할 수 있는 전자책 리더기를 개발했다. 하드웨어와 소프트웨어를 강력한 신기술 제품에 통합시키는 이들의 능력은 첨단기술 분야에서 이미 잘 알려져 있었다. 2000년 누보미디어를 매각한 이후 이들은 자신들의 열정을 추구해나갈 새로운 기회를 모색하기 시작했다.

기업을 매각하고 많은 돈을 쥐게 된 에버하드는 〈비즈니스인사이더〉의 부편집장 드레이크 배어에게 말했던 것처럼 스포츠카를 사고 싶었으나 리터당 7킬로미터를 달리는 차를 구입할 수는 없었다. 빠른 스포츠카를 좋아하지만 화석연료에만 의존함으로써 환경 및 사회적 비용이 늘어간다는 생각마저 들자, 그는 가능한 모든 형태의 에너지의 '웰투휠 효율'에 대해 연구하기 시작했다. 그의 연구는 전기자동차가 고성능과 놀라운 효율성을 동시에 보여줄 수 있음을 확인시켜주었다.

하지만 제2차 세계대전 이래로 모든 전기자동차회사가 내연기관 차량과 경쟁하기 위해 저렴한 가격의 차를 만들려고 애써왔으나 결국 실패했다. 비록 개인적인 열망과 기술적인 기회에 관한 연구라는 두 가지 조합에서 시작된 일이었지만, 리튬이온 배터리를 사용해서 최고급 전기 스포츠카를 만들겠다는 생각은 점차 구체화되기 시작했다.

에버하드는 결국 단 4초 만에 시속 100킬로미터에 도달하고 납축전지로 구동되는 키트카 티제로^{tzero}를 구상하고 있는 LA의 소규모 자동차 제조업체 AC프로펄션^{AC Propulsion}을 찾아냈다.

AC프로펄션은 소규모 기업이었지만 그 당시 주요 자동차회사들보다 전기차에 대한 노하우를 훨씬 더 많이 갖고 있었다. 이 회사의 공동 창업자 앨런 코코니는 나중에 EV1으로 이름을 바꾼 GM의 전기자동차 임팩트에 들어가는 전기구동장치 대부분을 혼자서 제작했다. 하지만 코코니는 사업가 기질보다는 엔지니어로서의 자질을 더 많이 지닌 사람이었다. 때문에 결국 AC프로펄션은 혁명적인 전기자동차 기술을 상업화하지 않았고, 캘리포니아 남부 지역에서 초기 전기자동차 시대의 컬트적인 영웅 자리에 머물렀다.

역량은 충분했으나 신가한 재정난에 허덕이고 있던 AC프로펄션을 발견한 에버하드는 이 회사가 최신 버전의 티제로를 제작하는 데 50

만 달러를 지원했다. 이 차는 납 배터리를 작은 원통형 리튬이온 배터리로 바꿔 달았다. 그 결과 볼품없던 노란색 스포츠카의 가속도는 급상승했고, 전기자동차치고는 놀랄 만큼 주행거리가 길어졌다. 하지만 코코니는 EV1을 만들면서 쓰라린 경험을 했기 때문에 에버하드의 전기자동차회사 설립 계획에 동참하지 않았던 것으로 추측된다. 그럼에도 이들이 만든 티제로는 테슬라의 콘셉트와 구동장치 기술의 근간이 된 것으로 보인다.

에버하드가 전기 스포츠카의 기술적인 사양을 구상하는 동안 타페닝은 토요타 프리우스의 환경친화적인 이미지에 포르쉐의 성능을 더한 프리미엄 전기자동차의 상업화 기회에 대해 알아보기 시작했다. 타페닝은 실리콘밸리 주변에서 최고급 스포츠카나 럭셔리 자동차와 함께 도로를 누비는 프리우스를 쉽게 볼 수 있듯, 초기에 친환경 차량을 구매하는 소비자들은 자신이 원하는 차라면 무엇이든 살 수 있을 정도로 부유한 사람들이라는 사실을 알아냈다.

기술적·상업적 측면에서 기회를 모두 파악해낸 뒤, 에버하드와 타페닝은 2003년 테슬라모터스를 설립했다. 획기적인 발명을 했으나 재정적인 보상을 전혀 받지 못했던 훌륭한 전기공학자 니콜라 테슬라^{Nikola} ^{Tesla}의 이름을 따서 '테슬라모터스'라는 이름을 붙였는데, 이는 꽤나 운명적인 이름이었다.

일론 머스크가 이야기하길, 자신이 실리콘밸리로 오게 된 것은 바로 전기자동차 때문이었다고 한다. 머스크는 펜실베이니아대학교에서 물리학과 경제학 학사학위를 취득하는 동안 슈퍼 축전기로 동력을 공급하는 방법에 매우 관심이 많았다고 주장한다. 대학 졸업 후 그는 캘리포니아로 건너가 피너클연구소Pinnacle Research에서 에너지 저장 기술을 연구하기 시작했다.

머스크는 어려서부터 기술 분야에 푹 빠져 있었다. 남아프리카공화국의 부유한 가정에서 태어났지만(머스크의 아버지는 잠비아의 한 에메랄드 광산 지분의 50%를 소유했다) 책과 컴퓨터 프로그래밍에 몰두하면서 힘든 어린 시절을 견뎌냈다. 세계 최고의 억만장자임에도 그가 제품 발표나 분기별 실적을 공개할 때 어색해하면서 뭔가 잘못하고 있는 듯한 분위기를 풍기는 이유는 어린 시절부터 고독하게 보낸 시간이 많았던 탓이다. 그는 종종 공개 석상에 서는 것을 불편해하지만, 이미 열두 살 때 자기가 만든 컴퓨터 게임을 처음 팔아본 경험이 있었고, 군 복무를 피하기 위해 남아프리카공화국을 떠난 이후인 열일곱 살부터 혼자 살아왔기 때문에 사실 스스로에 대한 자신감이 넘치는 사람이었다.

슈퍼 축전기에 관심이 있었고 그 분야에서 기회를 찾던 그는 곧장 스탠퍼드대학교로 향했고, 재료과학 박사과정에 합격했다. 하지만 그는 학교에 다니는 대신 자신의 첫 번째 스타트업을 설립하기로 결정했다. 당시 그가 보기에 인터넷 혁명 자체가 너무 좋은 기회란 것을 알았기 때문에 놓칠 수 없었고, 인터넷 비즈니스를 통해 얻은 자금으로 그는 늘 자신의 열정에 집중할 수 있었다.

머스크는 스타트업 두 곳(인터넷으로 정보를 제공하는 지역 포털 서비스 집투Zip2와 나중에 콘피니티Confinity와 합병해 페이팔PayPal이 된 인터넷은행 엑스닷컴X.com)을 성공적으로 매각한 뒤에 수천만 달러가 움직이는 인터넷 붐에서 빠져나왔다. 이후 그의 첫 번째 중요한 행보는 언젠가는 화성에 이주하겠다는 꿈을 내걸고 스페이스X라는 로켓회사를 출범한 것이다.

유일하게 그가 테슬라 이전에 자동차에 큰 투자를 했던 적이 있는데, 그건 바로 세계에서 가장 빠르고 비싼 자동차 가운데 하나인 V12 엔진이 탑재된 하이퍼카 맥라렌 F1을 샀던 일이었다. "그건 백만 달러짜리 차였어요." 그의 첫 번째 아내 저스틴은 그 영상을 촬영했던 1999년 CNN 다큐멘터리 제작진에게 이렇게 말했다. "그가 제멋대로 내린 결정이었죠. 저는 우리가 감사하는 마음과 삶의 균형 감각을 놓치면서 살게 될까 봐 두려웠어요."

하지만 머스크가 놓치지 않았던 것은 바로 야망이었다. "저는 〈롤링스톤〉 표지에 실리고 싶어요." 그는 새로운 자동차를 운전하는 영상에서 이렇게 말했다. "그럼 정말 멋지지 않겠어요."

잠시 휴면 상태에 있었던 전기차에 대한 머스크의 열정은 2003년, 조용하지만 한결같이 테슬라에서 자신과 함께 일하게 될 사람을 만나게 되면서 다시 불붙은 것으로 보인다. JB 스트로벨은 열세 살에 낡은 전기 골프 카트를 개조한 이후 전기자동차에 관심을 갖게 된다. 그렇게 스탠퍼드대학교에서 물리학을 공부하면서 태양광 자동차 프로그램 개발에 함께 참여했다. 그는 1993년부터 고속 플라이휠 하이브리드 자동차의 구동장치 상용화를 위해 고군분투하던 스타트업 로젠모터스^{Rosen Motors}에 입사해 이곳에서 얼마간 일한다.

여기서 스트로벨은 리튬이온 배터리 개선이 전기자동차라는 자신의 꿈을 실현시켜줄 열쇠라는 사실을 깨닫고 노트북 컴퓨터에 사용되는 수천 개의 값싼 18650 배터리로 움직이는 전기자동차를 개발해 홍보하기 시작한다. 그는 스탠퍼드대학교의 인맥을 지녔고, 포르쉐를 세계에서 가장 빠른 전기차로 개조하는 일을 했을 정도로 전기자동차에 관한 실무 경험이 충분했음에도 전기자동차라는 콘셉트를 알리고 자금을 모으는 일에 실패했다.

머스크는 10년 이상 흐른 뒤에 스트로벨과의 첫 만남에 대해 "궁극적으로 오늘날의 테슬라를 존재할 수 있도록 이끌었던 만남이었다"라고 언급했다. 그날의 만남은 스트로벨의 전기항공기 콘셉트를 소개하기 위해 **스트로벨**이 일하던 회사의 전 사장 해럴드 로젠이 주선한 자리였다. 하지만 머스크는 전기자동차에 더 큰 관심을 보였다. 이후 스트로벨은 머스크에게 이메일을 보내 전기자동차 프로젝트에 대해 더 많은 정보를 전해주었고 AC프로펄션과의 만남을 주선했다. 그는 "이 회사는 리튬이온 티제로 배터리 개발을 바탕으로 장거리 자동차용 배터리를 공급할 겁니다"라고 썼다. "노트북 컴퓨터에는 본래 같은 종류의 작은 셀이 1만 개까지 들어 있습니다. (…) 만약 시간이 있다면 티제로를 한번 탑승해보셔야 합니다."

머스크는 에버하드와 마찬가지로 단 한 번 티제로를 시승해본 뒤에 자신이 지금껏 찾던 것이 무엇이었는지 알 수 있었다. 머스크는 전기자동차의 성능에 깜짝 놀랐고 거의 즉시 티제로 상용화에 투자하겠다고 제안했다. 당시 AC프로펄션은 전기차 분야에 있어 세계 최고 수준의 기술을 가지고 있었지만, 이 회사의 리더들은 기존의 자동차를 전기자동차로 개조하는 데 초점을 두었다. AC프로펄션의 직원들은 고성능 자동차를 전기자동차로 전환하면서 직면하게 될 어려움에 대해 너무도 잘 알고 있었다.

머스크가 AC프로펄션에 영국 스포츠카 노블 M12를 전기차로 개조해줄 것을 제안하자 AC프로펄션의 CEO 톰 게이지는 이렇게 대답했다. "저희는 전기차를 판매하기에 최고급 시장이 최적의 시장이라는 당신의 견해에 동의합니다. (…) 노블이 적당한 전기차 플랫폼이 되어줄 수 있을지는 몰라도 320킬로그램의 240리터 배터리와 55킬로그램의

60리터 가스탱크 무게 차이는 중대한 수정이 불가피함을 의미합니다. 우리가 그동안 전념해왔던 일을 고려했을 때 그런 일회성 차량 개조 프로젝트는 현재로서 실현 가능하지 않습니다."

게이지는 머스크가 전혀 관심을 보이지 않았던 소형차 사이언xB를 전기차로 개조하려는 계획에 머스크가 투자하도록 설득하려 했다. 또한 게이지는 AC프로펄션 외에 전기 스포츠카 상용화를 실현시키려는 다른 스타트업이 있다는 사실도 언급했다. "저희가 함께 일하고 있는 회사 중 한 곳과 함께 일해보는 건 어떠신가요?" 그가 물었다. 머스크는 그 제안을 적극적으로 고려했다.

당시 테슬라모터스라는 회사가 보유하고 있었던 것은 에버하드와 타페닝이라는 두 인물, 이들의 기술설명서와 사업계획 그리고 작은 사무실뿐이었다. 에버하드와 타페닝은 여러 벤처기업을 설립한 적이 있었다. 이들은 스탠퍼드 근처로 티제로를 가지고 가서 실리콘밸리의 자본가를 설득해 자신들의 회사에서 기회를 만들어보고자 했지만 얼마 안 되는 투자금만 얻고 말았다. 첨단기술에 투자하는 투자자들 대부분은 여전히 정보기술 혁명이 시작되던 디지털 프런티어에 초점을 맞추었다. 그랬기에 특히나 까다롭기로 유명한데다 마진이 낮은 자동차산업 분야에서 지금까지 없었던 행보를 보이는 회사가 충분한 투자를 받기란 쉽지 않은 일이었다.

머스크가 전기자동차에 대해 관심을 갖고 있다는 사실이 에버하드에게 전해진 순간부터 머스크가 곧 테슬라의 잠재적인 투자자가 될 것이라는 사실이 명백해졌다. 머스크는 온라인사업을 통해 자산을 축적했지만, 이제 머스크의 관심은 컴퓨터나 커넥티비티에서 멀어졌고 물리적인 세계에서 첨단기술을 적용할 수 있는 기회로 향했다.

로켓회사로 페이팔의 성공을 이어가겠다는 그의 결정은 상당히 이례적인 것이었다. 비록 스페이스X가 신생기업이었지만, 이미 첫 번째 로켓 팔콘1Falcon One을 만들어 테스트하는 단계에 있었다. 닷컴 붐이 꺼지고 실리콘밸리가 새로운 소셜미디어 붐으로 전환되어가던 시기에 머스크가 최첨단 하드웨어의 새로운 기회에 주목했던 점은 머스크를 돋보이게 만들었다. 전기자동차 상용화에 관심이 있었고, 특히 티제로에 대한 관심을 보였던 머스크는 에버하드가 설립한 스타트업과 완벽하게 어울리는 모습이었다.

에버하드와 테슬라모터스의 세 번째 멤버인 이언 라이트는 LA로 가서 머스크가 테슬라의 시리즈A 자금조달 라운드를 이끌도록 설득했다. 이 자금으로 테슬라는 전기 스포츠카의 시제품을 개발하기를 바랐다. 머스크는 돌아오는 월요일까지, 즉 2주 안에 모든 계약을 끝낼 것을 전제로 이 프로젝트를 지원하기로 약속했다. 머스크는 테슬라의 자본금 700만 달러 가운데 650만 달러를 투자함으로써 이 회사의 회장이자 최대 주주가 되었다. 머스크는 며칠 만에 테슬라를 전액 출자한 스타트 업으로 만들고 테슬라의 미래를 손에 쥐었다.

머스크는 자금 지원을 했을 뿐 아니라 스트로벨을 테슬라에 소개했다. 멘로파크에 있던 테슬라의 임시 사무실에서 미팅을 가진 뒤 스트로벨은 자신의 새로운 전기차 프로젝트를 테슬라와 함께 진행하기로 합의하고 이 회사의 최고기술책임자로 채용되었다. 스트로벨은 스탠퍼드와 실리콘밸리에서 만난 적 있는 유능한 사람들을 차례로 불러 팀을 꾸렸다. 이전에 에버하드가 엔지니어들에게 놀이기구처럼 신나는 노란색 티제로를 태워주면서 소수의 그러나 재능이 넘치는 엔지니어 그룹이 테슬라와 함께하면 좋겠다고 이야기했었기 때문이다.

성장하기 시작한 테슬라는 멘로파크의 작은 사무실에서 산카를로스의 공장으로 이전했고, 로터스의 엘리스Elise를 첫 번째 개발 시제품으로 개조하기 시작했다. 2005년 1월까지 18명의 테슬라 직원이 이 회사의 첫 번째 자동차를 함께 만들었다.

정신없을 정도로 빠르게 돌아간 한 해였다. 2004년 1월, 단 6개월 만에 세 명의 멤버와 자그마한 사무실, 자금조달을 위한 사업계획만으로 테슬라가 설립되었다. 2004년 2월, 머스크는 톰 게이지에게 AC프로펄션이 티제로를 상용화할 생각이 없다면 자신이 "고성능 자동차와 전기구동장치의 최선책이 무엇인지 찾아내고 그 방향으로 나아가겠다"

라고 이야기했다. 3월 말, 머스크는 그 생각을 실현시키기 위한 계획을 가지고 테슬라와 만나게 되었고, 4월 말 테슬라의 시리즈A에 자금을 지원했다. 그리고는 9개월도 채 지나지 않아 머스크는 테슬라가 만든 최초의 자동차를 직접 운전하게 된다. 비록 투자금을 다시 회수하기까지는 한참 멀었지만, 머스크가 꿈꾸던 전기자동차 제작은 믿기 힘들 정도로 짧은 시간 안에 실현되었다.

테슬라는 첫 번째 프로토타입을 제작한 지 18개월 만에 로드스터 Roadster를 출시했다. 에버하드와 머스크는 언론사와 잠재고객들에게 10만 달러의 계약금만 내면 로드스터의 첫 번째 생산 모델을 받는 고객이 될 것이며, 내년 중반부터 인도가 시작될 거라고 이야기했다. 로드스터의 놀라울 정도로 멋진 외관과 엄청난 속도에 감탄한 고객들의 예약 주문은 줄을 이었고 언론의 극찬이 쏟아지기 시작했다. 아직은 허술한 상태였던 시제품은 하루 종일 이어지는 시승을 가까스로 버텨냈고, 시승 사이사이마다 잠깐씩 커튼 뒤로 사라져 과열을 방지하기 위해 배터리 사이로 얼음물을 흘려보내야 했다. 그럼에도 테슬라의 첫 번째 공개 행사는 엄청난 성공을 거두었다. (더 자세한 내용은 4장에서 이야기하겠다.)

하지만 테슬라가 처음으로 성공의 맛을 보게 되었을 시점에 내부적인 갈등 또한 처음으로 생겨났다. CEO 에버하드는 출시 행사에서 가장 주목받는 인물이었는데, 행사 이후 언론 보도에서도 테슬라 전기자동차의 독특한 장점에 대해 에버하드가 설명한 내용이 널리 인용되었다. 머스크 또한 이 행사에서 연설을 했고 기자들로부터 질문을 받았으나 그의 세련되지 못한 연설로 인해 에버하드보다 훨씬 적은 기회가 주어졌다. 그를 언급한 기사에서도 머스크는 단순히 테슬라의 최대 투자자로 지칭되었다. 이 때문에 머스크는 화가 나서 펄쩍 뛰었다.

테슬라에서 자신의 역할이 대중들로부터 인정받지 못하는 것에 대한 원망이 머스크에게 상당 기간 쌓여 있었고, 이번 출시 행사가 자신이 테슬라에 공헌한 바를 새롭게 인식시키는 결과를 낳기를 그는 희망했었다. 출시 행사 전날 머스크는 테슬라의 실질적 홍보 담당자인 마이크 해리건Mike Harrigan에게 (〈비즈니스인사이더〉에 자신에 대한 기사가 실린 이후) 이메일을 보내 이렇게 말했다. "지금까지 내 역할에 대해 써내려간 글은 엄청나게 모욕적이었습니다." 그리고 "이런 인식을 바로잡기 위해서는 진지한 노력이 필요합니다."

머스크는 이렇게 자신에 대한 인식이 바뀌기를 바랐으나 출시 행사에서 그렇게 바라던 바가 이뤄지지 않자 결국 분통을 터뜨렸다. 특히 〈뉴욕타임스〉의 기사가 머스크의 화를 돋우었다. 테슬라의 출시 행사 이후 실렸던 두 번의 기사에서 머스크에 대한 언급이 전혀 없었기 때문이었다. 게다가 머스크의 직함이었던 '회장'을 에버하드의 직함으로 잘못 지칭하기까지 했다. 머스크는 에버하드와 해리건에게 보낸 이메일에서 〈뉴욕타임스〉의 기사 때문에 얼마나 모욕적이며 당황스러운지 모른다고 하면서 '만약 이런 일이 한 번 더 생긴다면' 홍보회사를 바꾸겠다는 위협적인 말까지 꺼냈다.

머스크와 에버하드는 로드스터를 개발하고 설계하기 이전에도 갈등을 겪긴 했지만, 이들은 엔지니어로서 의견 충돌이 생겨도 서로 맞춰나갈 수 있는 충분한 공감대를 형성하고 있었다. "저희는 항상 평등하게 권한을 공유하는 관계로 지내왔어요." 차후 에버하드는 〈비즈니스인사이더〉의 기자 드레이크 배어에게 이렇게 말했다. "우리는 서로의 의견을 검토하고 결론을 내리곤 했습니다." 하지만 머스크가 매스컴의 관심 부족에 불만을 갖게 되면서 에버하드와의 갈등이 불거졌고 상황은 달라지게 되었다. 에버하드는 당시를 이렇게 기억한다. "우리의 관계가 그렇게 감정적으로 된 적은 없었습니다."

결국 그 갈등은 머스크와 에버하드의 관계가 파국으로 치닫는 계기가 되었다. 바로 에버하드의 CEO 직위 해임이 뒤따랐고, 언론에서 설전이 벌어졌으며, 결국 소송에까지 치달았다가 합의로 마무리되었다. 갈등 국면이 기술적이며 비즈니스적인 결정에 의한 의견 불일치로 초점 맞춰지는 듯 했지만, 사실 갈등은 자신을 전기자동차 분야의 선구자로 인정해주기를 바라는 머스크의 열망에 기인한 것이었다.

출시 행사 몇 주 뒤, 머스크는 테슬라 공식 블로그에 '시크릿 마스터플랜'을 게재하면서 자구책을 마련했다. "저는 테슬라모터스의 회장으로 마틴과 그 외 팀원들과 함께 테슬라의 사업과 제품전략 수립을 지원하고 있습니다." 회사의 장기적인 로드맵을 제시하기에 앞서 그는 이렇게 써내려갔다. 이는 차후 머스크만의 전략이 된 방식인데, 그는 언론을 완전히 배제한 채 자신의 언어로 테슬라와 테슬라의 미션을 직접 대중에게 전달했다. 머스크는 자신의 이름을 내건 테슬라의 마스터플랜을 게재함으로써 회사 설립 과정에서의 에버하드와 타페닝의 역할을 계속해서 지워가면서 자기 자신을 테슬라의 선지자적인 인물로 그려내는 신화를 만들어나가고자 했다.

그 당시 머스크가 발표한 야심찬 전략은 실제로 테슬라가 하고 있는 일과는 거의 관련이 없었고, 테슬라의 직원들 중에서도 그 전략이 실현될 만큼 회사가 오랫동안 살아남을 거라고 믿는 사람은 거의 없었다. 머스크가 테슬라의 비전을 자신의 공으로 삼도록 두는 일이 대중의 관심에 목이 마른 투자자를 달래는 쉬운 방법인 듯 보였다. 그리고 테슬라에서 그 누구도 머스크만큼 재정적으로 기여한 이가 없었기 때문에 직원들은 머스크를 기쁘게 만들어줄 수밖에 없었다. 심지어 머스크와 처음 갈등을 겪은 이후에도 에버하드는 그 당시 사소한 블로그 게시물처럼 보였던 글이 장기적으로 어떤 결과를 가져오게 될지 예측할 수 없었다. 테슬라에 대한 에버하드의 영향력이 줄어들고 머스크가 테슬라에서 자신의 위치를 보다 확고히 해나가기 시작했다. 그 과정에서 테슬라가 대중의 관심을 불러일으키는 프레젠테이션과 행사를 활용하는 일이 테슬라 문화에서 아주 중요한 부분이 되었다.

그 후로 10년이 지난 2016년 테슬라 주주총회에서 머스크와 스트로벨은 자신들이 테슬라에 합류하기 전 에버하드와 타페닝, 라이트가 테슬라에서 이뤄온 업적에 대해서는 거의 언급하지 않으면서 새로운 테슬라의 역사를 펼쳐나가고자 했다. 머스크는 '그동안 충분히 인정받지 못했던' 회사라고 언급하며 AC프로펄션에 박수를 보내달라고 했지만, 에버하드가 사실상 테슬라의 시제품 티제로의 리튬이온 배터리 버전을 제안하고 영향을 주었다는 언급은 하지 않았다. 설립자들의 업적이 가려질 정도로 대중적으로 자신의 지명도가 높아진 10년 후에도, 머스크는 여전히 에버하드가 충분히 그의 공로를 인정받았다고 생각했다.

테슬라의 사업전략이 기업 성공의 주요 열쇠였다면, 머스크의 이런 행동은 에버하드와 타페닝의 공을 빼앗으려는 악의적인 시도로 기억될 수 있었다. 하지만 21세기 가장 영향력 있는 자동차업계 대표이자 선지자적인 천재로서 인정받고 싶다는 머스크의 열망은 오히려 테슬라를 정의하는 특징이 되었다. 그 이후로 수년간, 머스크의 전설적인 행보는 테슬라의 초기 창립자들이 바랐지만 실현할 수 없었던 지점까지 테슬라를 끌고 올라갔다. 비록 머스크가 매스컴의 관심에 초점을 두었기에 테슬라가 누구나 아는 브랜드가 되었지만, 그로 인한 첫 번째 희생자는 테슬라의 설립자였으며 이러한 경향이 앞으로 테슬라에 문제를 가져올 수 있음을 일찌감치 암시하고 있었다.

03

뜻하지 않게
자동차 제조회사가 되다

"시간이 갈수록 현명해진다는 것이
 그리 어려운 일이 아니면 좋겠습니다…"

2018년 8월 25일, 일론 머스크

"우리가 무슨 일을 하고 있는지 전혀 알지 못했습니다." 일론 머스크는 테슬라의 2016년 주주총회에 모인 주주들에게 전혀 몰랐다는 제스처를 취하면서 이렇게 말했다. "이런 생각이었죠. 과연 어떻게 자동차를 만들 수 있지?" 그가 웃으며 어깨를 한껏 들어올렸다. "절대 그럴 리가 없는데!"

주주들도 그를 따라 웃었다. 그들은 그럴 만한 사람들이었다. 모델3

의 예약 주문이 줄을 잇자 테슬라의 주가는 급등했고, 테슬라는 마치 세계 최고의 기업이 된 것 같았다. 머스크가 10여 년 전에는 자동차산업에 뛰어들게 될지 몰랐다는 것을 인정했다는 사실은 머스크와 테슬라가 함께 얼마나 멀리까지 왔는지를 증명하는 것이었다. 머스크와 테슬라가 모델3를 만드는 과정에서 얻어낸 힘든 교훈들이 있었기에 모델3의 성공이 가능했음은 분명하다.

테슬라가 자동차산업에 대한 이해 없이 설립된 회사란 사실을 머스크가 인정했다는 것은 테슬라의 엄청난 인기가 왜 종종 회의론에 압도당하는지를 설명하는 데 도움이 된다. 자동차산업에 대해서는 수십 년 동안 부정적인 이야기만 회자되어왔다. 특히 용기만으로 똘똘 뭉친 소규모 신생 기업에게는 더욱 어려운 산업 분야다. 테슬라 설립 이전에 존재했던 미국의 대형 자동차 스타트업은 바로 크라이슬러로, 이 회사는 1925년에 설립되었고 2009년 피아트와 합병하기 전 정부로부터 두 차례나 구제금융을 받아야 했다. 크라이슬러의 설립과 테슬라의 설립 사이 약 80년 동안 수많은 자동차회사들이 파산(위키피디아에 따르면 사라진 미국의 자동차회사만 1,000곳이 넘는다)하고 말았다. 2003년에 자동차 스타트업을 시작하기 위해서는 이러한 역사에 대해 잘 알지 못하거나, 세상 물정 모르는 낙관주의를 지니고 있거나, 아니면 지나칠 정도로 거만한 자세가 필요했다.

테슬라는 적어도 자신감 하나만은 충분했던 기업이었다. 테슬라의 설립자들은 리튬이온 배터리에 대해 다른 누구보다 더 많은 지식을 가지고 있었고 장거리 주행 전기자동차를 만들어낼 새로운 기회를 만들고 있다는 사실을 깨닫고 있었다. 또한 테슬라는 자동차산업 분야가 GM이 제작한 EV1과 같은 전기자동차의 확산을 무시하고 있다는 사실도 알아차렸다. 그렇기에 기존 자동차회사 역시 전기자동차를 대중화시키는 일에 전혀 관심을 두지 않을 것이라고 결론 내렸다. 캘리포니아의 첨단 분야 엘리트이자 친환경주의자였던 테슬라의 창업자들은 디트로이트의 그 누구보다 고급 전기차 관련 기술과 시장의 기회에 대해 훨씬 더 많은 정보를 접했다. 그리고 이들에게는 기존 자동차회사들이 이 기회를 완전히 놓치고 말 거라고 믿는 이유가 충분히 있었다.

실제로 GM과 같은 자동차회사들은 캘리포니아의 무공해 차량 명령에 따라 EV1 같은 전기차를 소량 제작했지만 상당한 손실을 보았다. 자동차회사는 완전히 새로운 구동 기술을 사용하지 않는다 해도 신차를 개발하는 데 10억 달러가 훌쩍 넘는 비용을 들여야 했다. 게다가 그 신차의 마진도 적은 편인데다 지속적으로 경쟁의 압박에 시달리게 된다. 전기자동차시장을 자세히 들여다보면 새롭게 전기차를 개발하는 비용이 엄청나게 들고, 새로운 공급망도 필요하며, 공공 충전 네트워크 또한 필요함을 알 수 있다. 비록 이러한 상황에서 출시된 전기차의 가격이 원가 혹은 조금 손해를 보는 금액으로 책정된다 해도, 전기차는 그와 동급인 자동차보다 수천 달러 더 비싸고, 충전량에 따라 제한된 주행거리를 갖게 될 것이었다. 전기차를 개발하는 데 들어가는 막대한 고정비용을 감당할 만큼 많은 차를 팔 수 있다는 확신이 없는 상황에서, 전기차라는 비즈니스 모델은 애시당초 성공할 가능성이 없는 모델이었다.

머스크가 10년이 지난 후 자신의 무지함을 두고 웃음 지었을 때, 다행히 테슬라는 수십억 달러 규모의 기업이 되었지만, 이렇듯 잔인하고도 살벌한 자동차업계의 현실은 변함이 없었다. 테슬라가 설립된 이후에 출시된 다른 전기차 중에서 (테슬라의 모든 전기차 또한 수익이 나지는 않았다) 차량 개발비와 공장 투자비용을 모두 갚을 만큼 충분한 수익을 냈던 차는 하나도 없었다. 테슬라는 그 어떤 기업보다 전기차에 대한 인식을 바꾸기 위해 많은 일을 해왔지만, 이는 지속 가능한 수익을 만들어내는 능력은 보여주지 못한 상태에서 수십억 달러를 공중에 뿌리는 방식이었다. 비록 테슬라의 엄청난 인기는 자동차업계를 놀라게 만들었지만, 투자자들에게 수익을 내주지 못한다는 것은 이미 예견된 일이었다.

하지만 테슬라의 창업자들이 '어떻게 이런 혼란스러운 업계에 뛰어들게 되었는가'라는 질문에 대해, '자동차산업의 어려운 환경에 대해 무지했고 오만한 자세를 지니고 있었기 때문'이었다는 대답은 충분한 설명이 되지 않는다. 테슬라의 창업자들은 오랜 경력을 가진 훌륭한 기업가들이었다. 이들은 자신들이 진출하려는 업계의 어려움에 대해 알지 못한 채로 엄청난 돈과 시간을 들일만한 사람이 아니었던 것이다. 진짜 문제가 되는 것은 이들이 자동차산업에 진출하면 어려움을 겪게 될 거라는 사실을 충분히 알고 있었다는 점이다. 에버하드가 예비 테슬라 투자자들에게 발표했던 프레젠테이션 내용을 보면 자동차업계 진입에는 엄청난 장벽이 존재한다는 사실을 그가 잘 알고 있었음을 알 수 있다.

"테슬라는 고성능 전기 스포츠카를 만들어낼 겁니다." 에버하드의 프레젠테이션 요약본은 이렇게 시작된다. "단지 자동차를 만들겠다는 것이 아니라, 고성능 전기자동차를 만들겠다는 생각, 이 두 가지 모두가 사실 불가능한 것처럼 보입니다." 하지만 에버하드는 최근 만들어진 개발 기술이 불가능한 일을 가능하게 만들어준다고 언급했다. 즉, 새로운 배터리 기술이 전기차를 '아주 매력적인' 차로 만들어줄 것이며, '비즈니스 환경의 변화로 공장을 갖지 않은 자동차회사'를 만드는 일이 가능해졌다고 말한다. 테슬라는 자동차 공장을 건설하는 데 들어가는 엄청난 고정비용을 부담하지 않게 되면서 자동차 비즈니스의 경제법칙을 뒤집을 수 있었다.

이런 생각은 자동차산업의 실제 트렌드에 바탕을 둔 것이었다. 자동차회사들은 높은 자동차 개발비용을 절감하고자 고군분투하면서 점점 더 많은 개발과 디자인 작업을 공급업체에 떠넘겼다. 자동차회사들은 서스펜션에서 시작해 차량 내부 모듈, 심지어 변속기까지 자동차를 구성하는 일반 부품들을 더 이상 개발하거나 제조하지 않았다. 한때 자부심을 갖고 우수한 스타터나 헤드라이트, 스파크 플러그를 제작했던 자동차회사들은 이제 협력업체에서 부품을 구입해 완성차를 조립하고 마케팅에만 초점을 맞추게 되었다.

초기의 테슬라처럼 업계 외부인들에게 이러한 개발방식은 상당한 기회를 만들어내는 듯 보였다. 거대 자동차회사들은 원칙적으로 어느 기업에나 동일한 부품을 공급할 수 있는 파트너에게 가치사슬의 상당 부분을 넘겨주었다. 그러면서 새로운 자동차회사들이 세계에서 가장 잘 팔리는 자동차에 들어가는 부품과 동일한 부품으로 자동차를 만들 수 있게 된 것이었다. 백년 만에 처음으로 자동차산업의 그 악명 높았던 장벽이 무너지는 듯 보였고, 점점 더 외주화되는 공급체인의 끝자락에서 백년 전통의 기업을 대체할 새로운 업체들의 길이 열리는 듯했다.

이러한 탈중심화 현상은 소규모 자동차회사들이 메이저 회사들의 하청을 받아 완성품을 만드는 데까지 이르렀다. 테슬라가 설립되기 몇 년 전, GM은 당시 어려움을 겪고 있던 영국의 스포츠카 제작사 로터스Lotus와 계약을 맺었다. 오펠Opel에서 스피드스터Speedster라는 이름으로 유럽에 판매했던 스포츠카의 경량형 버전인 로드스터 엘리스Elise를 제작하기 위해서였다. 바로 이 계약을 통해 GM은 개발비용을 절감하면서 세계적인 스포츠카를 만들어냈고, 엘리스의 수요가 그리 늘지 않는 상황에서도 로터스의 소규모 공장을 계속해서 가동했다. GM과 로터스 제작의 내막을 자세히 들여다보지 않으면 이 관계는 윈-윈 관계인 듯 보였다.

초기 실현 가능성 연구에서 기술적인 장점만을 따져봤을 때 엘리스를 테슬라 로드스터의 가장 유망한 기반으로 확신했던 에버하드와 타페닝에게는 모든 과정이 순조롭게 진행될 것처럼 보였다. 엘리스의 차체는 복잡한 과정을 거치지 않아도 커다란 배터리를 장착할 수 있을 정도로 가벼웠고, 이미 미국시장 승인을 위한 충돌 테스트까지 마친 상태였다. 로터스의 엔지니어링팀은 모든 '자동차 부품'을 관리하고 테슬라가 기존 공급업체들로부터 필요한 부품을 선택할 수 있도록 고용될 수 있었다. 일단 전기차가 개발되면, 테슬라는 AC프로펄션의 기술을 기반으로 전기구동장치만 제작해 이를 로터스의 공장으로 보내고, 나머지 공정은 그 공장에서 마무리될 수 있었다. GM과 마찬가지로 테슬라는 초기 단계부터 시작해서 차량 개발이나 자체 공장 건립을 위해 수십억 달러를 들이지 않고도 세계적인 스포츠카를 판매할 수 있었다. 이런 방식은 정말 간단해 보였다.

노란색 엘리스 차체에 AC프로펄션 티제로에 들어가는 전기구동장치를 끼워 맞춰 시운전이 가능한 첫 번째 시제품을 만들기 시작하자마자 명쾌해 보이던 환상은 즉시 사라져버렸다. 소형 4기통 엔진이 공간이 넓은 후드 아래가 아닌 운전석 뒤 좁은 공간에 장착되어 있는 엘리스에는 테슬라의 배터리팩을 구성하는 6,000개 이상의 배터리셀이 들어갈 충분한 공간이 없었다. 또한 엘리스의 휠베이스는 커다란 배터리와 냉각 시스템을 수용하기 위해서 몇 인치 더 커져야 했다. 이는 테슬라가 엘리스의 알루미늄 섀시를 재설계해야 함을 의미했다.

특별할 것 없어 보였던 이 의사결정 하나로 로드스터는 에버하드가 초기에 구상했던 단순한 엘리스의 개조 형태에서 훨씬 더 복잡한 형태로 변하기 시작했다. 결국 판도라의 상자가 열렸고, 그 안에서 테슬라가 제대로 해결해야 하는 셀 수 없이 많은 문제들이 쏟아져나왔다. 테슬라는 로터스의 엔지니어링팀에 일부 작업을 맡기고 엔지니어들을 스카우트해서 자체적으로 디자인 부문을 주도해나갔다. 갈수록 그 규모가 커져가는 프로젝트에 필요한 자동차 관련 전문지식을 활용했야만 했다.

로터스라는 브랜드는 운전의 즐거움을 전달하기 위해 완벽하게 균형 잡힌 차를 만드는 것을 중요시 한 회사다. 엘리스의 휠베이스가 몇 인치 정도 늘어나고 배터리를 장착한다고 해서 이 회사가 이뤄낸 업적이 훼손되어서는 안될 것이었다. 로터스의 입장에서는 부끄럽지 않을 정도의 차체에 테슬라 배터리의 크기와 무게를 수용하기 위한 엘리스의 대대적인 개조가 필요했다.

로터스를 만들어낸 기술자들은 엘리스를 로터스처럼 운전할 수 있는 전기차로 만들기 위해 필요한 수정사항을 적은 긴 리스트를 작성해야만 했다. 섀시는 더 크고 튼튼하게 재설계해야 하고, 배터리 구획을 보강해야 하며, 수정된 서스펜션과 함께 새로운 리어 서브프레임을 설계해야만 했다. 이미 완전한 재설계가 진행 중인 상황에서 (당시 인터뷰에 따르면) 머스크는 자기 자신과 그의 아내 같이 키가 큰 고객들도 자동차에 타고 내리기가 편하도록 자동차 문턱을 낮춰줄 것을 요구했다. 결국 엘리스를 테슬라 로드스터로 변모시켰을 때, 두 자동차에 공통으로 사용된 부품은 7% 정도밖에 되지 않았다.

엘리스의 재설계가 진행되고 이 프로젝트가 단순한 개조의 수준을 넘어서기 시작하면서 더 새로운 것을 추가해야 한다는 압박이 생겨났다. 전기자동차도 충분히 매력적일 수 있다는 사실을 세상에 알리는 것이 로드스터의 중요한 목표라면, 성능만으로 그것을 증명하기란 충분치 않았다. 테슬라는 이 전기자동차를 여섯 자릿수 달러 가격대에 걸맞는 외양과 성능을 지닌 자동차로 만들어야 했다. 이런 목표로 인해 테슬라는 스스로 피하고 싶어 했던 자동차산업 분야로 발을 더 디딜 수밖에 없었다.

목표를 달성하기 위한 가장 중요한 방법 중 하나는 디자인이었다. 테슬라의 최고경영진들은 디자인에 엄청난 시간과 공을 들였다. 에버하드는 전형적인 전기차 스타일을 강조한 디자인을 수차례 제안받았지만 결국 그 제안들을 모두 거절했다. 이후 자신의 오랜 친구이자 유명한 디자인컨설팅회사 아이데오IDEO의 공동설립자인 빌 모그리지Bill Moggridge에게 클래식한 디자인을 만드는 데 도움을 줄 것을 요청했다.

모그리지는 복고풍에서 미래지향형, 남성적 디자인에서 여성적 디자인까지 다양한 미적 가능성을 제시했다. 여러 가지 다양한 안을 제시한 끝에, 에버하드는 테슬라 경영진을 초청해 최종 콘셉트를 결정하도록 했다. 머스크는 차후에 자신의 의견으로 인해 이 차가 본인이 가장 좋아하는 두 대의 자동차, 포르쉐 911과 맥라렌 F1의 스타일링을 합친 디자인으로 결정되었다고 주장했다. 하지만 저널리스트 드레이크 배어에 따르면 머스크는 최종 디자인 회의에 초청받지 않은 유일한 경영진이었다고 한다.

머스크는 자신의 '본업'인 스페이스X의 대표직으로 돌아가기 직전 몇 주에 한 번 정도만 로드스터의 개발에 아주 이따금씩 관여한 유일한 경영진이었다. 하지만 로드스터에 대한 그의 영향력은 부인할 수 없었다. 머스크는 테슬라에서 첫 출시하는 자동차에 비용이 얼마나 들어가든 관계없이 가능한 매력적인 차로 만드는 데 그 누구보다 노력을 기울였다. 머스크는 차후에 로드스터의 소송에 대응하고 개발비용과 일정을 늘리는 의사결정을 하는 데 중요한 역할을 하게 된다. 그리고 자동차의 문턱을 낮추는 것 외에도 새로운 헤드라이트를 직접 디자인하고, 로터스의 기존 모델이 제공하는 것보다 편안한 시트로 교체했으며, 독특한 전기 도어 핸들을 제작하고, 차체도 첨단 탄소섬유강화플라스틱CFRP으로 교체할 것을 고집했다.

당시 머스크는 테슬라의 일상적인 운영에는 관여하지 않았기에, 이런 식으로 차량을 개조하는 데 각각 얼마나 많은 비용이 들어가는지 제대로 알지 못했을지도 모른다. 자동차업계에서의 경험이 없다면, 도어를 재설계하는 일이 엔진을 재설계하는 일보다 훨씬 많은 비용이 들 수 있다는 사실이 과장된 이야기처럼 들린다. 개발 단계마다 비용을 철저하게 따지는 소위 '진짜' 자동차회사들과는 다르게, 테슬라에서는 그 누구도 비용을 담당하고 있지 않은 듯 보였다. 테슬라는 50명이 넘는 직원을 둔 회사로 성장했지만 여전히 재무담당 최고책임자 자리가 비어 있었고, 성장해나가는 회사를 관리하기에 걸맞은 기업관리 소프트웨어가 없었다.

머스크가 비용이 지나치게 많이 드는 제안들을 하자 에버하드는 그것들을 거부하면서 둘 사이의 긴장감은 고조되었다. 하지만 결국에는 머스크가 돈을 쓰는 식으로 일이 마무리되었다. 머스크의 자금지원과 실리콘밸리에 있는 머스크 지인들의 자금력이 동원되지 않았다면, 테슬라의 사업은 지속되어나갈 수 없었을 것이다.

2006년이 되자 테슬라는 에버하드의 처음 구상과 완전히 다른 회사가 되었다. 최소한의 개발비용으로 엘리스를 개조하겠다는 처음의 계획은 사라지고, 테슬라 내부자 한 명이 '엘레강스 크립elegance creep(프로젝트가 기본적인 수준에서 완료되지 않고 점점 더 많은 기능이나 세부 사항에 집중하는 경향)'이라고 부르던 상태로 뒤바뀌었다. 테슬라는 본래 계획하지 않았던 자동차회사가 되었고, 초기의 사업계획에서는 상상할 수 없었던 정도로 엄청난 돈을 써버리고 있었다. 2006년 5월 시리즈 C 자금조달 라운드에서는 앞선 두 라운드에서 모금했던 비용의 두 배인 4,000만 달러를 추가 유치했고, 그 이후에도 매년 비슷한 금액을 계속해서 모아야만 했다.

결국, 앞으로 확인하게 되겠지만, 테슬라는 자동차를 만들고 판매하는 비용을 마련하기 위해 힘겹게 나아가야만 했다. 그리고 테슬라는 값비싼 비용을 치르고 나서야 자동차산업에 대한 첫 번째 교훈을 얻게 될 터였다.

04

스타트업의
덫에 걸리다

"벤처 자금을 마련하는 일은
 스타트업 창업자가 해야 하는 일 가운데 가장 쉬운 일이다."

마크 안드레센

2006년이 되자 실리콘밸리는 포스트 닷컴 버블의 여파에서 완전히 벗어나 새로운 황금기에 접어들었다. '웹 2.0'이라는 트렌드 속에서 스카이프나 판도라, 옐프와 같은 회사들이 세워졌고, 페이스북과 트위터를 사용하는 사람들이 점점 많아지기 시작했으며, 애플은 세계 최초의 스마트폰을 만들어내는 마지막 과정을 거치고 있었다.

벤처 투자자인 폴 그레이엄Paul Graham은 그해 '어떻게 하면 실리콘 밸리가 될 수 있을까'라는 제목의 연설을 했다. 그는 숨 막힐 듯 답답한 관료주의를 조롱하거나 실리콘밸리의 '부자와 괴짜들'을 축하하는 분위기 사이를 이렇게 포착하며 말했다. "새로운 것을 찾아 나설 때 특이함을 허용하는 장소, 여러분이 스타트업의 중심지인 실리콘밸리에 기대하는 바입니다. 간단하게 말하면 바로 이것이 스타트업이죠. 대부분의 훌륭한 스타트업의 아이디어들은 다소 말이 안 되는 것처럼 보입니다. 만약 그 아이디어가 좋은 아이디어였다면, 이미 누군가 그 아이디어를 사용했을 거라고 보는 거죠."

2006년 테슬라를 바라보는 시선 또한 정확히 이런 상태였다. 심지어 실리콘밸리의 기준에서조차, 자동차를 제작하는 스타트업은 다소 말이 안 되는 듯 보였다. 당시에는 자동차광들이 업계에 뛰어들 때 어떤 일이 일어날지 아무도 알지 못했다. 로드스터는 분명 빠른 자동차였고, 외관상으로도 멋졌으며, 친환경을 표방하여 유명인사들도 이 차를 좋아했다. 테슬라가 하는 일은 그 어떤 선례도 찾아볼 수 없는 상황이었지만, 실리콘밸리의 많은 이들이 테슬라의 사업을 기꺼이 지지하고자 했다.

게다가 디트로이트의 자동차회사들이 불경기에 접어들면서 테슬라에 우호적인 분위기는 더욱 커져갔다. 자동차업계의 당시 트렌드였던 픽업트럭과 SUV 붐은 시장포화와 판매둔화, 생산과잉을 불러왔고, 이로 인해 손실은 커졌고 일자리는 줄었다. 2008년에는 '카마겟돈(자동차car와 대혼란을 뜻하는 아마겟돈armageddon을 합쳐 만든 조어)'이라 불렸던 최악의 상황을 눈앞에 두고 있었다. 하지만 자동차회사에 대한 미국의 양면적인 태도는 실리콘밸리의 스타트업 정신이 보다 혁신적이고, 친환경적이며, 궁극적으로 성공적인 자동차회사를 만들어낼 수 있을 거라는 희망을 불러일으켰다.

로드스터야말로 첨단기술 스타트업이 기존 자동차회사들이 무시하고 있던 새로운 기회를 찾아내고, 새로운 기술을 개발하며, 최첨단 자동차를 설계할 수 있다는 사실을 증명한 자동차였다. 이러한 사실은 자동차를 소비재라 여기는 대부분의 사람들에게 실리콘밸리의 첫 번째 자동차 스타트업이 세계 최고의 자동차기업이 될 잠재력을 지닌 회사라는 생각을 심어주기에 충분했다. 하지만 그 이면에서 테슬라라는 스타트업의 문화가 자동차 비즈니스에서 성공을 끌어내기 쉽지 않다는 사실을 증명해 보이고 있었다.

자동차 제조와 실리콘밸리 스타트업의 세계는 완전히 다르다. 자동차회사는 공장 가동 및 공급망, 서비스 인프라, 규제 준수라는 일련의 공정을 관리하기 위해 체계화된 문화에 의존하는 거대한 프로세스 중심의 관료적 조직이다. 자동차회사가 근본적으로 추구하는 것은 가장 혁신적이거나 매력적인 자동차를 만들어내는 일이 아니라, 엄청난 규모와 높은 품질 수준의 자동차를 설계하는 일이다. 일관성을 극대화하고 낭비를 최소화하는 것이 가장 중요하며 (5장에서 확인하게 되겠지만) 기획, 구조, 연대가 바로 자동차 제조업체가 성공하는 비결이다.

다른 스타트업들과 마찬가지로 테슬라는 이와 정반대되는 원칙을 바탕으로 세워졌다. 즉, 거대하고 완벽하게 작동되는 기계와 같은 조직으로 완벽하게 계획되고 조직화하기보다는 조직화와 통제를 최소화함으로써 직원들 각각의 창의성과 기업가적인 잠재력을 극대화하고자 했다.

로터스 앨리스의 섀시에 AC프로펄션의 전기구동장치를 설치하려던 테슬라의 계획이 훨씬 더 엄청난 연구개발 노력을 이끌어내면서 스타트업 철학의 장점이 보다 부각되었다. 테슬라가 첫 번째 시뮬레이터 (직접 도로 위를 주행하면서 여러 가지 부품을 테스트하는 데 쓰는 연습용 자동차) 테스트를 시작하자마자 전기구동장치가 개선될 필요가 있음이 분명해졌다. 인버터와 모터, 엔진 컨트롤러로 구성된 AC프로펄션의 전기구동장치는 테슬라가 바라는 성능을 제공해주긴 했지만 개발이 진행되면서 문제점들이 속속 드러났다. AC프로펄션의 아날로그 회로는 신뢰성이 떨어졌고 문서화되지 않아서 문제가 발생했을 때 진단 및 수정이 제대로 되지 않았다.

타페닝이 설명한 바 있듯이, AC프로펄션의 하드웨어에는 또 다른, 이보다 더 큰 문제점이 있었다. 그 문제는 다음과 같다.

> AC프로펄션은 60여 개의 전기구동장치를 만들었는데, 이 모두가 수작업으로 제작되었습니다. 각각의 전기모터는 각각의 인버터에 맞춰져 있었고, 수작업으로 만들어졌죠. 이런 방식은 제조공정이라기보다, 취미로 하는 고가품 제작 같은 것이었습니다. 1년에 단 100개의 스테레오 재생장치를 제작하는 소규모 숍에서 오디오 시스템을 생산하는 것처럼요. 우리는 AC프로펄션의 전기모터를 독점 사용하기 위해 제법 많은 돈을 들였는데, 이 회사가 대량생산을 할 수 없다는 걸 알게 된 겁니다.

자동차업계(혹은 제조기업)에서 일하는 사람이라면 누구에게나 익숙한 문제다. 소규모의 주문제작 숍에서는 모든 애플리케이션에 맞춰 높은 수준의 성능을 제공하도록 부품을 제작할 수 있다. 하지만 이렇게 특별한 부품은 제작에 시간이 오래 걸리고, 비효율적인 기술을 활용하며, 광범위한 수정 작업이 필요한 경우가 많다. 만약 테슬라가 수백 대의 로드스터를 만들어내고자 했다면, 대부분의 하드웨어는 대량생산을 염두에 두고 재설계되어야 했다.

이러한 과정에서 디지털 모터 제어기 개발이 시작되었고, 이때부터 디지털 모터 제어기가 진단 도구로서의 역할을 하게 되었다. 하지만 엘리스의 섀시를 조금만 바꾸려고 했던 것이 전체적인 재개발 프로젝트로 커지면서, 작은 개선사항들이 보다 전면적인 변화로 바뀌어갔다. 엔지니어들은 새로운 문제들에 대한 해결책을 자유롭게 추구하고 새로운 기술의 영역에 자신들의 능력을 채워 넣어갈 수 있었기에 매우 행복해했다. 하지만 테슬라가 자동차를 생산하고 고객들에게 판매한다는 궁극적인 목표를 생각하면 엔지니어들의 실험은 생산 일정에 큰 지장을 주었다.

본래 에버하드의 구상에 따르면 테슬라는 2006년 생산을 시작해 2007년에는 500대를 생산하고 2008년에는 수익을 낼 수 있을 것으로 예상했다. 하지만 2005년 말 프로젝트가 걷잡을 수 없이 커지고 자금이 바닥나면서 테슬라의 계획이 변경되어야 한다는 사실은 분명해졌다. 필요한 자금을 조달하기 위해 테슬라는 투자자들에게 로드스터가 실제로 실현될 거라는 사실을 증명해야 했다.

에버하드가 티제로를 이용해 테슬라로 인재를 끌어모았듯이, 머스크는 테슬라의 프로토타입 두 가지를 이용해 4,000만 달러 규모의 테슬라 시리즈C 지금을 조달했다. 첫 번째 시뮬레이터와는 달리 프로토타입은 실제 테슬라가 생산하게 될 스포츠카의 모습을 갖췄고, 조용한

데다 놀랄 만큼 빠른 속도를 내는 이 차는 실리콘밸리의 여러 유명 벤처 캐피탈의 지원을 받는 데 성공했다. 비록 머스크의 친구들과 구글의 창업자인 세르게이 브린과 래리 페이지가 시운전을 할 때 테슬라의 프로토타입이 제대로 작동하지 않았지만, 그럼에도 자금 지원을 받는 데는 문제가 없었다.

이렇게 다시 자금이 채워지면서 빠르게 성장하는 연구개발팀이 실제 자동차 출시사업을 지원할 수 있음을 보여주기 위해 테슬라는 비밀 보안 상태를 멈추고 고객 예치금을 모으기 시작했다. 첫 번째 고객 유치 이벤트는 산타모니카의 비행기 격납고에서 열렸는데, 이 자리에는 언론사들과 함께 아놀드 슈워제네거, 마이클 아이스너 같은 유명인사들이 초대받았다. 이 이벤트는 엄청난 언론의 관심을 끌었다(그리고 1장에서 언급된 머스크와 에버하드 사이의 불화가 촉발된 계기이기도 하다). 그로부터 2주 만에 테슬라는 100대 한정의 '시그니처' 로드스터를 모두 판매했다. 그 후 몇 달 동안 테슬라의 소규모 홍보활동과 마케팅이 진행되면서 할리우드와 실리콘밸리의 유명인사들을 위한 개별적인 이벤트와 시승 행사가 이어졌고 주문이 점점 늘기 시작했다. 테슬라는 로드스터 기본 버전 판매가가 8만 5,000달러, '시그니처'는 9만 2,000달러 정도 될 것이며 2007년까지 차량 인도 준비를 마치겠다고 약속했다.

대중에게 이렇게 약속하자 테슬라의 자유분방한 혁신적 움직임에도 극적인 압박이 가해졌다. 이는 차량 인도 일정과 예상 비용에 맞춰나가면서 계속해서 발생하는 문제들을 해결하는 데 집중하도록 했다. 고객 시승과 내구성 테스트에서는 더 많은 문제점들이 발생했다. 성능이 좋고 외관도 멋진 자동차를 만드는 일은 단지 시작점이었다. 테슬라가 개발 중이던 새로운 기술 역시 안전하고, 계속해서 신뢰할 수 있으며, 사용하기 쉬운 것이어야 했다.

2006년 후반까지 테슬라가 해결해야 하는 이러한 목표들은 테슬라의 불안감이 커져가도록 만들었다. 테슬라의 대중적인 인지도는 급상승하고 있었으나 기술적인 어려움도 크게 늘어났고 기업의 자산은 엄청난 속도로 줄어들었다. 무엇보다도 걱정스러운 일은 아마도 머스크와 에버하드의 관계가 어긋나고 있던 것이었다. 에버하드가 점점 더 복잡해지는 생산 과정을 관리해나가는 동안 머스크는 '엘레강스 크립'을 옹호하는 동시에 비용과 일정을 보다 엄격하게 관리해야 하는 압박에도 시달리게 되었다. 10월까지 머스크는 에버하드에게 "1992년경의 인터넷시장과 같은 상황에서 6개월 앞서가는 퍼스트 무버로서의 유리한 점을 포기할 것인지, 테슬라 제품을 제대로 만드는 데 모든 노력을 집중할 것인지, 둘 중 하나를 택하라"고 쏘아붙였다.

11월, 에버하드는 머스크에게 이메일을 보내 아직 해야 하는 일이 많이 남았다고 설명했다. "우리가 생산 단계로 넘어가기 위해 해결해야 할 어려운 문제들이 산적해 있어요." 그는 이렇게 썼다. "중대한 비용 문제에서부터 하청업체 문제(변속기, 에어컨 등), 로터스의 안전성 측면에서 내부 설계의 미숙함 등 모든 것이 문제입니다. 저는 2007년 즈음에나 자동차 생산이 될 것 같은 생각에 걱정하며 밤새우고 있어요."

테슬라는 이제 100명이 넘는 직원을 둔 기업이 되었고, 이는 그간 에버하드가 경영해왔던 그 어떤 스타트업들보다 규모가 컸다. 에버하드는 빠르게 늘어가는 비용을 추적하기 위해 기업 소프트웨어 시스템을 구현하려고 했지만, 테슬라에 CFO가 부재하다는 점은 말할 것도 없고 회사의 복잡한 특징들 때문에 이러한 시도는 너무나 어려웠다. 에버하드와 머스크는 로드스터를 생산 단계로 끌어올리기 위해 2007년 1월까지 재무 및 경영 경험을 갖춘 새로운 CEO를 영입하기로 합의했다.

이들이 처음 합의했던 내용은 서로에게 이익이 되었다. 머스크는 테슬라의 다음번 자금조달 라운드에 참여할 잠재적 투자자들에게 테슬라의 비용이 제대로 관리되고 있으며 생산 일정도 제대로 맞춰 진행되고 있다는 사실을 확신시켜줄 필요가 있었다. 한편 에버하드는 테슬라의 다음 프로젝트를 준비하고 싶어 했다. 그는 비용이 더 저렴한 세단인 암호명 '화이트스타'로 테슬라의 판매량을 늘리고 판매 및 서비스에 대한 투자를 더 끌어오고자 했다.

에버하드는 2006년 테슬라의 비밀보안이 끝나자마자 화이트스타에 대해 넌지시 알리려고 했다. 머스크가 마스터플랜에서 언급했던 가격보다 저렴한 세단일 것이며, 2008년 출시 예정이라고 말했다. 9월 에버하드는 대기자원위원회에 제출한 자료에서 테슬라가 기술 사양과 타당성 조사, '예비 차량 설계'를 완료했으며 2009년에 자동차 생산을 시작하기 위한 공장 부지를 물색하는 중이라고 밝혔다. 로드스터로 수익을 낼 가능성이 희박하기 때문에, 더 많은 양을 생산할 수 있는 보급형 전기차 화이트스타가 테슬라의 시리즈D 자금조달 라운드에 핵심적인 역할을 해왔다.

이렇게 정리가 되자 일은 잘 진행되어갔다. 새로운 CEO는 보다 효율적인 방식으로 로드스터의 마무리 작업을 해나갔고, 에버하드는 자신이 원하던 화이트스타의 개발 작업을 계속 해나갈 수 있었다. 이는 투자자들을 유치하는 데 매우 중요한 일이었다. 하지만 테슬라의 의욕이 점점 더 커져감에 따라 테슬라는 신규 투자를 유치하기 위한 행사를 매년 진행해야 했다. 시간이 흐르면서 늘 다음번에 더 많은 자금이 필요하게 되는 이 움직임은 계속해서 반복되기 시작했다.

2007년 5월 테슬라는 시리즈D 자금조달 라운드에서 4,000만 달러를 유치했지만, 여기에는 새로운 조건이 따랐다. 에버하드는 투자를 위한 설명서에서 테슬라의 새로운 투자자들에게 로드스터가 9월 말까지 생산될 것이며 첫 25대를 생산한 이후에 로드스터의 생산비가 대당 6만 5,000달러가 들 거라고 말했다. 하지만 투자자들은 그가 제시한 비용을 다시 한 번 확인하고 싶어 했다.

테슬라의 새로운 투자회사 가운데 하나인 밸러이쿼티파트너스Valor Equity Partners는 테슬라에 경영관리자를 파견해 이 혼란스러운 문제를 파악하도록 했다. 그 경영관리자가 찾아낸 결론은 속이 뒤틀릴 정도였다. 테슬라가 그해 말까지 생산해 8만 5,000달러에 판매하기 원했던 자동차의 대당 생산비는 무려 20만 달러였다. "공장을 풀가동하더라도 자동차 출고가가 17만 달러 정도나 되겠더군요." 머스크는 차후에 전기 작가 애슐리 반스에게 이렇게 말했다. "물론 출고가가 얼마인가는 그다지 중요하지 않았어요. 그렇게 생산해봤자 3분의 1은 보나마나 작동하지도 않을 테니까요."

이런 사실이 드러났을 즈음, 테슬라는 이미 에버하드를 대신할 사람으로 플렉트로닉스Flextronics의 전 CEO 마이클 마크스Michael Marks를 지목했다. 하지만 머스크와 에버하드의 관계가 급속히 악화되자 이사회는 에버하드가 없는 자리에서 새 CEO로 영입하기로 한다. 에버하드는 이사회에 불리지 않았다는 사실에 너무나 놀랐지만, 그는 자발적으로 CEO직에서 물러나 테슬라의 기술부문 사장이 되기로 했다.

CEO로 취임하던 날, 마크스는 머스크에게 이메일을 보내 이야기를 나누고 싶다고 했다. "당신도 알고 있겠지만 테슬라에 너무 많은 문제들이 산적해 있습니다." 그는 이렇게 썼다. "어떤 문제들은 제가 생각했던 것보다 훨씬 더 심각하고 긴급한 상황입니다."

　다음 날 머스크는 이사진에게 메일을 보내 그들이 테슬라의 모든 사안에 대해 알고 있는 것이 아니라고 이야기했다. 하지만 그의 메일은 1년 전 내부 분열을 촉발시켰던 매스컴의 관심에 대한 언급으로 다시 돌아갔다. "에버하드는 이런 중대한 문제들을 해결하려 하기보다 테슬라 내에서 자신의 대중적인 이미지와 자신의 위치에만 초점을 맞추고 있는 것 같습니다." 머스크는 이렇게 썼다. "만약 여러분이 에버하드와 이야기할 기회가 있으시다면, 로드스터를 제시간에 만들어내고 소비자들에게 인도할 수 있도록 모든 에너지를 쏟아부어달라고 말씀해주십시오. 에버하드는 자신의 평판과 지위를 올릴 수 있는 가장 좋은 방법이 바로 로드스터 출시라는 점을 모르고 있는 것 같습니다." 에버하드는 11월이 되자 결국 이사직에서 사임하며 머스크에게 퇴직금을 받고 테슬라와 완전히 결별하게 되었다.

　에버하드가 물러나면서 마크스는 로드스터의 생산을 위해 필요한 일들에 전력을 다하기 시작했다. 마크스는 자동차 제조 및 공급망을 광범위하게 관리해본 경험이 있는 테슬라 최초의 최고경영자였다. 그는 테슬라의 엔지니어링 실험장에서 일어났던 온갖 부수적인 프로젝트들을 중단시키기 시작했다. 중단된 프로젝트들은 바로 스트로벨과 머스크가 실험해온 전기 스마트카 프로젝트, 뉴멕시코 공장에서 화이트스타

세단을 만들려던 에버하드의 계획, 테슬라의 태국 공장에서 다른 회사의 배터리를 생산할 계획 같은 것이었다. 마크스가 새롭게 사업에 집중하는 노력을 보였으나 그럼에도 차량 인도까지 6개월 지연은 불가피한 일이었다. 머스크는 저렴한 가격의 화이트스타가 곧 출시될 거라고 언론에 알리면서 로드스터는 2008년 인도가 시작될 것을 약속했다.

마크스는 회사의 다른 프로젝트에 의해 방해받지 말고 주요 업무에 집중해서 일할 것을 직원들에게 강요했지만, 여전히 회사는 혼란스러움 그 자체였다. 테슬라는 태국에서 배터리팩을 만들겠다는 계획을 포기하고 캘리포니아에서 수작업으로 자체 배터리팩을 생산해야만 했다. 머스크가 주장했던 탄소섬유 차체는 도색이 엄청나게 까다로워서 테슬라는 500만 달러를 들여 새로운 공급업체를 물색하고 기계를 교체할 수밖에 없었다.

가장 중요한 기술적 문제는 바로 로드스터의 변속기였다. 이 변속기는 테슬라가 고객에게 약속한 가속도와 최고 속도를 모두 달성해야 했다. 변속기 공급업체 마그나파워트레인Magna Powertrain은 처음에 테슬라가 요구한 '매우 까다로운' 듀얼 클러치의 2단 변속기가 아닌 1단 변속기를 제안했다. 마그나 변속기의 내구성이 떨어진다는 것이 밝혀지자 테슬라는 다른 공급업체에 작업을 넘겼고 마그나는 계약 위반으로 테슬라를 고소했다. 다른 세 곳의 공급업체와 협력했지만 이후에도 테슬라는 구동장치의 즉각적인 회전력을 유지할 수 있는 변속기를 구할 수 없었다.

시간은 점점 흘렀고, 1세대 로드스터 500대는 제대로 작동하지 않는 임시 변속기가 달린 채로 인도되어야 했다. 다시 한 번 테슬라의 훌륭한 기술자들 덕에 (그리고 어느 정도는 놀라운 행운 덕에) 해결하기 어려웠던 이 문제는 기술 향상의 기회로 바뀌게 되었다. 스트로벨과 그의 팀은 변속기가 약속했던 사양을 충족할 수 있는 충분한 전력을 만들어내기 위해 기존의 AC프로펄션 기술을 완전히 재디자인해야 했다.

결국 테슬라는 무어의 법칙 덕분에 구원을 받았다. 파워 모듈에서 파형을 합성하는 데 사용하는 절연게이트양극성트랜지스터IGBT의 새로운 버전이 출시되면서 과열 없이 33% 높은 전력 처리량이 실현된 것이었다. 테슬라는 새로운 IGBT를 사용해 구동장치에서 몇 가지 변경에 성공했고, 마력과 회전력 출력을 상당 수준 높일 수 있었다. 새로운 구동장치와 다른 개선사항들로 인해 테슬라는 원래 약속했던 사양을 제공할 수는 있었지만, 이미 수백만 달러를 낭비한 상태였고 목표로 한 생산 일정은 놓친 뒤였다.

영국 헤델에 위치한 로터스 공장에서 생산된 1세대 로드스터는 (2단 변속기를 사용할 수 없도록 잠근) 1단 변속기가 장착된 상태에서 인도되었다. 인도된 자동차에는 새로 만들어질 '로드스터 1.4 모터'와 냉각 시스템, 파워 모듈 및 1단 변속기를 새로 장착해주기로 했다. 중간에 변속기가 업그레이드되고 인도된 자동차에 새로운 변속기를 교체해주기로 하면서 테슬라의 수익성은 큰 타격을 입게 되었다. 그리고 이 때문에 머스크는 이미 비용을 청구했던 자동차에 돈을 더 지불해달라고 고객들에게 요청해야만 했다.

머스크는 피해를 최소화하기 위해 그가 할 수 있는 일을 했다. 2007년 말, 임시 CEO를 맡았던 마크스의 자리는 하드웨어 스타트업 두 곳을 성공적으로 이끈 베테랑 경영자 지브 드로리Ze'ev Drori로 교체되었다. 머스크가 시리즈E 자금조달 라운드를 시작하면서 이들 두 사람은 통합된 테슬라의 모습을 언론에 비추었다. 하지만 머스크가 에버하드를 퇴출시킴으로써 직원들의 의욕이 상당히 흔들렸다. 직원들 대부분은 수년간 에버하드와 알고 지내던 사이였고 로드스터를 만드는 과정에서 그와 직접적으로 함께 일했던 직원이었다. 핵심 멤버들이 회사를 그만두기 시작했고, 테슬라가 인원 감축을 시작하면서 다른 직원들도 해고되었다.

2008년 에버하드가 꼭 집어 '테슬라 설립자들 블로그'라는 이름으로 블로그를 열면서(이후 블로그가 삭제됨) 긴장감이 고조되었다. 그가 첫 번째 포스팅에서 "이 블로그의 목적은 테슬라를 비판하는 것이 아니다"라고 약속했음에도, 두 번째 포스팅은 그가 테슬라에서의 '비밀스런 대량 해고'라고 부른 내용이 묘사되어 있었고 '익명의 직원들과 얼마 전

그만둔 직원들'의 다음과 같은 인용이 담겨 있었다.

제가 테슬라에 입사한 것은 세상을 변화시킬 기회를 가질 수 있다는 고귀한 목표를 지닌 회사에서 일할 수 있다는 긍정적인 생각 때문이었습니다. 그러한 사명감과 희망은 훌륭한 전기차를 생산하기까지 생겨나는 여러 가지 어려운 문제들을 극복해 낼 수 있는 에너지와 결단력을 만들어냈습니다. 하지만 테슬라에서 일어나고 있는 차갑고 비이성적인 인원 삭감 문제로 인해 이러한 에너지는 모두 빠져나갔습니다. 모든 사람들이 스타트업에서 꼭 필요한, 합리적인 비용 관리 방법에 대해서 이해하지만, 이번 인원 삭감은 반드시 필요한 것도 아니었고 합리적인 방식도 아니었습니다.

2주 후 에버하드는 '테슬라 경영진의 강력한 요청에 따라' 블로그의 글을 삭제했지만, 그로 인한 피해는 고스란히 남았다. 언론은 테슬라의 내부 분열을 포착했고, 테슬라는 지금까지 가장 어려운 1년을 보내게 되면서 언론에 등장하는 일도 뜸해졌다. 테슬라의 내부 분열과 차량 인도 이후에도 계속되었던 로드스터의 개발은, 스타트업이 자동차 제작에 접근하는 방식에 대한 예견된 결과였다. 로드스터의 개발 및 생산비용을 적절하게 파악하지 못하고 개발 과정에서 비용 관리를 제대로 하지 않았던 테슬라는 결국 어리석은 실수를 하면서 자금을 마련해야만 했다.

이로써 테슬라는 실리콘밸리 쳇바퀴에 오른 듯, 매년 끊임없이 수천만 달러를 마련해야만 했다. 테슬라는 로드스터가 손실을 보고 있음이 드러났을 때조차 투자자들을 계속해서 모으기 위해 새로운 프로젝트를 만들어야만 했다. 2008년 한 해에만 로드스터 1.0을 만들어내고, 인도된 차량을 1.5 사양으로 업그레이드하며, 생산 단계에 있는 차를 1.5 사양으로 전환하고, 로드스터 2.0 사양을 만들기 위해 추가 개선사항을 개발하고, 저렴한 가격의 화이트스타 세단을 처음부터 다시 만들어야 했다. 이로 인해 테슬라는 결국 2009년 모델을 제작하지 않고 건너뛰려고 했다. 오래된 문제점들을 해결하기 위한 새로운 투자는 또 다른 새로운 약속을 만들어냈다. 결국, 또다시 현금이 더 많이 필요한 상황이 되어버렸다.

해결해야 하는 비용이 계속 쌓여감에 따라, 머스크는 테슬라에 개인 자산을 너무 많이 투자하여 더 이상 테슬라를 그냥 떠날 수 없을 정도가 되었다. 회사가 계속 앞으로 나아가도록 하기 위해 머스크는 화이트스타와 투자자들 그리고 언론에 보다 집중했다. 그는 다음번 출시할 자동차를 테슬라가 실수로부터 배우고, 전기자동차의 대중화에 한 걸음 더 다가가며, 보다 진지한 자세의 자동차회사로 거듭나는 기회로 만들고자 애썼다.

이런 패턴이 테슬라 문화를 규정하는 특징이 되었을지도 모른다. 즉, 테슬라는 실행 과정에서 문제를 해결하는 데 필요한 자금을 마련하기 위해 끊임없이 새로운 야망을 키워나가야 하는 어려움에 처하게 된 것인지 모른다. "처음에는 일을 제대로 해낼 시간도 돈도 없었지만, 우리는 항상 그 일을 해낼 시간과 돈을 두 배로 갖게 되었어요." 나와 이야기했던 전 테슬라 직원 한 명은 이렇게 회상했다. 그의 이야기가 계속해서 내 머릿속에 맴돌았다.

첨단기술 분야와 스타트업을 둘러싼 신화가 미국인의 문화에서 대세가 되기 시작할 때쯤, 테슬라의 민첩성과 계속되는 현금 조달능력은 대중적 이미지를 깎아내리기보다는 도움이 되었다. 그러나 테슬라는 스타트업의 문화가 자동차산업에서 디스럽터Disruptor(룰을 깨고 성공을 달성한 사람) 역할을 할 거라는 환상에 빠져들어 있었지만, 당시 테슬라의 현금 조달능력은 현재 출시한 제품의 수익으로 새로운 제품에 자금을 조달하려는 머스크의 마스터플랜을 무산시켰다.

테슬라가 머스크의 계획을 계속해서 지켜나가려고 했다면, 이렇듯 자본집약적이고 이윤이 적은 사업에서 살아남기 위해 자동차회사들이 반드시 수용해야 하는 운영 원칙(다음 장에서 확인하게 될 것이다)을 개발했을지도 모른다. 그렇게 하는 대신 테슬라의 임무는 반복되는 자금조달로 이어졌다. 결국 테슬라의 진짜 제품은 처음에는 벤처캐피털로, 차후에는 주식과 부채로 수익을 내는 것이라고 확신시키는 것 같았다. 스타트업의 덫에 걸리자, 테슬라의 인센티브는 적자를 해소하는 데에서 벗어나 새로운 투자가 계속해서 생겨날 일종의 과장된 선전과 예측을 낳는 쪽으로 옮겨갔다.

비록 자동차산업이 꿈을 통해 지금껏 발전해왔지만, 근본적으로 이 산업은 실행에 의해 죽거나 사는 사업이다. 그 정의에 따르면, 모든 제조업은 반드시 실질적인 성과를 내야 한다. 그러나 테슬라는 이 업계에서 살아남기 위해 필요한 자금을 마련하고자 투자자들을 겨냥한 거대한 비전을 만드는 일에 주력하는 것처럼 보였고, 자동차 생산은 부차적인 일처럼 보였다.

앞으로 다가올 자금조달 라운드에 대한 과장된 홍보가 테슬라의 생존에 매우 중요한 부분을 차지하면서, 테슬라라는 기업에 대한 인식과 잘 드러나지 않았던 현실 사이의 괴리가 커졌다. 수많은 팬과 투자자들에게 이러한 기업 인식은 현실이 되었다. 테슬라에 있어, 이러한 인식은 마치 계속해서 불을 켜놓은 자동차들 같았다. 이러한 피드백 루프가 자연스럽게 만들어지면서 테슬라와 테슬라를 지지하는 사람들은 전 세계 다른 사람들이 살고 있는 공간으로부터 완전히 분리된 새로운 현실을 향해 꾸준히 나아갔다.

05

자동차 생산은
어려운 일이다

복잡한 이 상황이 해결되면, 저는 책임자와 대화를 나누어보고 싶습니다.

이렇게 말하려고요.

"괜찮으시다면, 제가 당신의 공장을 운영하고 싶습니다."

일론 머스크, 2009년 6월 15일

현재 캘리포니아 프리몬트에 위치
한 테슬라 공장은 실리콘밸리의 동쪽 경계를 이루고 있는 언덕처럼 보
인다. 초소형 마이크로칩과 소프트웨어를 전문적으로 만들어내는 이 새
로운 경제의 진원지에서 과거 GM과 토요타가 차지했던 이 공장은 산
업 시대의 격변을 보여준다. 테슬라가 아무리 자주 그리고 줄곧 자신들
은 전통적인 자동차회사가 아니라 테크기업이라 주장한다고 해도 여전

히 테슬라의 사업 핵심은 전통적인 자동차 제조라는 점을 상기시켜 주는 것이다.

처음부터 테슬라와 자동차 제조 사이의 관계는 상당히 모순적이었다. 테슬라의 비즈니스 플랜은 전기구동장치 기술과 섹시한 디자인에만 초점이 맞춰져 있었다. 테슬라가 자동차 생산은 협력업체에게 맡겨 '공장을 갖지 않는' 자동차회사가 될 거라는 가정하에 자금을 투자받았다는 사실을 기억하는가. 곧 이러한 생각은 잘못된 것이었음이 밝혀졌고, 테슬라는 결국 생각했던 것과 정반대되는 일을 받아들였다. 다른 자동차회사처럼 협력업체에서 시트와 같은 부품을 공급받아 테슬라 내부에서 직접 생산하게 된 것이다. 하지만 제조와의 불편한 관계는 여전히 테슬라의 DNA에 그대로 남아 있었다.

소프트웨어를 만드는 실리콘밸리 스타트업 스타일로 테슬라를 설립하고 운영해나간 것은 기업으로서 테슬라의 훌륭한 강점 중 하나인 독특한 능력을 갖도록 해주었다. 우수하고 창의적인 개인들이 복잡한 문제들에 직면하면 관리자의 지시 없이도 오랜 시간 일하면서 독창적이며 기발한 해결책을 제시하는 경우가 많았다. 이렇게 역동적이며 개인주의적인 문화는 디자인이나 연구개발, 시제품 제작 같은 놀라운 성취를 이루게 해줬다. 바로 이런 문화로 테슬라가 이 분야에서 명백히 우위를 점하고 있음이 설명된다.

이러한 장점에도 불구하고 그 어떤 자동차회사도 소프트웨어 스타트업의 가치를 받아들이지 않았던 이유는 자동차와 소프트웨어가 각기 다른 과제를 지닌 너무 다른 제품이기 때문이다. 소프트웨어에서는 설계가 곧 전부다. 즉, 일단 소프트웨어 하나를 만들어내면 그 제품을 복사하는 데에는 비용이 거의 들지 않는다. 소프트웨어 제품을 설계하고 개발하는 데 드는 '고정비용'을 갚을 수 있을 만큼 이 소프트웨어 복사본을 판매한 이후에는 각각의 추가 복사본에 '변동비용'이 거의 들지 않으므로, 회사는 상당히 높은 이윤을 얻게 된다. 프로그램 설계의 품질이 그 제품의 수요를 결정하기 때문에 소프트웨어회사들은 훌륭한 설계를 해낼 수 있는 문화적인 가치를 구현해낸다.

반면 자동차는 높은 고정비용이 특징이다. 차량의 설계와 개발뿐 아니라 자동차를 만드는 데 필요한 공장에도 고정비용이 들어간다. 또한 빠르고 저렴하게 복사가 가능한 소프트웨어와 달리, 자동차를 추가로 제작하는 데 필요한 자재와 노동력에는 상당한 변동비용이 들어간다. 아무리 차량 설계가 훌륭하게 잘 되어 있다 하더라도, 수익성을 보장하기 위해서는 모든 제품을 효율적이며 고품질로 만들어야만 한다.

비록 소비자들이 디자인을 선택할 때 (재료, 기능, 느낌을 기준으로) '품질'에 대해 생각하지만, 자동차산업의 맥락에서 품질이란 실행의 일관성을 의미한다. 완벽한 품질이란 생산되는 제품 하나하나가 다른 제품과 정확히 동일함을 의미하며, 수십만 개 또는 수백만 개의 제품이 제작되는 생산공정 전체에 아무런 차이가 존재하지 않음을 의미할 것이다. 특히 품질에 대한 기준이 너무 높아서 생산된 차량 열 대 가운데 한 대가 동일하지 않다는 결과가 나오면 주요 자동차회사는 문제의 원인을 찾아낼 때까지 생산을 중단한다. 대부분의 자동차회사들은 100만 대당 한 자릿수의 불량이 나오는 것을 목표로 삼고 있다.

소프트웨어의 구성 요소는 (컴퓨터 메모리에 존재하는 1과 0과 같은) 추상적인 개념인 반면, 자동차의 모든 구성 요소는 실제 세상의 불완전함 속에서 만들어진다. 원자재부터 부품, 모듈, 최종 조립에 이르기까지 전 세계에 퍼져 있는 거대한 자동차 생산 과정은 각각의 단계에서 설계 사양에서 벗어날 틈을 준다. 최종 조립이 이루어질 때쯤, 각 과정에서는 감지되지 않았던 결함들이 모두 합쳐져 '누적 공차tolerance stack ups'라고 불리는 상당한 결함을 만들어낼 수 있다.

비록 모든 부품이 여전히 설계 사양 범위 내라 하더라도, 조립에서의 복잡한 작업은 또 다른 작은 결함을 불러일으킨다. 차체 패널이 잘못 맞춰지거나 이유를 알 수 없는 대시보드의 덜컹거림 등이 발생하는 것이다. 자동차 생산과 같이 표준화된 작업에서는 심지어 아주 작은 결함이 발생한다 해도 다음과 같은 결과가 생긴다.

우선 부품들이 잘 맞춰지지 않으면 경험 많은 생산직 근로자의 재량에 따라 폐기를 결정해야 할지도 모른다. 그리고 언제든지 고칠 수 있는 소프트웨어와 달리, 자동차는 표준화된 생산 효율성을 실현하기 위해서는 처음부터 끝까지 매번 제대로 제작되어야만 한다.

따라서 창의성과 열정을 강조하는 자동차회사들은 모두 이동수단이 아닌 예술품으로 주문생산하는 럭셔리 스포츠카 제조사라는 사실은 절대 우연이 아니다. 이러한 럭셔리 스포츠카를 제외한 99.9%의 자동차를 만드는 자동차회사에서 가장 중요한 부분은 차를 잘 만들어내는 일이다. 비록 디자인과 감성이 여전히 모든 자동차회사에 있어 중요한 부분을 차지하지만, 이들이 직면하는 주요 문제는 바로 조립라인에서 출시되는 모든 자동차를 최대한 효율적으로 만들고 기본 사양에 충실하도록 만드는 일이다.

테크놀로지 애널리스트 호레이스 디디Horace Dediu가 지적한 것처럼, 자동차산업의 역사에서 가장 중요한 혁신은 모두 필수적인 생산 문제에 집중되어 일어났다. 최초의 혁신은 헨리 포드의 이동식 조립라인이었다. 이 혁신으로 산업 시대가 출범했고 진정한 글로벌 자동차회사가 탄생했다. 모델T는 분명 설계상의 장점도 지니고 있었지만, 포드가 초기 자동차시장을 완전히 지배했던 것은 무엇보다 지속적으로 자동차 가격을 낮추고 시장의 크기를 확장함으로써 제조 분야의 돌파구를 만들었기에 가능한 것이었다.

심지어 모델T가 시대에 뒤떨어진 끔찍한 제품이 되고 한때 포드가 지배했던 시장점유율을 경쟁 회사들이 차지하기 시작한 후에도 표준화된 부품과 수직적 통합, 규모의 경제라는 포드의 공식은 약 반 세기 동안 계속해서 자동차산업을 정의해왔다. 그러다 결국 포드의 공식을 뛰어넘는 토요타 생산 시스템TPS이 나왔다.

토요타 생산 시스템은 에드워드 데밍Edwards Deming 등이 소개한 개념으로, 현재 모든 자동차회사의 산업문화가 만들어지는 토대가 되었다. 데밍은 통계적 프로세스 제어라는 개념에서 시작해 경영에 관한 과학적인 접근방식을 개발해냈다. 이는 기업을 훨씬 더 좋은 품질과 효율성에 최적화될 수 있는 기계 같은 시스템으로 개념화하는 방법이다.

데밍은 엔진 설계를 개선하는 엔지니어처럼 회사의 작업 흐름을 측정하고 그림으로 그려내어 관리자가 저품질이나 낭비가 일어나는 부분을 찾아내 개선할 수 있다는 것을 보여주었다. 이와 같은 철학이 발전하면서 기업 내에서 기계와 마찬가지인 모든 인력을 정렬하는 유일한 방법, 즉 문화를 통해 지속적으로 개선한다는 목표에 점점 더 초점을 맞춰가게 되었다.

심지어 토요타는 첫 번째 자동차를 만들어내기도 전에 제조업에서 산업문화의 중요성에 대해 알고 있었다. 토요타의 설립자 사키치 토요다Sakichi Toyoda는 오로지 사람과 기계의 상호작용을 연구하여 작업자가 한 손으로 고품질의 직물을 효율적으로 만들어낼 수 있는 수동식 목제 직조기를 발명했다. 그 후 30년 동안 토요다는 보다 빠르고 효율적일 뿐 아니라 안전하며 가동하기 쉬운 자동 직조기를 개발하고 발전시켰다.

토요타가 자동차사업을 시작하면서 오노 다이이치^{Ohno Taiichi}가 공장을 책임지게 되었다. 오노는 데밍의 아이디어와 토요다의 직조기에서 나온 콘셉트를 적절히 활용하기 시작했다. 결함이 감지되면 자동적으로 꺼지는 기계 시스템 같은 것들이었다. 그는 직원들이 자신들의 업무 프로세스에 대해 그 누구보다 더 잘 이해하고 있다는 사실을 인식했다. 그래서 생산 시스템을 설계하는 데 도움이 될 뿐만 아니라 회사 전체가 지속적이고 체계적으로 개선되도록 하기 위한 문화적인 원칙을 확립하기 위해 직원들을 설득했다.

1980년대까지 토요타의 문화적 혁신은 토요타 자동차의 품질을 훌륭하게 만들어주었고, 그로써 토요타는 빠르게 세계에서 가장 큰 자동차회사가 되었다. 토요타는 1980년에 연간 약 300만 대에서 2000년에 연간 약 600만 대로 생산량을 두 배 늘렸고, 2015년에는 연간 1,000만 대가 넘는 생산량을 달성했다. 이렇듯 다른 회사가 필적할 수 없는 토요타의 성장은 뛰어난 스타일링이나 성능이 아니라 자동차의 일관된 신뢰도와 품질 덕분에 가능했다. 이러한 현대적인 기적은 대부분의 자동차 구매자들이 아름다운 디자인이나 짜릿한 기능보다 효용 가치를 중시하며, 기술 혁신보다는 문화가 이런 일관성 있는 품질의 핵심이라는 점을 결정적으로 입증해 보여주었다. 오늘날 주요 자동차회사들은 거의 모두 토요타 생산 시스템을 채택하고 있다.

토요타의 생산방식 가운데에서 잘 알려져 있는 또 하나의 원칙은 바로 카이젠kaizen, 즉 지속적인 개선이다. 카이젠은 또 다른 핵심가치인 장기적 관점과도 잘 맞아 떨어지는 원칙이다. 이 두 가지 원칙은 토요타 웨이라고 불리는 토요타 경영방식의 일부다. 이러한 원칙들은 자동차회사처럼 크고 복잡한 사업 분야에서 성과를 향상시키는 최선의 방법일 뿐 아니라, 성공적인 문화를 만들어내는 유일한 방법이다. 달리 말하자면, 카이젠의 원칙에 기반해 만들어진 문화는 장기간 동안 성과지표를 개선하기 위해 노력할 뿐 아니라, 지속적인 개선 능력도 계속해서 추구해나갈 것이다.

이러한 이유 때문에 머스크의 마스터플랜에 명시된 것과 같이 대중적 시장에 열망을 갖고 있는 자동차회사라면 대량생산을 시작하기 훨씬 전부터 비용 절감이라는 제조업에서 입증된 가치를 기업 문화에 구축해야만 한다. 사실 이것이 바로 고급 제품의 소량생산에서 시작해 대량생산으로 향해 가려는, 아직 그 누구도 실행하지 않았던 머스크 전략의 훌륭한 가치다. 즉, 스타트업이 비교적 쉬운 소량생산 단계를 거칠 때 계속해서 제조 능력과 문화를 개선시켜야 하며, 대량생산이라는 궁극적인 목표에 도달할 때까지 성공적인 가치가 기업에 충분히 심어질 수 있도록 해야 한다.

그러나 테슬라는 프로세스 중심의 제조 문화를 받아들이기보다 자사의 존재를 실리콘밸리의 기술 스타트업으로 인식했다. 오랜 기간 동안 테슬라의 부사장직을 역임했던 짐 던레이Jim Dunlay에 따르면, 테슬라는 '어떻게든 일이 되게 만드는 정신과 세계 최고의 인재 고용, 불확실성 앞에서의 판단, 솔선수범'과 같은 가치를 바탕으로 기업의 문화를 구축했다고 한다. 그랬었기에 테슬라의 초창기에 채용된 직원들은 대부분 제조업에서의 업무 경험이 거의 혹은 전혀 없는, 재능 가득한 명문대 출신 젊은 엔지니어들이었다.

테슬라 로드스터의 생산팀원 한 명을 프랭크라고 칭해보겠다. 프랭크는 테슬라의 공장에서 자동차 생산을 시작했을 때, 자신이 자동차 생산 경험이 있는 몇 안 되는 직원 중 하나라는 사실을 알고 놀랐다. 더 희한했던 일은 프랭크의 동료들은 그가 전 직장의 조립라인에서 배웠던 토요타 생산 시스템 문화를 발전시키는 일에 별 관심을 보이지 않았던 것이다. 테슬라의 로드스터 생산을 담당했던 똑똑한 젊은 엔지니어들은 문제점에 대한 창의적인 해결책을 찾는 일에는 열심이었다. 하지만 프랭크의 계획적이며 프로세스 중심적인 접근방식에는 전혀 관심을 보이지 않았다.

샌프란시스코공항에 도착한 로터스 '글라이더(구동장치가 없는 자동차)'는 로드스터로 변신시키기 전에 상당한 작업이 필요했기 때문에 창의적인 해결책을 제시할 여지가 많았다. 독특한 소량의 자동차를 수작업으로 제작하는 대부분의 회사들과 마찬가지로 로터스가 자동차 품질로 유명했던 적은 없었다. 테슬라의 생산공정이 로터스의 글라이더 진단 및 수리에서 시작되었기 때문에 이 과정을 일관된 절차로 표준화시키기는 더욱 어려웠다.

이 팀의 엔지니어들은 테슬라가 비록 자동차 제조회사임에도 실리콘밸리 스타트업의 역동적이며 창의적인 작업 흐름이 나오길 기대했던 것 같다. 테슬라가 뛰어난 엔지니어들을 고용한 이유는 갑작스럽게 생겨나는 문제들을 그들의 재능을 통해 해결하기 위해서였다. 엔지니어들은 창의적인 시도를 통해 지적인 도전을 즐겼고 그에 자부심을 가졌다. 하지만 지속적으로 발생하는 개선사항은 재능 있는 엔지니어들의 일회성 해결책만으로 해결되지 않았고, 영구적인 해결책을 마련하기 위해서는 결함의 원인을 찾아내야만 했다. 모든 결함은 생산 시스템의 결함에서 생겨나는 증상이기에 그 해결책은 반드시 시스템적인 것이어야 한다. 품질이란 개별적인 결함을 고쳐나가는 능력을 향상시키는 문제라기보다는 결함의 원인을 생산 시스템에서 계속해서 없애나가는 문제다.

자신이 지금껏 해왔던 일이 그런 것이었고, 그것을 바탕으로 지속적이며 체계적인 품질 향상을 이뤄내는 문화를 테슬라에 심어주기 위해 프랭크는 자신이 이 회사에 오게 된 것이라고 믿었다. 또한 그의 동료들도 처음에는 프랭크가 품질에 대해 강조하는 부분을 받아들였다. 그러나 자동차 출시 준비로 인한 압박이 커져감에 따라 빠른 속도를 더 강조(많은 애널리스트들이 보았을 때 이는 테슬라의 생산 철학과 토요타 접근방식의 차이점이었다)하게 되었다. 엔지니어들은 프랭크가 겉으로 보기에 너무 작은 문제의 원인을 찾는 일에만 집착하고 있어서 자동차 출시에 필요한 시간을 낭비한다고 생각하는 듯했다.

이와 같은 문화의 충돌은 근로자들이 주 6일에서 7일, 하루 12시간씩을 자동차 생산에만 전념할 거라고 가정하는 스타트업 스타일로 인해 더 악화되었다. 스타트업 스타일은 생산을 장기적 관점에서 품질을 개선하는 마라톤이 아닌 끝없는 단거리 경주로 여겼다. 앞으로 10년이 지난다 해도 긴 업무 시간은 테슬라의 문화적 특징이 될 것이다. 머스크는 주 80시간 근무제를 극찬하고, 직원들은 12시간에서 16시간씩 교대 근무를 하며 일주일에 6일을 근무했다. 이들은 공장에서 쪽잠을 자며 녹초가 된 상태에서도 '테슬라 직원들만의 눈빛'을 보여주면서 레드불을 마신다고 한다.

문화 충돌이 폭발에 이르기까지는 그리 오랜 시간이 걸리지 않았다. 프랭크는 제작 중인 자동차에 결함이 너무 많이 존재한다는 사실을 발견했다. 그리고 동료 한 명이 생산팀에서 그에 대한 불만이 쌓이고 있다는 얘기를 전했다. 프랭크가 기억하듯, 일론 머스크는 직원들에게 와서 이렇게 말한 바 있었다. "우리는 토요타를 만들고 있는 게 아닙니다." 그가 던진 메시지는 분명했다. 다른 자동차회사들과는 달리 테슬라는 일관성 있는 품질에 초점을 두는 것이 아니라는 것이었다.

머지않아 프랭크는 해고될 것이다. 아마도 그것은 품질에 대해서 헛소리만 해대고 품질에 대한 자신의 의견을 강경하게 밝혔기 때문일 것이다.

이런 태도를 지닌 회사가 지금 테슬라의 모습으로 성장했다는 사실이 믿기 어렵지만, 머스크는 고급 제품을 구매할 자신의 고객이 존재한다는 사실을 알고 있었고, 그의 생각이 결국 옳았다. 자동차의 가격이 낮을수록 차주가 그 차에 의존할 가능성이 더 높으므로 품질이 더 중요하다. 고급 제품 시장에서는 성능이나 스타일, 브랜드 위상이 가장 중요하며, 품질이나 신뢰성에 대한 요구는 훨씬 적다. 페라리나 랜드로버 같은 고급 프리미엄 자동차 브랜드는 다른 자동차 브랜드보다 신뢰성이 떨어지는 것으로 오명이 나 있지만, 이들 브랜드는 지위를 위해 판매된다.

또한 로드스터가 고장 나면 테슬라의 이동식 정비 서비스인 '모바일 서비스 레인저'를 강조할 수 있는 기회가 된다. 이 서비스는 차가 있는 곳이라면 어디든 찾아가서 문제를 해결해준다. 이러한 접근은 자동차의 문제점이 아닌, 대부분의 자동차회사가 제공하는 수준을 훨씬 넘어선 테슬라의 서비스에 고객의 관심을 집중시켰다. 게다가 10만 달러가 넘는 테슬라를 소유했을 정도이니, 테슬라가 고장 나더라도 탈 수 있는 다른 차가 몇 대 더 있는 고객들이 대부분이었다. 따라서 로드스터의 고장은 회사의 이미지에 그리 큰 타격을 주지 않았다.

그리고 초기 테슬라 고객들이 테슬라의 형편없는 품질 때문에 불편함을 겪은 뒤 그에 대해 불만을 하자, 머스크는 발 빠르게 테슬라가 첨단기술이라는 이미지를 활용하여 그 일을 무마시켰다. 〈에스콰이어〉의 인터뷰 진행자가 조지 클루니에게 그의 테슬라가 어디에 있는지 물으면서 "할리우드의 진부한 생각에 동의하는지" 묻자, 조지 클루니는 자신이 탔던 테슬라의 경험에 대해 다음과 같이 혹평을 했다.

> 테슬라를 한 대 가지고 있었죠. 제가 바로 첫 출시된 테슬라를 산 사람들 중 하나였거든요. 아마 제가 다섯 번째로 이 차를 구입했을 거예요. 하지만 정말이지 저는 그동안 이 차를 늘 바깥쪽 차선에서 운전해야만 했어요. 이 회사 사람들에게 이렇게 말했죠. "그런데 저는 이 차를 타면 왜 항상 바깥 차선으로만 다녀야 하는 겁니까? 어떻게 해서든 차를 좀 더 잘 만들지 그래요."

머스크는 조지 클루니를 비꼬는 투로 다음과 같은 트윗을 올려 반격했다. "다른 기사에서는 조지 클루니가 자신의 아이폰이 2007년에 버그가 있었다고 한 적 있었죠." 이 글은 테슬라의 제품을 자동차보다 획기적이면서도 누구나 갖고 싶어 하며, 자동차보다 더 고장 나기 쉬운 제품과 비교하여 할리우드의 유명인사를 비꼬는 상당히 재빠른 응수였다. 테슬라는 이와 같은 두 가지 전략, 즉 테슬라의 품질 문제를 최첨단 기술로 묘사하는 식으로 변명거리를 만들고, 감히 테슬라에 불평을 하는 사람이라면 누가 되었든 그를 공격하는 전략을 만들어냈다. 자사의 자동차가 업계 다른 자동차들의 고품질 기준과 동일하지 않아서 놀란 사람들에게 이런 전략을 사용해서 쉽게 대응했다.

머스크가 후속 차량으로 대중적인 모델을 생산할 계획이 없었는데 결국 대중시장까지 공략하게 되었다면, 품질 위주의 제조업 문화가 결여되었다고 해서 이것이 결코 테슬라에 큰 문제가 되지는 않았을 것이다. 실제로 로드스터에 이어 출시된 두 종의 차량이 평균 10만 달러에 팔렸기 때문에 테슬라는 10년 반 동안 제조업 문화를 재부팅하지 않고 기존의 방식을 계속해서 지켜왔다. 테슬라라는 브랜드가 실리콘밸리의 최첨단기술과 유명인사라는 두 가지 선망을 반영하고 있었기 때문에 테슬라의 부유한 고객층은 결점이 있는 품질에 대해서도 한없이 너그러운 편이었다.

프랭크의 스토리는 그가 테슬라를 그만두고 거의 10년이 넘었을 시기에, 테슬라가 저렴한 대중적인 모델3를 제작하려는 야심찬 계획이 '생산 지옥'의 해를 만들게 되었을 때 비로소 의미 있게 되었다. 회사의 규모가 갑자기 커지고, 수익은 줄어들며, 자동차의 품질을 중요하게 여기는 고객들이 생겨나면서 프랭크가 테슬라의 문화에 구축하려고 시도했던 제조업의 효율성과 품질 추구가 반드시 필요하다는 것이 분명해졌다. 로드스터를 만들던 시절에 프랭크를 괴롭혔던 모든 문제들과 사고방식들은 언론의 보도와 형편없는 재무 성과로 드러나게 되었고, 그 이후로도 몇 년간 충격적인 결과를 낳았다.

그 당시 머스크의 선택은 이러했다. 테슬라는 튼튼한 차량을 효율적으로 생산하는 일이 아니라 최첨단기술로 달리는 짜릿한 자동차를 설계하는 일에 중점을 두기로 했다. 연구개발과 시제품 제작에 집중하는 회사의 역량은 계속해서 발전할 것이다. 그리고 이로써 테슬라는 자동차 분야에서 최고의 기업이 될 것이며 유능한 엔지니어들의 놀이터 같은 기업이 될 것이다. 하지만 자금 마련과 홍보뿐 아니라 창조적인 개발을 훌륭하게 이뤄낸 스타트업 스타일의 문화는 궁극적으로 기존의 자동차회사가 만들어낸 성공적인 제조업 문화 원칙으로 바뀔 것이다.

이런 문화적 선택은 자동차회사의 앞으로의 운명을 결정한다. 디드로이트의 자동차회사들은 20세기 전반에 효율성과 품질보다 V8 마력과 테일핀 스타일을 선택했고, 일본의 침략으로 미국시장이 보다 실용적인 가치를 추구하게 되었을 때까지 기록적인 수익을 냈다. 디트로이트의 황금기가 무너져버렸음이 분명해진(어떤 경우에는 파산하기도 한) 이후에도 초라해진 거장들이 스스로를 경쟁력 있는 회사로 만들어갈 문화적 가치를 완전히 받아들이는 데까지는 수십 년이 걸렸다.

테슬라는 이 같은 문화적 선택을 하면서 매우 잘못된 판단을 했는데, 그것은 바로 운영 효율성과 높은 수준의 품질이 필수인 보급형 자동차시장에 진입하려는 계획을 세웠다는 점이다. 10년이 넘는 기간 동안 불가능할 정도로 곤란한 문제들과 싸워온 테슬라는 대형 자동차회사의 역할을 진정으로 포용하려는 노력이나 열망 없이 성공의 끝에 다다랐다. 그러는 도중에도, 테슬라는 앞으로도 영원히 스타트업으로 남겠다는 결심을 했다.

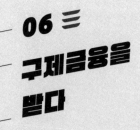

06
구제금융을
받다

"당시 테슬라에서 일한다는 건 마치
영화 <지옥의 묵시록>에 나오는 커츠가 된 것과 같았죠.
그 일을 원칙대로 해내지 않더라도 그건 중요하지 않았어요.
그냥 그 일을 끝내기만 하면 되었죠.
일론은 그런 방식으로 일했거든요."
데이브 라이온스, 《일론 머스크, 미래의 설계자》 중에서

"6개월에서 9개월간 회사의 현금유동성을 잘 관리해야만 합니다. 그렇지 않으면 우리 회사는 그대로 쓰러질 겁니다." 머스크의 표정은 심각했다. 그가 하는 모든 말과 표현에 엄청난 스트레스의 흔적이 엿보였다. "정말 빠른 속도로 현금이 빠져나가고 있어요." 그는 말했다. "말 그대로 매달 수천만 달러가 사라집니다. 이 상황에 대해 제대로 인식해야만 합니다." 그는 감당하기 어려운 좌절감에 지친 눈으로 조용해진 회의실을 응시했다.

2008년 12월 로드스터를 100대 조금 넘게 팔았던 그때, 테슬라는 사라져버릴 위기에 처했다. 영화제작자 크리스 페인은 다큐멘터리 〈전기자동차의 복수〉에서 테슬라의 암울한 순간을 포착했다. 해고로 텅 비어버린 테슬라 사무실에서 5년 만에 네 번째 CEO가 된 머스크가 직원들을 불러 모았다. "불행하게 이 회사의 일원이 되는 일은 좋지 않겠죠." 머스크는 무표정해진 중역들에게 이렇게 말했다.

사실 머스크는 최고의 한 해를 보냈다. 테슬라는 결국 첫 차를 출시해 고객들에게 인도했고, 언론은 테슬라에 엄청난 환호를 보내기 시작했다. 날렵하고 멋진 로드스터는 조용하지만 빠른 속도로 세계 최고의 특권층이 사는 지역을 달렸다. 그러면서 차주의 취향과 환경 민감도를 알렸을 뿐 아니라 로드스터를 만든 테슬라의 뛰어난 잠재력까지 광고했다. 머스크는 어디에서나 테슬라의 다음번 차인 화이트스타에 대해 이야기하고 다녔다.

이 차는 사람들이 오랜 기간 기다려온 저렴한 가격의 전기차로, 테슬라가 차량을 개조하는 회사에서 진짜 자동차회사로의 변화를 약속하며 만들어내기로 한 차였다.

하지만 테슬라가 최고를 향해 달리던 이때, 너무나 힘든 시기가 동시에 찾아왔다. 테슬라가 출시한 차량에는 약속된 사양을 충족시키지 못하는 '임시' 변속기가 달려 있었고, 이런저런 문제를 계속 일으켰다. 테슬라는 고객이 자동차를 계속해서 운전할 수 있도록 애쓰면서, 미래의 생산을 위한 디자인을 업데이트했다. 또한 판매된 로드스터들을 개선하고 새로운 구동장치와 화이트스타를 개발하기 위해 엄청난 현금을 계속해서 써나갔다. 그러는 동안 세계 경제는 불황 속으로 빠져들고 있었다. 테슬라가 살아남기 위해 필요한 현금도 더 이상 투자받기 어려운 시기가 된 듯 했다.

2008년 마지막 분기는 테슬라에 있어 매우 중요한 시기가 될 것이었기에, 머스크는 어려움을 겪고 있는 테슬라를 계속해서 유지해나가기 위해 많은 애를 쓰고 있었다. 머스크는 로드스터의 가격을 올려 이 차를 구매한 고객들로부터 운영비를 충당했고, 이 때문에 테슬라의 마케팅 부사장 대릴 시리Darryl Siry는 회사를 떠났다. 심지어 머스크의 동생이자 테슬라의 이사 킴벌 머스크Kimbal Musk는 머스크가 회사를 살리기 위해 애쓰던 것을 걱정하며 애슐리 반스에게 이렇게 말했다. "형은 분명 위험을 무릅쓰고 있었어요. 남의 돈을 유용한 죄목으로 형이 교도소에 갈 것만 같았습니다."

그해 10월 머스크는 드로리를 해고하고 본인이 테슬라의 CEO가

되었다. 그리고 테슬라 직원 4분의 1을 감축했다. 테슬라가 은행계좌에 갖고 있었던 돈은 900만 달러뿐이었고, 신용대출도 쉽지 않은 상황이었기에 머스크는 회사의 다음번 자금조달 라운드를 위해 최대한 애를 써야 했다. 여름 동안 1억 달러를 모으겠다는 테슬라의 계획이 실패한 뒤, 머스크는 〈뉴욕타임스〉와의 인터뷰에서 기존 투자자들로부터 2,000만 달러에서 3,000만 달러 정도의 자금을 마련하겠다고 말했다.

그로부터 딱 1주일 뒤, 테슬라는 위기에서 벗어난 것으로 보였다. 테슬라는 '테슬라, 4,000만 달러의 자금조달 약속을 받다'라는 제목의 보도자료를 냈다. 이 보도자료에는 테슬라 이사회가 '현재 거의 모든 투자자의 약속에 따라 4,000만 달러의 전환사채 발행을 승인했다'는 내용이 명시되어 있었고, 〈로이터통신〉은 자금이 '확보되었다'고 보도했다. 하지만 몇 년 뒤에 출간된 반스의 책에 따르면 테슬라는 보도자료를 내고 두 달 후에야 자금조달 라운드를 마무리 지었다고 한다. 사실 자금조달 라운드의 서류 작업은 사흘 안에 마무리될 예정이었으나, 밴티지포인트VantagePoint Capital Partners의 망설임으로 협상이 지연되었다.

반스에 따르면 머스크는 12월 3일에 밴티지포인트의 망설임에 대응하여 그 라운드를 지분에서 부채로 전환했다면서, 한 달 전에 전환사채 거래를 발표한 일에 대해 의구심을 표현했다. 머스크는 또한 투자자들에게 2,000만 달러의 투자를 요청하기 위해 자신의 자산을 청산하고 스페이스X로 대출을 받아 테슬라에 투자해야 했다. 12월 23일, 스페이스X가 나사와 국제우주정거장 보급 프로젝트 계약을 깜짝 체결하자 머스크는 이번 라운드 투자액 전체를 자신이 투자하겠다고 위협했고, 투자자들은 수표를 쓸 수밖에 없었다. 크리스마스 이브에 거래가 성사되면서 테슬라는 유예 기간을 얻게 되었다. 머스크는 4,000만 달러 가운데 1,200만 달러를 투자했다.

이렇듯 간절함에서 나온 조치는 머스크가 테슬라를 존속시키기 위해 개인적인 희생과 위험을 무릅쓰는 태도를 부각시켰다. 바로 이 부분이 머스크 신화의 핵심적인 요인이 될 것이었다. 만약 머스크가 실제로 자금을 조달하기 두 달 전에 자금을 조달받았다고 말하는 것이 문제가 될 수 있다는 사실을 깨달았었다고 해도, 크리스마스 이브 이야기를 '60분 인터뷰'와 '파리 소르본대학교에서 열린 질의응답' 시간에 계속 반복해서 이야기하는 것을 막지 못했을 것이다. (10년 뒤에도 머스크는 자금을 '확보했다'와 유사한 사전 발표를 했었는데, 이로 인해 증권거래위원회로부터 사기 혐의로 고소당하게 된다.)

머스크의 노력은 드라마틱했으나 그의 노력은 눈앞에 닥친 파산을 막았을 뿐이었다. 이미 1년 전부터 에버하드에 의해 광범위한 구제금융이 진행되고 있었다. CEO 자리에서 쫓겨나기 불과 몇 달 전인 2007년 중반, 에버하드는 상원 재무위원회 청문회에서 첨단기술 차량에 대해 진술했다. 비록 테슬라가 로드스터를 단 한 대도 인도하지 못한 상태였지만, 에버하드는 테슬라가 뉴멕시코의 공장에서 제작하기로 한 5만 달러짜리 화이트스타에 대해 거론하면서 "테슬라는 대형 자동차회사가 될 생각이 있습니다"라고 말했다. 또한 에버하드는 미국이 국내 배터리 제조 분야에 전략적으로 관심을 갖고 있다고 언급하면서 이렇게 말했다. "비록 저는 그런 생각을 상당히 많이 했지만, 테슬라는 배터리 제조 사업을 하는 것이 아닙니다. 만약 아무도 나서지 않고, 그런 벤처에 자금을 대는 방법을 알아낼 수만 있다면 제가 그 일에 도전할지도 모릅니다. 5억 달러 정도의 투자처를 찾고 계신다면, 제게 말씀해주십시오."

그 직후에 의회는 '에너지 독립 및 보안법'을 통과시켰다. 첨단기술 차량의 생산을 지원하기 위한 250억 달러의 대출 프로그램을 제정한 것이다. 에버하드의 퇴임 전, 테슬라는 여전히 지원을 받지 못했던 화이트스타 개발 및 생산을 위한 3억 5,000만 달러를 마련하는 일에 전념했고, 다른 자동차회사에 공급할 수 있는 배터리 생산시설을 개발하기 위해 1억 달러 정도를 추가로 마련하려고 했다. 에버하드가 5억 달러라고 언급한 것은 그저 난데없이 나온 소리가 아니었다.

당시 테슬라는 또 다른 스타트업인 씽크글로벌Think Global과의 배터리팩 공급 계약을 성사시켰는데, 이 회사는 도시형 전기차를 개발 중이었다. 다른 자동차회사들 또한 테슬라의 배터리팩 구매 가능성을 타진하기 위해 테슬라에 접근했고, 에버하드는 자신의 오랜 친구이자 테슬라 이사회의 멤버였던 버나드 체Bernard Tse를 책임자로 한 '테슬라에너지

그룹'이라는 부서를 신설했다. 배터리팩에 관심이 있었던 회사 가운데 하나가 바로 독일의 자동차회사 다임러였다. 다임러는 스마트의 시티카 city car(출퇴근용으로 주로 사용될 목적으로 제작된 작은 자동차)를 전기차 버전으로 출시될 수 있는지에 관심을 가졌고, 테슬라는 바로 시제품 제작에 돌입했다. 하지만 에버하드가 퇴출되고 마크스가 권한을 위임받았을 때, 테슬라에너지그룹의 사업은 중단되었다. 머스크가 2008년 후반 CEO로 취임할 무렵 씽크글로벌은 새로운 배터리 공급사와 계약을 맺었기 때문에, 테슬라에너지그룹의 사업을 되살리기 위해서는 또 다른 고객을 찾아야만 했다.

머스크가 2016년 주주총회에서 했던 이야기를 들어보면, 그가 2008년 10월 스마트에 전기구동장치 공급을 제안했고, 스트로벨은 다임러 경영진의 방문 시기에 맞춰 시제품을 시연하기 위해 다음 해 1월까지 시제품을 생산했다고 한다. 반스에 따르면 2009년 1월 '디트로이트 오토쇼'의 테슬라 부스에서 '한 달 정도'까지라는 촉박한 통보를 받게 되었다고 한다. 2010년 〈와이어드WIRED〉가 소개한 세 번째 이야기는 머스크가 2007년 9월 다임러에 구동장치를 소개한 다음 거절당했지만, 그로부터 두 달 후 다임러 대표단이 6주 후 찾아올 거라는 이메일을 받았다는 내용이다.

타임라인이 정확히 어떠했든 간에, 모든 이야기들에서 다임러는 테슬라가 서둘러 개조해낸 전기차 스마트의 고속 시운전을 해본 뒤 감명을 받았다는 내용에는 동의하고 있다. 이 차는 주차장에서 자동차의 앞바퀴가 들릴 정도로 강력한 성능을 보였다. 다임러는 스마트를 전기차로 전환할 수 있는 1,000개의 배터리팩과 충전기를 주문했다. 이 덕분에 테슬라는 미국 에너지부 대출 지원의 일환이었던 배터리 공급사업을 다시 시작하게 되었다. 그뿐 아니라, 지금까지 만들어왔던 것보다 더 많은 배터리팩을 구매할 고객이 생겨난 것이었다. 다임러와의 계약은 테슬라라는 기업의 정당성에 큰 힘이 되어주었다. 테슬라는 단 몇 주 만에 파산 직전의 상황에서 세계에서 가장 오랜 역사를 지닌 자동차회사와의 협력관계를 만들어내게 되었다. 머스크는 차후에 다임러의 투자를 두고 "테슬라를 살려낸" 투자였다고 말하면서, "다임러의 투자가 없었다면 테슬라는 결국 파산했을 것"이라고 했다.

그러나 테슬라는 에너지부 대출 자격을 갖추기 위해서 배터리사업을 회생시키는 일뿐 아니라 더 많은 일을 해야 했다. 테슬라는 화이트스타가 실재한다는 사실을 증명해야 했고, 공장의 기계를 교체해야 했으며, 무엇보다 중요했던 일은 테슬라가 '재정적으로 생존 가능하다'는 사실을 증명해야 했다. 이 대출 프로그램은 대출을 신청한 회사들이 수익 달성에 이르기까지 추가 지원이 필요 없음을 증명하기 원했다. 테슬라의 최악의 재무 실적을 생각했을 때, 이 일은 쉽지 않았다.

이 엄청난 문제를 해결하기 위해 머스크는 특단의 조치를 취해야 했다. 그는 2009년식 모델의 기본 가격을 인상했고, 이후에 로드스터를 10만 9,000달러(원래 기본 가격은 8만 5,000달러였다)로 인상했다. 하지만 2009년 중반까지 이 차들은 제작되지 못했다(2010년식 모델처럼 2009년식 모델은 완전히 건너뛰게 되었다). 그러는 동안 테슬라는 이제 막 제작에 돌입하려던 2008년식 로드스터의 수익성을 여전히 개선해야만 했다. 고객은 이미 2008년식 모델 기준 가격 9만 2,000달러 중 3만 5,000달러에서 5만 달러 사이의 금액을 예치했기 때문에 테슬라에게는 단 몇 가지 옵션만 있었을 뿐이며, 그 가운데 좋은 옵션은 하나도 없었다.

2009년 1월 초, 테슬라가 '이미 정해져 있던' 2008년식 모델 가격을 포함해 모든 로드스터의 가격을 인상할 거라는 소문이 온라인상에 퍼지기 시작했다. 가격 인상에 대해 문의하는 고객에게 첫 번째 이메일을 받은 머스크는 최근 있었던 자선 경매의 결과를 '로드스터를 소유하는 것이 현명한 투자가 될 수 있다'는 내용의 증거로 들어 설명했다. 그는 로드스터 고객들이 모델S에 자금을 조달하는 방법에 대해 이야기하고, 새로운 옵션을 제시한 다음 마지막으로 '기본 사양 목록에서 몇 가지 항목을 삭제했다'라고 밝혔다. 이것은 분명 과거의 고객들에게서 빠져나가려는 노력이었고, 예상대로 혼란과 의심을 불러일으켰다.

화가 난 고객들이 충격을 표명하자 머스크는 문제와 해결책을 보다 직접적으로 설명한 또 다른 이메일을 썼다. 로드스터의 지나친 가격 인상을 해결하기 위한 테슬라의 노력을 요약해서 설명하면서 로드스터의 가격은 9만 달러에서 10만 달러 사이가 될 것이라고 말했다. 하지만 여름이 되면 가격이 8만 달러 이하가 될 것이라고 예상한다며, 머스크는 다음과 같이 계속 이야기를 이어나갔다.

> 그동안 인도된 차량 대부분이 9만 2,000달러~9만 8,000달러라는 점을 감안했을 때, 이는 여전히 테슬라에 심각한 문제를 만들어내고 있음이 분명합니다. 이사회와 저는 고객에게 어쩔 수 없는 피해를 초래하는 기본 가격의 소급 인상을 원하지 않았습니다. 대신, 증가한 물류비용에 대응하기 위해 탁송비 destination charge 1,000달러를 인상하는 것 외에는 옵션 가격만을 인상하고 새로운 옵션과 새로운 모델(로드스터 스포츠)을 제공하여 평균 마진을 개선했습니다.

실제로 테슬라 고객들은 갑작스럽게 추가된 1,000달러의 '탁송비'를 지불하고, 기본 옵션을 줄이거나 이전에 포함된 옵션에 대해 6,700달러에서 9,350달러를 더 지불해달라는 요청을 받고 있었다. 더 이상 기본이 아닌 옵션 중에는 로드스터를 8시간 만에 충전할 수 있는 240

볼트 충전기가 있었는데, 기본 버전을 구매한 고객들은 완충까지 30시간 이상이 걸리는 120볼트 충전기를 사용하게 될 것이었다. 하지만 적어도 이제 머스크는 비용 인상의 이유에 대해 솔직하게 말하고 있었고, 다음과 같은 실제 스토리로 이메일을 마무리했다.

테슬라가 가능한 빨리 시장에 내놓고 싶어 하는 보다 저렴한 세단인 모델S 프로그램을 위해 추진 중인 정부 대출과 관련해 추가적으로 말씀드릴 내용이 하나 있습니다. 대출의 핵심 요구 사항은 바로 회사가 대출 없이도 차량 출시가 가능하다는 사실을 보여줘야 한다는 점입니다. 만약 저희가 오늘 출하하는 자동차에서 손실을 보게 된다면, 저희는 그 대출금을 받지 못하는 상황에 처하게 됩니다. 테슬라가 만들어진 초기부터 대중시장에 전기자동차를 출시하는 것이 제 목표였습니다. 저는 그런 위태한 상황에 처하게 되는 것을 원하지 않으며, 대다수의 테슬라 고객들이 저희가 아무 조치도 하지 않은 채로 그 목표를 잃어가기를 바라지 않을 거라고 생각합니다.

머스크는 이 이메일에 테슬라의 캘리포니아 공장에서 가졌던 일련의 타운홀 미팅에 대한 내용을 덧붙이면서 이러한 움직임의 필요성에 대해 설명했다. 이 미팅에서는 다양한 사람들이 함께했는데, 어떤 경우에서는 의견이 완전히 대립되기도 했다. 머스크는 테슬라가 어려움을 극복해낸 이야기를 강조하면서 긴장을 완화시키려고 노력했고, 한 미팅에서는 예치금을 낸 고객들에게 이렇게 말했다. "제가 이 일을 해내기 위해 개인적으로 겪었던 슬픔의 정도를 실제보다 축소해서 말할 수가 없습니다. 제가 마치 유리를 씹어 먹는 것 같다고 말했을 때, 그건 마치 매일매일 유리 샌드위치를 먹는 기분이었다는 뜻이었습니다."

대부분의 예약 고객들이 인상된 비용을 쉽게 지불할 여력이 있는 사람들이었고, 테슬라가 곤란한 위기에 처해 있다는 사실에 대해 알고 있었다. 때문에 차량 구매를 취소하는 경우는 상대적으로 적었다. 하지만 테슬라에 대한 대중의 인식에 도움이 되지 않을 분노 또한 실재했다. 한번은 회의를 마친 후에 머스크는 영화제작자 페인에게 이렇게 말했다. "회의실에는 우리가 일종의 유인 판매를 했다고 느끼는 사람들이 있었고 이들은 그로 인해 화가 난 듯 보였습니다. (…) 어찌 보면 저희가 유인 판매를 했다는 게 어느 정도는 사실이기도 했고요. 일이 뭐 그렇게 된 거였죠."

이로 인한 타격을 막기 위해 머스크는 지금까지 테슬라가 힘들었던 순간을 헤쳐나가며 반복해서 사용해왔던 '자금 확보' 전술로 다시 되돌아갔다. 2009년 2월 11일, 고객들에게 보낸 이메일에서 머스크는 '로드스터를 소유하는 것이 훌륭한 투자가 될 수 있을 것 같다'는 자신의 주장을 다시 한 번 강조하면서 다음과 같이 믿기 힘든 주장을 펼쳤다.

자금과 관련해, 지난주 에너지부가 350만 달러 규모의 모델S 대출을 승인해 4~5개월 이내에 자금을 지급할 예정이라는 소식을 전달받았다는 사실을 알리게 되어 기쁩니다. 감사하게도 오바마 행정부는 첨단기술 자동차 대출 프로그램을 신속히 진행하는 것을 최우선 과제로 삼았습니다. 이 분야가 가까운 시일 내에 양질의 일자리를 창출할 뿐 아니라 더 나은 미래 환경을 만들기 위한 토대를 제공할 것이기 때문입니다.

이 대출을 통해 테슬라는 2011년에 생산공정을 제대로 시작할 것입니다. 초기 지원에 대한 감사의 표시로 로드스터 소유주들은 모델S 시그니처 시리즈를 구매할 경우 1만 달러를 할인받을 것이며 자동적으로 이 차의 첫 번째 구매자 명단에 오르게 될 것입니다.

4개월 뒤, 에너지부는 테슬라가 대출 프로그램의 '조건부 약속'을 받은 기업 중 하나라고 발표했지만, (머스크가 임박했다고 주장했던 지불금을 받기는커녕) 실제 대출 계약은 1년 가까이나 체결되지 않았다.

머스크가 이 내용을 발표한 이후, 테슬라 대변인과 에너지부는 '구체적인 지원에 대해 최종 결정을 내리지 않았다'고 확인했지만, 머스크가 주장한 내용은 차후에 수정했던 언급보다 더 큰 파장을 불러 일으켰다. (또한 테슬라는 해당 이메일을 블로그에 게재할 때 '지급할 예정이다'에서 '지급할 수 있다'로 문구를 바꾸었다.)

사실, 테슬라의 대출 프로그램에 대한 정보공개청구 신청서는 2008년 12월 2일 테슬라의 지원이 효율성 주장과 환경적 규제 준수에 대한 검증 자료 불충분으로 거부되었음을 밝히고 있다. 테슬라의 대출 프로그램 지원은 머스크가 지불금 임박을 주장한 지 몇 달이 지난 2009년 5월 4일에야 신청되었다.

그런데 이렇게 선수를 쳤던 도박은 결국 성과를 냈다. 테슬라는 그해 8월 2,000만 달러의 매출을 올려 최초로 100만 달러의 이익을 남겼다고 자랑스럽게 발표했다. 머스크는 테슬라 공식 보도자료를 통해 로드스터의 품질 개선과 비용 절감, 수요 증가가 바로 이 같은 중요한 결과를 이끌어냈다고 말했다. 하지만 로드스터 109대가 인도된 그달, 로드스터 대당 매출은 10만 9,000달러에 불과했지만 대당 수익이 18만 달러가 넘었다는 말은 로드스터 판매만으로 그 수익을 얻은 것이 아니라는 사실을 시사했다.

이듬해 1월, 테슬라가 주식시장 상장을 위해 서류를 제출할 때까지 테슬라가 어떻게 첫 수익을 냈는지에 대해 명확히 드러나지 않았다. 제출한 서류에 의하면 테슬라는 무공해 차량 크레딧 판매로 2009년 1분기에만 750만 달러 이상을 벌었다고 한다. 실제 테슬라의 2009년 총수익의 85%는 무공해 차량 크레딧에서 나왔으며, 크레딧 판매가 없었다면 2008년도의 손실은 네 배 이상 더 늘었을 것이다.

　　하지만 어떻게 수익을 얻었든 간에 100만 달러라는 수익은 테슬라에 투자된 금액인 2억 달러에 비하면 큰 수익이 아니었다. 머스크는 〈블룸버그〉에 "테슬라가 생산량과 딜러망을 더 늘리면 (…) 곧 적자가 될 것"이라고 말하면서 투자자들에게 수익성에만 관심을 두지 말라고 경고했다. 그러나 이 이야기의 핵심은 에너지부의 대출 담당자들에게 전해졌다. 테슬라는 단 한 달간이라 하더라도 재정적으로 생존 가능한 회사가 되었다는 이야기였다.

　　테슬라가 중요한 순간에 무공해 차량 크레딧을 활용해 분기별 수익이 나도록 한 것은 이번이 마지막이 아니었다. 사실 테슬라는 유일한 전기차 전용 자동차회사로서 무공해 차량 프로그램이 열어준 기회를 깨닫고 있는 것 같았다. 2010년 테슬라 전 마케팅 부사장 대릴 시리는 〈와이어드〉와의 인터뷰에서 "테슬라의 재무 부사장이 모델S가 한 대 팔릴 때마다 약 5,000달러의 무공해 차량 크레딧이 발생할 것으로 추정한다고 애널리스트들에게 말했다"고 전했다.

그러는 동안 테슬라는 화이트스타가 베이퍼웨어가 아니라는 사실을 정부와 대중들에게 확신시키고자 애썼다. 테슬라가 신청한 4억 6,500만 달러의 대출금 중 '보다 저렴한' 세단을 개발하고 제작하는 데 3억 5,000만 달러가 들어가면서 화이트스타의 제작이 테슬라의 최우선 과제가 되었다. 하지만 테슬라가 자동차 제작의 노하우를 쌓기 위해 세운 디트로이트 사무소를 포함해 일자리와 경비 지출을 줄였기 때문에 자동차 개발 작업은 거의 이뤄지지 않았다.

로드스터를 제작할 때 그랬던 것처럼, 테슬라는 자사의 미래가 걸린 자동차를 수작업으로 허술하게 만든 시제품 형태로 공개해야만 했다. 2009년 3월 26일, 머스크는 검정 커튼을 젖히며 날렵하고 빠른 은회색 세단을 몰고 나와 열광하는 팬과 고객, 지지자들 앞에 섰다. "여러분은 지금 세계 최초로 대량생산될 전기자동차를 보고 계십니다." 머스크가 그 자리에 모인 사람들에게 말했다. 또한 그는 로드스터를 시장에 출시했던 테슬라의 능력에 대해 확신하지 못했던 사람들이 있다면서 이렇게 덧붙였다. "이 차가 출시될 거라고 분명히 믿으셔야만 합니다. 2년 후면 가능할 거라고 생각합니다."

아는 사람들은 알고 있었지만, 이 차를 완성하려면 아직 한참 멀었음이 분명했다. 로드스터처럼 이 차의 프로토타입은 본질적으로 개조 차량이었다. 반스에 따르면 테슬라는 메르세데스 CLS에 로드스터의 전기구동장치를 장착하여 전기차로 개조하고 새로운 차체 패널을 입혔다. 이날 행사에서 페인의 카메라는 테슬라 직원들이 허둥대며 이 차의 공개를 준비하는 동안 다른 한쪽에서는 배터리 사이로 얼음물을 집어넣는 커다란 외부 냉각 시스템을 설치했다고 폭로했다.

다시 한 번, 테슬라는 화이트스타가 진짜 출시될 제품이라는 인식을 만들어내기 위해 상당히 노력했다. 그 인식을 현실로 바꾸는 데 필요한 현금을 조달하기 위해 테슬라는 머스크의 허풍과 쇼맨십에 의존했다.

바로 이 세단이 테슬라가 2006부터 제작하기로 약속했던, 보다 저렴한 전기자동차 '화이트스타'이자 지금은 모델S라고 불리는 차다. 모델S는 불과 6초 만에 시속 100킬로미터까지 속도를 높일 수 있고 1회 충전으로 약 480킬로미터의 주행거리를 제공한다. 무엇보다 중요한 것은 모델S의 가격이다. 이 차의 기본 가격은 5만 7,000달러인데 전기차에 대한 7,500달러의 연방 세액 공제를 적용하면 5만 달러 미만의 금액이 된다. 비록 테슬라가 로드스터의 가격은 인상했지만, 두 번째 자동차인 모델S의 가격은 대폭 인하하겠다는 마스터플랜의 약속을 잘 지켰다. 머스크는 테슬라의 공식 보도자료에서 이 차의 가격을 다음과 같이 강조했다.

모델S는 로드스터의 절반 가격이며, 이보다 훨씬 저렴한 자동차보다 가성비가 높은 차입니다. 만약 여러분이 갤런당 4달러의 휘발유 요금보다 저렴한 전기 요금을 고려한다면, 모델S는 3만 5,000달러인 자동차의 가격과 비슷합니다. 저는 이 차가 현명한 소비자가 선호하는 차가 되리라 확신합니다.

머스크의 말을 믿고자 하는 고객들은 또다시 예약금을 내야만 했다. 한정판 '시그니처' 모델S의 예약금은 4만 달러였고, 기본 모델S는 그보다 5,000달러 낮은 금액이었다. 비록 모델S에 대한 언론의 반응은 한결같이 긍정적이었으나 테슬라가 파산 직전까지 갔던 경험은 대중들의 낙관적인 시선을 방해했다. 그래서 '일론 머스크에게 억 단위의 여유자금이 생기지 않는다면, 테슬라 모델S는 출시될 수 없을 것이다'라는 기사가 나오기도 했다.

물론 머스크 개인적으로나 테슬라에게 그런 여유자금이 '충분할 정도'로 있지는 않았지만, 점점 더 그런 상태에 가까워지고 있었다. 모델S를 공개한 이후 다임러는 테슬라의 지분 9%를 5,000만 달러에 사들이면서 이 둘의 관계는 깊어졌고, 테슬라의 가치는 5억 5,000만 달러로 평가되었다. 또한 다임러는 모델S의 개발 지원과 함께 테슬라의 배터리를 자사의 전기자동차에 장착하는 등의 또 다른 기회를 모색하고자 했다. 다임러의 투자로 테슬라는 매년 자금조달 라운드를 열었던 때보다 더 많은 현금을 쌓았다. 그뿐 아니라 테슬라는 배터리 공급사업을 보장받게 되었고, 모델S 프로그램을 위해 다임러의 대규모 부품 공장을 활용할 수 있게 되었다.

여기서 마지막 내용이 특히 중요한 데, 소량의 자동차를 생산하기 위해 고품질의 내부 스위치 기어(스톨, 스위치, 노브 등)를 개발하려면 많은 비용이 들기 때문이다. 대중들은 모르고 있지만, 테슬라는 에너지부 대출 신청서를 통해 포드와 다음과 같은 전략적 협정을 맺었음을 밝혔다. 테슬라가 포드의 중형 플랫폼에서 300개 이상의 부품을 사용할 수 있도록 하는 전략적 협약을 체결했다는 것이었다. 모델S는 포드와 다임러, 테슬라 공급업체가 이미 지불한 개발비용으로 만들어진 컨트롤 레버와 스티어링 칼럼, 윈도우 스위치, 페달 등 많은 부품을 빌려서 사용하였기에 수백만 달러를 절약할 수 있었다. 테슬라는 이미 거대 자동차회사들과 어깨를 나란히 하고 있었고, 이후에는 그 회사들에게 '디스럽터' 기업이 될 예정이었지만, 여전히 기존 자동차회사들에게 더 많은 도움을 받게 될 것이었다.

테슬라에게 필요한 것이 하나 더 있었다. 그것은 바로 매년 최소 2만 대의 모델S를 생산해낼 수 있는 공장이었다. 에버하드는 뉴멕시코주에 새 공장을 세우려고 했지만, 그가 회사를 떠나면서 그 아이디어는 폐기되었다. 드로이는 본사와 가까운 캘리포니아주 산호세에 공장을 세우기 바랐지만, 재정 위기로 인해 2억 5,000만 달러라는 자금 지원을 받지 못하게 되자 그 꿈 역시 물거품이 되어버렸다. 2009년까지 공장 건설 문제가 지지부진하자, 머스크는 세 번째 옵션으로 캘리포니아 남부 도시 다우니에 새로운 공장을 건설하겠다는 계약을 협상하고 있었다. 에너지부가 그해 말까지 테슬라가 요청했던 4억 6,500만 달러의 대출을 확정했고, 다우니 시장이 언론에 밝히길 테슬라 공장 협상이 "99.9%"까지 진행되었다고 했다.

하지만 행운의 여신은 테슬라를 위해 깜짝 선물을 준비해두었다. 이들이 전혀 상상하지 못한 엄청나게 큰 선물이었다. 가장 큰 자동차회사 중 하나인 토요타는 경제 불황 이후 큰 어려움에 시달렸다. 토요타는 '자동차 급발진' 사태로 대중의 곱지 않은 시선을 받게 되었고 토요타의 최고경영자들은 청문회에서 맹비난에 휩싸였다. 창업자의 손자인 토요다 아키오 신임 CEO는 '대기업의 큰 문제'가 회사의 경쟁력을 잠식하고 있다며 매우 걱정했고, 기업 내에 깊이 박혀 있는 보수적인 문화를 개혁하겠다고 결심했다. 토요타는 느리고 위험을 회피하려는 자사의 관료주의와는 정반대되는 모습을 테슬라에서 찾았다. 테슬라는 실리콘밸리의 스타트업 문화를 가진, 젊고 민첩하며 혁신적인 자동차회사였기에 다임러와 마찬가지로 토요타는 테슬라와의 제휴가 테슬라의 '기업 문화'를 배울 수 있는 기회라고 보았다.

2010년 5월, 토요타는 테슬라 주식 5,000만 달러어치를 사들이면서 누미 공장NUMMI, New United Motor Manufacturing Inc.을 단 4,200만 달러에 매각했다. 누미 공장은 불황 이후 가동을 멈춘 채 캘리포니아 프리몬트에 방치되어 있는 상태였다. 그리고 이 두 회사는 토요타의 차량을 기반으로 한 전기차를 공동개발하기로 한다. 또한 토요타는 모델S에 부품을 공급하고 개발 및 생산 과정에서 엔지니어링 및 제조를 지원하며 테슬라를 돕기로 한 것이다.

앞장에서 언급한 대로 토요타의 성공은 토요타 생산 시스템과 '토요타 웨이'라고 불리는 제조업 문화에 기반한 것이었다. 이는 자동차산업에 생산공정의 혁명을 불러일으켰다. 테슬라의 혁신적인 엔지니어링과 업계를 선도하는 토요타의 생산과 공급망 관리 경험이 손을 잡는다는 것은 마치 자동차 제조의 천국에서 서로의 짝을 만난 듯한 모습이었다.

이 시기 테슬라에게는 자동차산업의 정통성이 부여되었고, 동시에 이 과정에서 주요 공급업체와의 관계도 이어져나갔다. 2010년부터 배터리 제조업체 파나소닉이 테슬라에 3,000만 달러를 투자했고, 두 회사는 차세대 전기차 배터리 제작 파트너가 되었다. 시간이 지나면서 파나소닉과의 관계는 테슬라에게 가장 중요한 관계가 되어갔다. 이 두 회사는 2014년에 네바다주 북부에 기가팩토리Gigafactory라는 대규모 공장을 공동 건설하겠다는 약속까지 하게 된다. 파나소닉은 배터리를 만들고 테슬라는 이 거대한 공장에서 배터리를 차량용 팩으로 조립하기로 했다. 이 공장은 세계에서 가장 큰 규모가 될 때까지 성장해나갈 예정이었다. 대규모 중앙집중형 공급망인 이 공장은 순전히 규모의 경제만으로 테슬라의 보다 저렴한 전기자동차 생산에 가격경쟁력을 제공해주기로 되어 있었다.

테슬라의 변신은 완벽히 준비되었다. 불과 18개월 만에 머스크는 테슬라를 파산 직전의 상태에서 사상 최고의 지점으로 끌어올렸다. 테슬라는 배터리 공급사업을 회생시키고, 세계 최고의 자동차 기업 두 곳을 고객이자 투자회사로서 확보했으며, 두 번째 차량을 공개했고, 이 차를 제작할 공장을 매입했으며, 5억 달러 정도의 저금리 정부 대출을 받게 될 예정이었다.

머스크의 입장에서 무엇보다 중요한 점은 개인 투자 없이 자금을 마련한 것이었기 때문에 회사에 대한 그의 막대한 지분이 낮아질 수 있었다는 사실이다. 기업으로서 테슬라의 미래가 확보되었을 뿐 아니라, 자기희생적이며 비전 있는 리더로서의 머스크의 이미지는 전혀 손실되지 않은 상태로 굳어져갔다.

차후에 머스크는 암울했던 2008년과 2009년에 대해 이야기할 때마다 점점 웅변조가 되어갔다. 그는 당시 개인적으로 파산 상태에 가까웠고 심지어 신경쇠약에까지 걸릴 뻔했다는 이야기를 했다. 하지만 그에 대한 망각은 머스크와 테슬라가 잡은 두 번째 기회를 최대한 활용하기 위해 필요한 겸손함과 집중력을 방해했다. 테슬라의 역전 스토리는 정부 대출을 받기 위해 '성공할 때까지는 성공한 척을 하라'는 비유에서 시작되었다.

머스크는 2008년 내내 테슬라의 재정 및 운영상 손실이 생긴 것에 대해 계속해서 에버하드 탓을 했다. 이 시기 스페이스X에서도 문제가 생기고 세계적인 경제 붕괴로 인해 자금 마련이 불가능해지자 머스크가 통제할 수 있는 부분 밖에서 그가 영웅적으로 싸워나갔다는 이야기가 더해졌다. 머스크는 에버하드가 만들어내고 경기침체로 인해 증폭된 문제들을 해결한 뒤에 곧바로 받게 된 정부의 대출과 테슬라에 대한 투자가 테슬라의 정당한 권리라고 믿는 듯했다.

우리가 직접 본 바에 따르면, 실제로는 이보다 더 흥미로운 이야기가 펼쳐진다. 2008년에서 2009년 사이 살아남기 위해 머스크가 취했던 조치들을 다시 한 번 살펴보자. 머스크는 테슬라가 아직 성공적으로 지원받지 못한 4,000만 달러의 전환사채와 에너지부 대출을 받았다고 섣부르게 주장했다. 이어서 그는 이미 받았다고 주장했던 저금리 정부 대출을 받아내기 위해 대충 끼워 맞춰 제작한 시제품으로 예약금을 인상했고, 가격을 올렸으며, 한 달 내내 잘못된 이윤율을 공개했다.

이렇게 놀라울 정도로 계속해서 허세를 부렸던 일이 결과적으로 수익을 낳게 되었고, 테슬라는 이전의 자금조달 라운드에서 지원받았던 금액을 모두 합친 것보다 더 큰 규모로 에너지부 대출을 받아 대공황 상태에서 벗어났다. 머스크는 자신이 테슬라의 비전을 현실로 만들어낼 수 있다는 확신이 그 어느 때보다 강해졌고, 그렇게 암울한 영혼의 밤에서 벗어나는 듯 보였다. 테슬라의 가장 이상하고도 논쟁적인 순간을 부채질하고 테슬라의 생존 가능성에 대해 지속적인 논의를 불러일으킨 과장된 홍보와 현실 사이의 단절은 이미 진행 중이었다.

정부의 지원을 받는 일은 놀라울 정도로 쉽게 진행되었음이 증명되었다. 이는 시장이 전기차를 원하건 원하지 않건 관계없이 정치적 세력이 전기차의 승리를 보장할 것임을 암시했다. 업계에서 가장 존경받는 자동차회사 두 곳과의 제휴를 통해서는 다음과 같은 사실을 확인할 수 있었다. 오래된 자동차회사들은 테슬라의 혁신과 스타트업 문화를 모방하고 싶어 했고, 모델S가 출시될 수 있도록 부품과 심지어 공장까지 제공할 예정이었다. 역경의 불길을 헤쳐나간 영웅적인 행보로 치솟은 머스크의 인기는 테슬라가 고군분투하며 벌이던 사업으로 인해 사라졌던 수억 달러가 사실 사회적 자본의 형태로 엄청난 수익을 만들어냈음을 확인시켜주었다.

로드스터를 출시하면서 홍보 문제로 인해 에버하드와 사이가 틀어진 이후, 머스크는 적어도 그에게는 테슬라의 사회자본 배당금이 재무 수익만큼 중요하다는 사실을 드러냈었다. 그 자신과 테슬라를 위해 만들어진 머스크의 이미지는 테슬라라는 회사가 구원을 받는 데 있어 가장 중요한 역할을 했다. 그리고 테슬라가 재정적인 위기에서 벗어나기 시작하자마자 머스크는 일종의 복수심으로 자신의 사회자본을 재투자하기 시작했다.

2009년 6월, 머스크는 뉴욕에서 열린 회의에서 구제금융을 받고 있는 디트로이트의 자동차회사들에게 마법을 쓸 준비가 되어 있다고 말했다. "복잡한 이 상황이 해결되면, 저는 책임자와(자동차업계의 대표든 누구든) 대화를 나누어보고 싶습니다. 이렇게 말하려고요. '괜찮으시다면, 제가 당신의 공장을 운영하고 싶습니다.'"

그 당시 테슬라는 자체 공장조차 갖고 있지 않았고, 완성차를 완벽하게 조립해본 적도 없었으며, 단 한 번도 1달러의 수익도 낸 적이 없었지만 중요한 문제가 아니었다. 머스크는 이런 사실에 대해 알고 있었다. 자본주의 체제가 실패한 여파로 머스크의 자신만만한 낙관주의와 무슨 일을 해서라도 역경을 극복해내는 의지는 마치 희망의 등불인 듯 이 시장을 비추고 있었다. 머스크가 사명감과 끝없는 낙관주의를 가지고 있는 한, 테슬라는 계속해서 대중의 믿음을 끌어올리고 장애물과 운명 사이에 서 있는 그 어떤 어려움이라도 극복해낼 듯 보였다.

07 ≡
0달러에서
600억 달러가 되기까지

"제 말씀은,
 시장이 마치 조울증 환자 같다는 겁니다."
일론 머스크, 2013년 12월 11일

2010년 6월 28일, 테슬라모터스가 상장했고, 기술주 중심의 나스닥 증권거래소에서 2억 2,000만 달러의 자금을 조달했다. 애널리스트이자 CNBC의 주식 프로그램 진행자인 짐 크레이머는 테슬라가 현재까지 약 2억 9,000만 달러의 손실을 봤다고 지적하면서 새로 상장된 테슬라 주식에 대해 미적지근한 반응을 보였다. 그러자 머스크는 금융기관 전체를 향해 반격했다. "네, 물론 그렇죠, 짐… 우리 회사는 베어스턴스가 아니잖아요"라며 머스크는 또 다른 CNBC 인터뷰 진행자에게 금융위기를 촉발시킨 투자은행을 들먹이며 농담을 던졌다. "짐은 베어스턴스를 추천했던 걸로 아는데요." 그는 계속해서 이렇게 말했다. "솔직히 그 사람은 독설가죠."

회사가 상장하는 날 시장의 지혜에 대해 공격할 생각을 하는 CEO는 많지 않을 테지만, 머스크는 인습에 얽매이지 않으며 일하는 법을 배운 사람이었다. 월가점령운동과 티파티운동은 금융위기 이후 공공기관에 대한 신뢰성을 공격해야 정치적 행운이 쌓일 수 있음을 입증해 보였다. 머스크 또한 이 같은 시나리오를 따르고 있었다.

게다가 그는 테슬라가 원한다면 돈을 벌 수 있다고 주장했다. 로드스터의 비용이 통제 가능해지고 두 곳의 주요 자동차회사가 테슬라의 배터리팩을 구입하면서 수익성 있는 사업의 토대가 마련되었다. 하지만 머스크 마스터플랜의 다음 단계로 나아가기 위해서는 모델S와 신공장에 대규모 투자가 집행되어야만 했다. 테슬라가 세상을 바꿀 정도의 잠재력 있는 회사로 성장하기 위해서 이번에도 수익성은 뒷전으로 밀려나야 했다.

이는 테슬라가 프리IPO에서 목표로 삼았던 첨단기술 분야 투자자들에게 늘 하던 친숙한 이야기였다. 소프트웨어 분야에서 스타트업이 제품을 처음 개발할 때 상당한 고정비용이 들어갈 수 있다고 했던 내용을 기억하시는가. 하지만 소프트웨어가 완성되면 그 소프트웨어의 복사본 생산에는 비용이 거의 들지 않으며, 개발비용을 회수하는 즉시 각각의 복사본이 추가로 판매되면 눈에 띄는 이윤을 얻게 된다. 머스크는 테슬라를 자동차회사가 아닌 "'끝내주게 멋진' 기술 벨로키랍토르(백악기 후기에 존재했던 공룡으로 라틴어로 '날렵한 사냥꾼'이라는 뜻)"라고 내세우면서 투자자들에게 모델S가 결국 엄청난 수익률을 올릴 거라고 확신시켰다.

하지만 테슬라는 자동차를 개발하고, 생산하며, 판매하는 일로 수익을 내는 것이 얼마나 어려운지 여전히 배워나가는 중이었다. 로드스터의 매출은 2009년부터 2010년까지 감소했는데, 이는 테슬라가 이론적으로 수익을 낼 수 있을 정도로 비용을 절감한 만큼 수요가 한계에 다다랐다는 것을 의미한다. 심지어 다임러와 토요타와의 계약으로 2,000만 달러의 신규 수입이 발생했음에도 모델S를 개발하고 누미 공장을 매입하며 판매 및 서비스 공간을 확장하면서 늘어난 지출로 인해 테슬라의 순 손실액은 2009년 5,500만 달러에서 2010년 1억 5,500만 달러로 늘었다. 테슬라의 손실액은 2011년에도 늘어나 2억 5,000만 달러 이상이 되었고, 2012년에는 약 4억 달러를 기록했다.

테슬라는 2009년에 받은 에너지부 대출금 4억 6,500만 달러와 다임러, 토요타, 파나소닉의 투자 그리고 2010년 기업공개 덕분에 이런 손실을 감당해낼 수 있었던 것이다. 그러나 총 8억 달러가 넘는 현금

투입에도 매년 진행하던 자금조달 라운드를 피해갈 수 없었다. 과거 테슬라는 2011년과 2012년 두 차례에 걸쳐 각각 1억 7,500만 달러와 2억 2,500만 달러의 자금을 조성했다. 비록 테슬라가 현금을 마련하기 위해 새로운 주식을 계속 매각할 수 있었지만, 테슬라의 주가는 지난 2년 반 동안 공매도로 소폭 상승하는 데 그쳤다.

이렇게 꾸준히 늘어나는 손실은 테슬라 투자자들의 열의를 꺾는 유일한 요인이었다. 알려진 바와 같이, 2009년 테슬라를 구해낸 에너지부 대출은 기업공개에 대한 반응을 멈추게 한 주요 요인이었다. 비록 에너지부가 당시 그 어떤 금융회사보다 낮은 이자를 테슬라에 부과했지만, 이 대출 계약에는 정치적인 압력으로부터 투자를 보호하기 위한 여러 가지 조건들이 포함되어 있었다. 이 조건들은 테슬라의 잠재적 가치를 심각할 정도로 제한했다.

이러한 조건들 가운데 하나는 에너지부가 테슬라 보통주 300만 주 이상을 주당 7.54달러에 매입할 수 있는 권한이었다. 이는 2018년까지 효력이 발생하지는 않지만, 머스크를 포함한 기존 주주들의 권리를 희석시킬 수 있었다. 이외에도 테슬라가 받을 수 있는 새로운 부채의 종류와 액수를 제한했고, 테슬라가 필요로 하는 현금을 조달하기 위해서는 주식공모를 통해 주주들의 권리를 줄일 수밖에 없도록 했다. 에너지부는 여러 가지 금융 규제 및 보고 요구사항들과 함께 머스크가 테슬라 지분의 최소 65%를 보유하도록 요구하여 회사의 매각을 막았다.

핵심사업으로 수익을 올리기 위해 테슬라가 고군분투했던 점을 고려해보면, 투자자들에게 투자 수익을 제공할 수 있는 가장 좋은 방법은 회사를 매각하는 것이었다. 자동차에 대한 야망을 지닌 IT기업이나 주요 자동차회사 모두가 테슬라를 매입하는 데 관심이 있었을지도 모른다. 하지만 에너지부 대출이 남아 있는 한 매각은 불가능했다. 에너지부가 던져준 생명줄은 결국 제약이 되었고, 테슬라의 모델S 출시가 가까워짐에 따라 이 제약은 테슬라의 리더십에 상처를 냈다.

테슬라와 머스크에게 운 좋게도 에너지부는 허술한 주인과 같다는 사실이 밝혀졌다. 2011년 6월 대출이 확정된 지 약 18개월 만에 대출약정 개정이 체결되었다. 첫 번째 개정은 수정사항이 별로 많지 않았지만, 이 개정은 일련의 개정 가운데 첫 번째일 뿐이었다. 2012년부터 후속 개정과 권리 포기가 더 심해졌고, 이 모든 것은 테슬라의 요청에 의한 것이었다. 그해 2월, 테슬라는 지난 분기 및 2013년 일부 분기의 부채 및 이자에 대한 수익 비율 포기각서를 받았는데, 이는 앞으로 재정적인 문제가 발생할 것을 가정한 것이었다. 이러한 양보의 대가로 테슬라는 일부 대출금 회수에 동의해야만 했다.

2012년 6월, 모델S의 첫 번째 고객에게 공식적으로 차를 인도하는 프리몬트 신공장에서 열린 행사에서도 테슬라는 에너지부의 느슨해진 통제에서 벗어나려고 하고 있었다. 공장 근로자와 고객, 정치인 등이 참

석한 행사에서 머스크는 모델S가 "마법을 깨기 위해" 설계된 차라고 소개했다. "지금 이 세상은 전기차가 가솔린차만큼 좋을 수는 없다는 착각에 빠져 있습니다." 머스크는 말했다. "모델S가 근본적으로 의미하는 바는 바로 그러한 환상을 깨뜨리는 일입니다."

모델S는 계속해서 전기자동차에 관심이 있는 대중들과 자동차산업에 상당한 영향을 미치는 자동차 잡지나 팬들로부터 찬사를 받게 될 것이었다. 하지만 차량 인도가 시작된 지 몇 달 만에 다음과 같은 사실이 점점 더 분명해졌다. 모델S가 테슬라에 대한 기존의 인식을 쉽게 바꾸지는 못한다는 것이었다. 모델S 인도를 시작할 당시 테슬라는 1억 달러 이상의 고객 예치금을 보유하고 있었고, 이는 2만 대 이상이 예약되어 있음을 의미했다. 하지만 이 예약이 테슬라가 원하는 만큼 빠르게 판매로 전환되지는 않았다.

로드스터의 판매 종료와 함께 다임러와 토요타와의 개발 계약이 종료되는 시점에 모델S는 테슬라가 원하고 기대했던 현금을 끌어오지 못했다. 테슬라는 2012년 2분기부터 모델S의 인도를 시작했지만 3분기까지 연간 자동차 판매 매출은 전년 대비 2,000만 달러 이상 줄었다. 4분기 생산량은 3,000대 이상으로 늘었지만 판매비용 또한 증가했다. 2012년 테슬라는 전년도 절반 수준의 영업이익으로 마감했다. 테슬라의 비즈니스를 변화시키기로 예정되어 있던 그 차는 완전히 실패의 길을 걷고 있었다.

로드스터와 마찬가지로 모델S는 테슬라의 예상보다 제작비가 훨씬 많이 들었다. 모델S 시제품을 처음 공개했을 때, 테슬라는 이 차를 약 5만 달러에 판매할 거라고 말했다. 2011년 말, 테슬라는 기본 모델인 S40의 가격을 5만 7,400달러로 책정했다. 2012년 말, 이제 막 생산을 늘리기 시작한 테슬라는 2009년 자동차 출시를 발표한 이후 가격인상폭이 물가상승률보다 낮다고 주장하면서 새로 받은 주문부터 가격을 2,500달러씩 인상했다. 비슷한 시기 테슬라는 가장 저렴한 두 가지 모델인 5만 9,900달러의 S40과 6만 9,900달러의 S60를 예약한 고객들에게 두 모델은 각각 내년 1월과 3월에나 제조될 거라고 전했다.

에너지부에 대한 보고서뿐 아니라 월스트리트 애널리스트와의 회의에서 테슬라는 제조상의 어려움과 '모든 고객에게 최고 품질의 자동차를 선사하겠다'는 바람 때문에 2012년에 계획했던 5,000대의 모델S를 만들어내지 못했다고 주장했다. 하지만 생산 속도가 느렸음에도 불구하고 고객들에게 인도된 자동차들에서 품질 문제는 분명히 드러났다. 차체 패널 장착 불량, 삐걱대는 소리, 소프트웨어 기능 누락 등에 대한 불평이 테슬라 포럼에 등장하기 시작했다.

차후에 머스크는 애슐리 반스에게 "입소문들이 끔찍했다"며 모델S의 예약을 판매로 전환하는 데 어려움을 겪었음을 인정했지만, 그 당시 머스크는 그와는 반대로 다음과 같이 이야기했었다. "이 차는 입소문으로 널리 알려지고 있습니다."

2012년 9월 말, 테슬라는 다시 한 번 문제에 봉착하게 된다. 테슬라는 에너지부 대출에서 마지막 자금을 인출했고, 이제 단 8,500만 달러의 현금과 현금 등가물을 남겨두고 있었다. 이는 2분기 말 2억 1,000만 달러보다 줄어든 금액이었다. 분기 마지막 주에 에너지부는 테슬라가 감당하지 못할 부채 대비 유동자산 비율에 대한 면제를 허가했다. 하지만 그 대가로 에너지부는 중도상환 일정을 추가로 앞당길 것을 요구했다.

2012년 초, 머스크는 "테슬라가 또 다른 자금조달 라운드를 마련할 필요는 없습니다"라고 말한 바 있다. 하지만 테슬라의 현금이 줄면서 10월 테슬라는 2억 2,500만 달러 상당의 주식을 추가로 매각해야 했다. 금융위기가 나아지자마자, 머스크는 블로그에 글을 게재해 다음과 같이 주장했다. "테슬라는 단순히 리스크 개선을 위해 자금을 조달했습니다. 내부적으로나 공급업체에서 발생하는 그 어떤 참사도 막아내기 위해 테슬라는 현금유동성이 플러스에 가까워지고 있으며, 적어도 신차 개발 프로그램을 시작하기 전까지는 조성된 자금을 전혀 쓰지 않아도 될 겁니다."

테슬라가 지난 3개월간 소진한 돈보다 적은 돈으로 3분기를 마감했다는 사실은 다음과 같은 점을 강하게 시사했다. 머스크가 '줄이기' 위해 노력했던 '리스크'는 그가 블로그에 올린 글에서 언급했던 '홍수나 화재, 허리케인, 지진'보다 더 근본적이라는 것이다.

12월 말까지 테슬라는 계속해서 상당한 영업 손실을 봤지만, 조달한 현금을 보전함으로써 현금유동성 플러스로 12월을 마감했으며 2억 달러가 넘는 금액을 은행에 둔 채 이 분기를 마쳤다. 하지만 재정적으로 모두 잘 돌아갔던 것은 아니다. 테슬라가 공급업체에 진 미지급금은 12월에만 1억 1,500달러가 늘었다. 테슬라는 2012년 세금에 대한 7,500달러의 크레딧을 받기 위해 예약 신청자들에게 연락해 가능한 빨리 인도 신청을 해달라고 요청함으로써 최대한의 수요를 끌어냈다. 미국 국세청에 따르면 납세자가 차량을 '운행한 연도에 세금 크레딧을 받아야 한다'라고 분명히 명시하고 있음에도, 테슬라는 2013년까지 고객에게 차량을 인도하지 않고도 크레딧을 얻을 수 있었다.

테슬라의 자금은 1월 말까지 8,400만 달러로 줄었고, 2월 말에는 5,900만 달러까지 떨어졌다. 머스크는 2012년 4분기 실적발표에서 애널리스트들에게 이렇게 말했다. "제가 꼭 말씀드리고 싶은 부분인데요. 저희는 수요를 줄이는 것이 아닙니다. 의도적으로 생산을 제한하고 있어요." 연말까지는 1만 5,000명 이상의 예약자가 남아 있기 때문에 머스크의 주장은 타당해 보였다. 1월에 한 주간 공장이 돌아가지 않았음에도 테슬라의 재고는 3분기 말에 1억 6,000만 달러에서 2013년 2월 말에 3억 달러로 증가했다.

2013년 3월에 일어난 일은 거의 기적이나 다름없었다. 2월 말 은행에 6,000만 달러도 남지 않은 상태에서 지불 위기가 닥쳤을 때 테슬라는 모든 상황을 또다시 뒤엎었다. 지난 1월 8,200만 달러에 불과했던 테슬라의 자동차 수입이 2월에는 1억 5,000만 달러로 늘었고, 3월에는 3억 2,100만 달러로 급증했다. 테슬라 전체 매출의 절반 이상은 모델S를 판매하고 한 달 만에 나왔는데, 이는 이전 두 달간 영업 기준으로 4,000만 달러의 손실을 본 뒤 영업이익이 3,400만 달러가 된 것이었다. 크레딧 판매로 6,790만 달러를 얻고 뜻밖의 이익 1,600만 달러를 합쳐 테슬라는 상장기업으로서 처음으로 1분기 1,100만 달러의 이익을 기록했다.

테슬라가 어떻게 한 달 동안 극적인 반전을 이루어냈는지에 대해서는 아직 분명히 밝혀지지 않았다. 이 기간에 대해 완벽하고도 직접적인 정보를 바탕으로 책을 저술한 반스에 따르면 테슬라가 2월 중순까지 예약을 판매로 바꾸고자 고군분투하는 상황은 머스크에게 '숨겨졌다'고 한다. 이에 대해 알게 된 머스크는 고위 임원을 해고했고 높은 성과를 보이는 직원들을 장려했으며 "이 차를 인도하지 않으면 우리 회사는 망합니다"라고 말하면서 직원들을 조직 전반에 배치해 예약 고객들과의 거래를 성사시켜나갔다. 머스크는 개인 자산으로 재판매가치 보증서를 발행해 약속을 뒷받침했다.

테슬라의 기적이 일어났던 단 한 분기만의 성장을 테슬라 직원들의 전화 독촉 혹은 재판매가치 보증서를 통해서 설명할 수 있을지 모르겠다. 반스가 밝힌 이 상황들에 대한 '공식 버전'과 다른 증거들 사이에는 일부 불일치하는 부분이 있다.

우선 첫째로 테슬라는 3월에 예약자들에게 모델S의 결제를 분기 말까지 해달라고 노골적으로 요청하는 이메일을 보냈고, 이로써 사상 첫 분기 수익을 낼 수 있었다. 이상하게 머스크는 2월 중순부터 판매 전환을 담당하고 있었던 것으로 알려졌음에도, 이같이 '지나치게' 노력한 부분에 대해 모르는 일이라고 주장하며 이렇게 말했다. "제가 그 사실을 알게 되자마자 그 즉시 중단시켰습니다. 테슬라는 그런 식으로 돌아가지 않거든요." 1분기 실적 회의에서 머스크는 눈에 띄는 판매 부진이 자연적인 것이었다며 보다 완강하게 이야기했다. "아직까지 저희는 생산량을 늘리기 위해 애쓰지 않았습니다. 제 생각에 고객 여러분들을 위해 생산량을 늘리기 전에 차량 내부를 정돈하고 차를 최대한 효율적으로 만들어야 한다고 생각하기 때문입니다."

테슬라에서 공장장으로 일했던 직원에 따르면, 테슬라가 자동차를 생산하는 데 있어서의 문제점들은 단순히 테슬라가 아직 준비하지 못한 구성과 옵션을 기다려야 했던 문제라고 한다. 그리고 2013년 '기적'이 나타나게 된 주요한 이유 중 하나는 바로 단순하게도 단 한 가지 색깔, 즉 빨간색 자동차만 만들어냈기 때문이라고 한다. "빨간색은 6개월 정도 출시되지 않을 예정이었습니다." 그는 이렇게 기억한다. "하지만 부사장은 제게 이렇게 말했죠. '다음 주 안에 차량을 출시하지 않으면 매출이 없을 겁니다.' 그래서 저희는 3~4개월 동안 빨간색을 생산했습니다. 그런 후 그는 '빨간색이 회사를 구해냈습니다'라고 말했습니다."

또한 테슬라는 2012년 4분기부터 자체 예약 시스템을 전면 변경했다. 단순히 고객 명단을 늘리기만 했던 환불 가능한 '예약금' 방식을 없애고, 주문과 동시에 선불로 '고객 예약금'을 내는 방식으로 바꾸었다. 이렇게 변경하면서 실제 주문으로 연결되지 않는 예약 문제가 완전히 사라졌고, 결국 고객이 원하는 사양에 대한 데이터를 테슬라가 제공받게 되었다. 이런 방식은 수요가 많지 않은 사양을 과잉생산하는 일을 방지했다.

자동차 판매 역사상 가장 기적적인 시기였음이 분명한 바로 그 한 달 동안에 그 밖의 다른 요인들도 작용하여 주가 상승을 촉발한 것으로 나타났다. 1분기 수익을 발표한 지 며칠 만에 테슬라는 10억 달러가 넘는 주식과 전환사채를 팔아 그 수익금으로 에너지부 대출금을 모두 갚았다. 테슬라의 이미지가 적자만 내는 기업에서 미국인들이 자랑스러워하는 독립적인 자동차회사로 갑작스럽게 바뀐 시점이었다. GM과 크라이슬러가 힘겹게 구제금융을 받고 에너지부 대출을 받았던 솔린드라 Solyndra 같은 다른 기업들이 실패한 이후에, 테슬라는 마치 미국 자동차산업의 새로운 출발점처럼 여겨졌다.

언론과 정치로부터 물러나 있던 머스크는 테슬라의 홍보 담당에게 회사 차원에서 매주 하나씩 모델S에 관한 소식을 발표했으면 좋겠다고 말했다. 그로부터 몇 달 뒤, 테슬라는 매달 500달러만 내면 되는 리스 계획, 주유 시간보다 짧은 시간에 자동으로 충전하는 배터리 교환 시스템을 만들겠다는 목표, '자율주행' 시스템으로 3년 후 도로 구간의 90%를 자율주행하겠다는 계획, 도로교통안전국 테스트 '최고 안전 등급'을 받았다는 사실을 잇따라 발표했다. 또한 머스크는 미래지향적인 '하이퍼루프' 운송 시스템에 대한 계획을 발표했는데, 이는 야심찬 독립 프로젝트를 과시하는 일종의 습관이 시작된 것이었다. 이렇게 발표한 내용들은 과장이나 망상에 이르는 주장이 아닌지 알아내려는 면밀한 조사를 혹독하게 거쳐야만 했다. 그럼에도 많은 언론사들은 이와 같은 테슬라의 발전적인 모습을 의심 없이 보도했고, 머스크의 전설적인 행보는 꽃이 피듯 활짝 펼쳐졌다.

이와 같은 발표에 이어 쏟아진 과장된 홍보는 머스크가 이전의 위기에서 배웠던 다음의 교훈을 강화시켰다. 미래에 대한 그의 비전은 가장 시장성이 있는 제품이고, 이 제품은 결코 현실에 의해 한계 지워지지 않는다. '일론 머스크'라는 인물에 대한 미디어의 흥미 위주의 보도는 이제 막 시작되었고, 이로써 테슬라는 영원히 '루디크러스 모드'로 존재할 것이다.

테슬라는 기업공개 이후 2013년 1분기까지 약세를 보이다가 놀라운 분기 이익을 기록하면서 적정 가치를 지닌 기업으로 전환되었다. 그리고 에너지부 대출의 제약에서 벗어나면서 모멘텀 주식이 되었다. (출처: 모닝스타Morningstar)

월간 재무 데이터에 따르면 테슬라가 에너지부에 보고한 2013년 1분기의 '기적'은 한 달 만에 이루어진 반전으로 밝혀졌다. 2013년 3월 테슬라를 루디크러스 모드로 돌입하게 한 이 이례적인 월별 실적으로 모멘텀 주식이 되었다. (출처: 테슬라모터스 주주 서신)

테슬라와 머스크가 루디크러스 모드에 돌입하자, 테슬라의 주가도 덩달아 상승했다. 2013년 초 테슬라의 주식은 40달러 미만이었지만 9월 마지막 주에는 190달러 이상으로 마감했다. 머스크의 주식이 테슬라에서 차지하는 비중은 모델S의 출시와 줄어드는 현금을 보전하기 위해 애쓰던 2012년에 이미 10억 달러를 넘었고, 2013년 말에는 55억 달러 이상이었다.

미국 자동차회사들이 굴욕적으로 구제금융을 받고 글로벌 금융위기라는 암울한 상황이 전반적으로 퍼진 이후, 테슬라는 미국에 새로운 아침이 밝아오고 있음을 반영하듯 새로운 낙관주의를 제시해주었다. 디트로이트의 자동차회사들이 경기침체 이전에 생산하던 픽업트럭과 SUV에 다시 의존하는 동안, 테슬라는 전기자동차 분야에서 글로벌 리더가 되어 첨단기술의 녹색 미래를 향해 나아가고 있었다. 주택담보대출의 거품과 대마불사 신화의 붕괴로 인해 국가기관에 대한 국민들의 기대감이 돌이킬 수 없을 정도로 무너져 있을 때, 테슬라는 미국인들에게 믿음과 (그만큼 중요하게) 투자처를 선사해준 반가운 기업이었다.

테슬라의 지지자와
회의론자

"우리가 파는 제품은 그의 주식입니다.

주식 가치를 올리는 일이라면 무엇이든 해낼 겁니다."

파이드파이퍼 CEO 잭 바커

자동차 기술이 빠르게 발전하던 아
주 오래전에도, 자동차산업은 종종 가까운 미래와 머나먼 미래의 비전
을 동시에 펼치면서 대중들을 열광시켰다. 디트로이트의 전성기 시절에
자동차회사들은 모더니즘에 대한 기대를 불러일으켰다. 모터쇼나 박람
회 그리고 잡지의 표지에는 하늘을 나는 자동차나 자율주행 자동차, 제
트 엔진과 원자로를 장착한 자동차를 선보였다. 이러한 비전은 기업의

연구개발팀이 보는 발전보다 크게 앞서갔다. 그러나 자동차산업에서부터 항공우주산업에 이르기까지 모든 분야에서 기술적 발전을 보이면서 SF소설이 보다 그럴듯한 이야기가 되었다. 그리고 대중들은 디트로이트의 자동차회사들이 미래 잠재력을 키워나가는 모습을 확인하게 되었다.

그로부터 반세기가 지나자, 자동차산업을 이끌던 미래를 향한 열정은 이제 거의 찾아볼 수가 없게 되었다. 제2차 세계대전 이후의 자동차산업에 대한 낙관주의는 품질 관리나 생산, 자본 효율 등의 극심한 경쟁에 의해 산산이 부서졌다. 이와 동시에 컴퓨터와 인터넷, 휴대폰, 스마트폰 등 자동차산업 외부의 기술적인 발전이 이전에는 상상할 수 없었던 방식으로 일상을 변화시키고 있었다.

반복된 벤처 자금으로 테슬라가 행복해졌다면, 그보다 더 큰 대중의 열망은 테슬라의 스타일을 더욱 굳건하게 만들었다. 바로 신세계를 기대하게 해주는 자동차회사를 대중들은 받아들일 준비가 되어 있었다. 일단 테슬라가 상장기업이 되고 머스크가 테슬라를 루디크러스 모드에 올려놓자, 그의 야망과 낙관주의가 대중의 요구를 충족시켰음이 분명해졌다.

머스크는 앞 장에서 언급했던 태양광 슈퍼차저, 자율주행 기술, 하이퍼루프, 배터리 교환, 심지어 드라이브인 레스토랑과 음악 스트리밍 서비스 등에 대해 사람들 앞에서 눈에 띄게 화려하게 소개했다. 이처럼 눈에 확 띄는 그의 프레젠테이션은 수익을 추구했던 테슬라 비즈니스의 현실과 다르긴 했지만, 그의 프레젠테이션은 향후 가능성에 대한 추측에 근거한 낙관주의에 초점 맞춰져 있었다. 이와 같은 프레젠테이션이 테슬라의 브랜드를 성장시키면서 판매를 늘리는 데 도움을 주었으나, 테슬라의 투기적인 미래사업의 가치를 고무시키기도 했다.

2013년 중반이 되자 머스크가 실생활에서 추구하던 과학적 이상과 테슬라의 급등하는 주가 사이의 관계가 명확해졌다. 이 사실은 다음과 같은 독특한 기회를 제공했다. 머스크의 비전은 누구든지 사고팔 수 있는 제품이 된 것이었다. 테슬라 주식에 투자한 다음 머스크가 개발하고 있는 대담한 미래에 대한 좋은 소식을 주변에 전함으로써 우리는 새로운 지지자들을 만들어내고 끝없이 성장할 것처럼 보이는 테슬라의 시장가치를 더 높이는 데 도움을 줄 수 있다.

무엇보다도 머스크의 비전을 사고팔기 위해서는 업계에서의 경험이나 기술적인 전문지식, 재무공시를 분석할 수 있는 능력과 같은 것들이 필요하지 않았다. 테슬라가 자동차산업에 접근하는 참신한 방식을 살펴보면, 한 세기 자동차 역사에서 배운 그 어떤 교훈보다 머스크에 대한 믿음이 더 중요함을 알 수 있다. 과거의 교훈은 기존의 자동차회사들과 투자자들에게 더 이상 영감을 주지 않는 합리주의의 감옥에 가두어놓은 것들이었다. 머스크와 그가 주장하는 첨단기술과 환경친화적 미래를 믿기만 하면 누구나 '승리하는 팀'의 일원이 되어 그의 비전을 전도하면서 돈을 벌 수 있었다.

이러한 재정적인 피드백 루프를 도입한 것은 판도를 완전히 바꿔놓는 계기가 되었다. 온라인 포럼과 소셜미디어, 온라인미디어의 힘이 합쳐져서 테슬라라는 복음의 전도는 하나의 기업이 되었다. 이와 같은 복음이 퍼지면서 점점 더 많은 기회들이 생겨났다. 테슬라와 관련된 소식을 발행하는 일부터 테슬라의 액세서리를 파는 일, 그리고 궁극적으로 테슬라 차량의 판매까지, 이 모든 일들은 테슬라에 대한 공통된 믿음을 갖고 있었기에 가능했다.

2013년 테슬라의 기적이 일어나기 이전에는 하이브리드나 플러그인 하이브리드, 수소연료 배터리 등 저공해 혹은 무공해 자동차 기술에 대해 다루거나 홍보하는 '친환경차' 블로그 생태계가 잘 구축되어 있었다. 이러한 사이트들은 다양한 형태였지만 일반적으로 긍정적인 보도를 통해 균형감과 신뢰성을 제공하는 수단이 되어주었다. 하지만 테슬라가 시장에서 두각을 나타내자 이 생태계는 변하기 시작했다. 처음에는 알아차릴 수 없을 정도로 천천히 움직이던 테슬라의 전기차 보급률이 서서히 높아지면서 연료위기와 환경운동의 관점에서 전기차를 응원하던 기성세대들은 젊은 세대의 독자와 작가들에게 자리를 내주기 시작했다.

이 젊은이들은 테슬라가 자동차계의 애플이라는 인식을 가지고 있었다. 시간이 지나면서 테슬라는 전기자동차 생산운동의 리더 역할까지 하게 되었고, 이것은 테슬라의 재정적이며 이념적인 사명이 되었다.

이러한 현상은 테슬라의 첫 번째 온라인 커뮤니티인 '테슬라모터스 클럽'의 '투자자 포럼'에서 두드러지게 나타났다. 이 클럽의 대부분은 소유주들의 토론이 중심이었고, 이들이 친(親) 테슬라 문화를 지녔다는 사실은 놀랍지 않았다. 하지만 이들은 안 좋은 품질과 서비스 경험에 대한 글을 올렸을 뿐 아니라 다른 소유주들에게 유용해 보이는 생각과 정보를 공유하는 일 또한 장려했다. 이와 대조적으로 투자자 포럼은 비판적인 의견을 용납하지 않았고 비판적인 내용은 'FUD(공포Fear, 불확실성Uncertainty, 의심Doubt)'를 확산하는 시도로 여겨 공격했다. 공매도 투자자들이 테슬라의 주가를 끌어내리려고 시도하자 비판적 보도를 공격하는 관행이 시작되었고, 결국 이것이 테슬라모터스 클럽 투자자 포럼의 본질적인 특징이 되었다.

테슬라모터스 클럽의 투자자 포럼과 소유주 포럼 사이에 문화적인 차이가 생겨난 것은 우연이 아니었다. 2013년부터 투자자 포럼에 몰려들기 시작한 새로운 회원들 중에는 투기주를 중심으로 에코 체임버echo chamber(같은 성향의 사람들끼리 폐쇄적인 시스템에서 의견을 주고받으며 점점 고립되고 특정한 성향이 증폭되는 현상)를 만든 경험이 있는 이들도 있었다. 이렇게 다른 커뮤니티에서 활동하다 테슬라모터스 클럽으로 넘어온 몇몇은 투자자 포럼의 핵심 멤버가 되었고, 온라인 에코 체임버의 위험성은 점점 커져갔다.

주식 종목명 GTAT로 알려진 GT어드밴스드테크놀로지스GT Advanced Technologies는 특수 유리에 사용되는 산업용 사파이어를 생산하는 기업이었다. 애플이 곧 출시할 제품에 사파이어글라스를 채택할 거라는 소문이 퍼지기 시작하면서 GTAT의 주식은 투기성 투자자들을 불러모았다. '역발상 투자가The Contrarian Investor'라는 포럼에서 GTAT에 대한 이야기가 빠르게 회자되면서 애플의 대량주문으로 GTAT의 주가가 몇 배나 오를 것이라는 의견이 모아졌다. 애플이 GTAT의 유리를 실제로 사용하게 될 거라는 증거가 더 많이 모이면서, 이 이야기에 사람들은 점점 더 희망을 갖게 되었다. 그러면서 이들은 저축했던 돈을 이 주식에 더 많이 쏟아부었다.

이 집단의 사고방식에 대해 의심을 품는 사람은 누구나 'FUD'를 퍼뜨리며 주가를 끌어내리기 위해 주식을 '공매도'하려는 시도로 고발당했다. 계속해서 과열된 상태가 이어지고 있던 역발상 투자가 포럼에서는 낮은 가격에 주식을 사들이려는 '투자기관'의 조작이 주가 하락의 원인으로 지목되었다. 추측은 더욱 거세져서 애플이 전체 라인업을 사파이어글라스로 바꿀 거라는 소문으로 커져갔다. 한 유튜버가 '애플 조립라인'의 사파이어글라스 영상을 공개했을 때, GTAT의 현재 주가는 아무것도 아닌 것처럼 보였다.

하지만 2014년 말 애플은 아이폰 신제품에 대한 세부사항을 발표했고 GTAT의 사파이어글라스가 아닌 '이온 강화 글라스'를 택했음이 확인되었다. GTAT는 애플이 요구하는 일정에 맞춰 충분한 사파이어를 생산할 수 없었고, 그 주문이 취소되자 GTAT의 허약한 자본구조로 인해 회사는 갑작스럽게 파산하게 되었다. 거의 하룻밤 만에 GTAT에 대한 이야기는 청산일을 기다리는 투기주식에 과도하게 투자했다가 난처한 상황에 놓이게 된 투자자들의 이야기로 가득해졌다. 이들은 퇴직금과 적금 심지어 집까지 모두 잃었다.

상황이 이렇게 되기까지 경고의 메시지가 분명 존재했다. GTAT의 회계분석을 통해 자본구조에 대한 우려가 제기되었고, 애플과의 계약 내용을 자세히 살펴보면 독점적인 계약이 아니었음을 알 수 있었다. 하지만 이들의 에코 체임버로 이런 경고의 목소리를 들을 수 없었다.

회사가 파산했을 때, 또 다른 투자자들은 엄청난 이익을 낼 만한 잠재력을 지닌 또 다른 주식을 찾아다녔다. GTAT 이야기가 진행 중이던 때, 테슬라는 '모멘텀주'로 수차례 언급되었다. 그리고 가장 활발히 활동하던 GTAT의 지지자들은 테슬라모터스 클럽으로 옮겨갔다. GTAT와 마찬가지로 테슬라 또한 지속적으로 현금을 창출해내는 일과는 거리가 멀었다. 하지만 테슬라의 주식은 소규모 전기차 비즈니스로는 설명이 안 되는 수준까지 빠르게 상승하고 있었다.

당시 테슬라가 지니고 있었던 것은 바로 과장된 홍보와 무한한 잠재력이었다. 머스크가 테슬라의 새로운 기능을 소개하는 행사를 열 때마다 이 잠재력은 커져갔다. 대부분의 테슬라 투자자들은 자동차산업의 가혹한 현실에 대해 잘 모르고 있었다. 그랬음에도 신기술이 기존 비즈니스의 법칙을 뒤집을 수 있다는 집단적인 믿음을 가졌고, 이는 투자자들로 하여금 성장과 이익을 위한 무한한 기회를 상상할 수 있게 했다. GTAT의 경우처럼, 테슬라가 과대평가되고 있다는 현실적인 우려를 표했던 회의론자들은 이제는 익숙해진 공포와 불확실성, 의심, 그리고 '공매도 조작'이라는 비난을 받으며 쫓겨났다.

GTAT의 인기와 좌절을 좌지우지했던 바로 그 문화가 테슬라모터스 클럽 투자자 포럼에 자리를 잡으면서 인터넷 전반으로 확산되었다. 테슬라모터스 클럽의 투자자 포럼과 함께 'r/teslamotors'라는 토론방으로 잘 알려진 온라인 커뮤니티 레딧Reddit 포럼은 '과열된 투기' 담론의 중심이 되었다.

이전에 존재했던 친환경차 블로그와는 확연히 다른 새로운 언론 매체도 등장했다. 새로운 언론 매체들은 전체적인 기술 분야에 대해 홍보하기보다 테슬라라는 기업 자체에 관심을 두었다. '디스럽터'로서의 테슬라는 자동차산업의 근간을 뒤엎고 그 과정을 통해 미래 자동차산업의 주체로서 자리매김하게 될 것이었다. 이러한 비전을 홍보하는 것은 테슬라를 단순히 과대평가하는 것 이상을 의미했다. 이는 테슬라가 다른 모든 전기자동차와 그 차를 만든 회사들을 무너뜨려야 함을 뜻했다.

　이런 새로운 매체 중 가장 유명한 곳은 '일렉트렉Electrek'으로 2013년 하반기부터 독자적으로 친 테슬라 기사들을 게재하기 시작했다. 일렉트렉은 구글과 애플을 다루는 블로그를 성공적으로 만들어낸 크리에이터이자 전직 저널리스트 세스 와인트라우브Seth Weintraub가 설립한 매체다. 테슬라 이외의 전기차에 대한 뉴스나 리뷰뿐 아니라 소셜미디어와 온라인 포럼, 회사 내부의 소스를 통해 수집한 다양한 콘텐츠를 소개했다.

　피상적인 모습은 기존의 친환경차 블로그와 닮은 모습이었으나, 그 범위가 점점 넓어지고 번창하면서 일렉트렉은 다른 종류의 매체임이 분명해졌다. 테슬라모터스 클럽의 투자자 포럼과 r/teslamotors와 같은 커뮤니티와 마찬가지로 일렉트렉 역시 테슬라가 전기차산업의 미래를 지배할 거라는 담론을 위해 다른 전기차와 그 차를 만들어낸 회사들을 비판했다. 다른 전기자동차들을 희생시키면서까지 테슬라를 홍보하고 비판으로부터 테슬라를 보호하려는 일렉트렉의 차별화된 편집은 이 매체를 설립한 직원들의 경력을 살펴보면 이해하기가 쉽다. 일렉트렉 초기 멤버 중 하나였던 존 지반Jon Jivan은 트위터에 기반한 주식 토론 플랫폼인 스톡트위츠StockTwits를 통해 2013년 중반부터 테슬라 주식을 홍보했다. 프레드 램버트Fred Lambert는 일렉트렉의 편집장으로 이전에는 주식사이트 모틀리풀Motley Fool에 테슬라의 잠재력에 관해 기고한 적이 있고 r/teslamotors의 운영진이 되었다.

초기에 이들은 자신들이 테슬라 주식을 소유하고 있다는 사실을 전혀 비밀로 하지 않았다. 일렉트렉의 대표인 세스 와인트라우브도 마찬가지였다. 하지만 램버트가 주식사이트인 모틀리풀에서 요구받았고 미국 연방통상위원회의 지침이 요구했던 것처럼, 이들은 각각의 스토리에 대한 주식 포지션을 명확하게 공개하지 않았다. '일렉트렉의 일부 필진이 테슬라와 다른 친환경에너지 주식에 대한 입장을 유지하고 있다'라는 모호한 공지를 사이트의 구석에 조용히 묻어놓았다. 심지어 일렉트렉은 메인페이지에 테슬라의 주가표를 띄워놓기도 했다. 이는 일렉트렉 운영자들이 테슬라 주식을 어떻게 생각하는지 더욱 강조하는 일이었다.

일렉트렉이 만들어진 후에도 램버트는 언론 보도와 주식 홍보 사이의 선을 계속해서 왔다 갔다 했다. 2015년, 그는 모델S의 개조 작업을 진행하고 있던 튜닝회사 살린Saleen에게 고소당했다. 이 소송은 램버트가 살린을 '주가 조작' 및 '폰지 사기'의 대상으로 모독했다고 알려져 있으며, 추가 명예훼손에 대한 가처분신청을 했다. 램버트는 결국 살린과 합의했지만, 여러 크라우드펀딩사이트를 통해 법적 투쟁에 대한 재정적 지원을 요청했다.

램버트는 처음에 잠재적인 투자를 위해 '부지런히 알아보던 중에' 살린을 조사했다고 주장했고, 단순히 살린의 주가를 올리려는 '선수들' 에게 속아 넘어갈 수 있는 투자자들을 위한 경고였다고 했다. 하지만 살린에 대한 램버트의 관심은 테슬라에 대한 그의 투자와 분명히 결부되어 있었다. 결국 그는 레딧 댓글에 이렇게 적었다. "만약 이들이 차량을 판매하고 소프트웨어와 구동장치를 가지고 장난을 친다 하더라도 자동차에 문제가 생기면 테슬라가 보증해줄 거라고 고객들이 믿도록 한다면, 테슬라는 고객들의 반발을 살 수도 있다." 이 사건은 그를 가장 공격적이면서도 많은 결실을 이뤄낸 테슬라 전도사들 중 하나로 만들었다.

살린이 '폰지 사기'와 유사하다는 혐의 제기가 특히나 흥미로웠던 것은, 램버트가 살린이 고객의 예치금을 운영 자금으로 사용했다고 비난한 것과 정확히 동일한 행동을 테슬라가 보였기 때문이다. 살린의 소송이 있고 몇 년 뒤 자동차 유통기업인 오토네이션AutoNation은 테슬라가 폰지 전략을 쓴 것일 수도 있다는 의문을 제기했다. 이때 램버트는 일렉트렉에 테슬라를 옹호하는 글을 썼다. 테슬라의 관행을 동일한 비교로부터 방어하면서 살린의 고객 예치금 사용을 폰지 전략에 비교하는 램버트의 능력은 그의 전형적인 보도방식이었다.

r/teslamotors의 운영진으로서 램버트는 일렉트렉을 위해 그곳에서 콘텐츠를 얻어냈을 뿐 아니라, 테슬라를 투자처로 열심히 밀어붙이

는 사람들과도 관계를 맺을 수 있었다. 램버트가 관여했던 두 사이트는 테슬라 투자자들의 집합체가 되었다. 〈월스트리트저널〉의 찰리 그랜트 Charley Grant 기자는 테슬라의 IR팀이 투자자들에게 r/teslamotor와 일렉트렉에서 새로운 소식을 얻도록 권유하고 있다고 보도했다. 두 사이트 모두 나쁜 뉴스는 무시하거나 반대하면서 편향되게 보도를 편집했고, 좋은 소식을 다룬 글이나 공격적인 홍보 담당자들의 글은 지지했다. r/teslamotors에서 가장 공격적인 지지자들은 일렉트렉의 논평 섹션에 등장해 테슬라의 과장된 선전을 부추기고 그에 의문을 제기하는 사람이라면 누구라도 공격을 퍼부었다.

일렉트렉은 주로 테슬라 내부 관계자를 통해 취득한 특종으로 유명세를 얻어내며 테슬라에 비판적 보도를 반박하는 첫 번째 매체가 되었고, 클린테크니카CleanTechnica와 테슬라래티Teslarati와 같은 매체들도 이에 가세했다. 결국 테슬라의 주가를 끌어 올리려는 이들의 계획은 점점 더 노골적으로 나타났다.

테슬라 주주들이 스페이스X 공모주를 먼저 받을 거라는 '루머'는 자신이 테슬라 주주라는 사실을 밝히지 않은 크리스찬 프렌즐러Christian Prenzler에 의해 테슬라래티의 기사로 작성되었다. 스페이스X는 그 기사를 재빨리 부인했고, 프렌즐러는 자신이 테슬라에 투자한 것은 '아주 적은' 20주라고 말했지만, 완전히 잘못된 이 이야기는 여전히 테슬라 주식의 상승에 부채질을 하고 있다.

　주가를 띄우는 것만이 테슬라를 홍보하여 얻는 유일한 이익은 아니었다. 2013년 이후 우후죽순으로 생겨나 테슬라를 광고하는 매체와 콘텐츠 크리에이터들이 주로 활용하는 방식은 '추천' 프로그램이다. 새로 출시된 테슬라 차량을 주문하면서 추천 코드를 사용하면 구매자는 1,000달러 할인이나 무료 슈퍼차지와 같은 혜택을 받을 수 있었고, 추천 코드를 제공한 사람에게는 사례금이 제공되었다. 원래 테슬라 소유주가 잠재적인 구매자를 설득하도록 하는 마케팅 도구로 사용했던 추천 코드는 테슬라의 영업사원이 된 기자와 콘텐츠 크리에이터에게 일종의 인센티브를 제공했다.

　일렉트렉은 스스로를 '팬 사이트'가 아닌 미디어로 표현했기 때문에 여기서 추천 코드를 사용한 것은 (램버트와 와인트라우브 모두 10만 달러가 넘는 인센티브를 받았다) 다른 자동차 매체들로부터 비난을 받았다. 하지만 이 추천 프로그램을 이용하기 위해 갑자기 등장한 수많은 콘텐츠 크리에이터들은 긍정적인 보도와 분석을 무분별하게 내놓으면서 추천 코드를 활용하고자 했다. 일렉트렉과 같은 매체부터 블로그, 팟캐스트, 유튜브 채널까지 수많은 크리에이터들이 서로 매출을 올리기 위해 경쟁하면서 인터넷은 테슬라 광고로 가득 차게 되었다.

　추천 프로그램이 성공하면서 그에 대한 보상 역시 성공적으로 이루어졌다. 이 보상은 테슬라 브랜드의 상품으로 시작해서 테슬라 이벤트 초대로 이어졌고, 마침내 최고의 조회 수를 얻은 사람은 공짜로 모델X 를 받게 되었다. 웨인트라우브와 램버트는 각각 20만 달러의 차세대 테 슬라 로드스터를 선물로 받았다. 이러한 보상의 규모가 광고 및 기타 수 익보다 커지기 시작하면서 추천 프로그램을 위한 홍보가 더 많아지고 공격적으로 바뀌었다. 비록 테슬라가 이 프로그램의 '남용'을 중단시키 겠다는 경고를 함으로써 추천인 보상을 제한하려고 시도했음에도 허용 가능한 관행과 그렇지 않은 관행 사이의 경계가 모호했기에 결과적으 로 범람하던 추천 코드 광고 메일은 줄어들지 않았다.

온라인미디어로 돈 벌기가 점점 더 어려워지던 때에 주식 홍보와 추천 프로그램이라는 한 쌍의 유인책은 테슬라에 대한 인식에 상당한 영향을 미쳤다. 이러한 접근방식이 특히 효과적이었던 이유는 테슬라와 지지자들은 항상 테슬라가 광고나 홍보, 마케팅에 돈을 거의 쓰지 않았 음을 강조했기 때문이다.

또 한 가지 중요한 점은 소셜미디어나 커뮤니티, 온라인미디어에 등장하는 열정적인 테슬라 군단이 재정적인 이익이 아니라 오로지 테 슬라가 지향하는 미래와 세상을 바꾸는 잠재력에 고무되어 활동하는 것처럼 행동했다는 점이다. 실제로 이러한 문화에서 나온 핵심적인 화 두 중 하나는 테슬라 회의론자들은 석유 및 기존 자동차회사들과 한통

속이거나 주가조작을 시도하는 '공매도자'일 수밖에 없다는 논리이다. 이러한 주장은 테슬라에 우호적인 비판마저 무효화했을 뿐 아니라, 가장 열성적인 지지자들이 사실은 테슬라의 주식과 추천 프로그램으로 금전적 이익을 봤다는 사실을 알아차리지 못하게 했다. 이러한 수법은 잘 들어맞아서, 부패한 사리사욕에 맞서 오로지 지구를 살리겠다는 테슬라의 미션에 고무된 '자원봉사자 군단'이 생긴 것을 반긴다는 인상을 만들어냈다.

테슬라는 테슬라의 첨단기술 자동차와 환경친화적 미션에 고무된 팬층으로부터 지지를 받았음이 분명했다. 하지만 테슬라 스스로가 지나친 약속을 거듭하면서 결국 점점 늘어나는 과장된 홍보에 전적으로 의존하게 된 것처럼, 테슬라의 팬층 역시 열정적인 지지자에서 투자자들로 옮겨가고 있었다. 이 투자자들은 자신이 사랑하는 회사를 홍보하고 그 회사의 자동차 판매를 도움으로써 높은 주식 수익률을 얻는 투자자들이었다. 일단 개인적인 동기와 재정적인 동기가 뒤섞이기 시작하면, 이 둘을 서로 분리해내는 것은 거의 불가능해질 수 있다.

모든 행동에는 유사한 반응과 반대의 반응이 동시에 나타나는데, 테슬라의 온라인 제국이 확장되면서 테슬라에 회의적인 사람들의 반응도 이와 마찬가지였다. 처음 나타난 이들은 마크 슈피겔Mark Spiegel 같은 공매도 투자자였다. 그는 2013년 테슬라가 주식 상장을 준비하는 동안에 테슬라 비즈니스를 살피기 시작했다. 그는 테슬라가 급상승한 가치를 정당화할 만큼 충분한 돈을 벌 수 없을 거라고 결론 내렸다. 테슬라의 전설적인 행보가 이어지고 주가가 오를수록 냉철한 투자자들은 테슬라 주가가 이들이 생각할 수 있는 가장 나쁜 예, 즉 자본 배분의 실수라고 보았다.

마크 슈피겔은 부동산시장에서 일하기 시작하여 42세이던 2003년 소규모 개인 펀드를 운영할 수 있을 정도로 성공했다. 평생 '자동차 애호가'로 살아왔던 슈피겔은 2013년 주가가 급등하던 테슬라를 처음 주목하게 되었다. 슈피겔이 테슬라의 재무 상태를 점검한 결과 테슬라가 당시 90달러 정도였던 주가를 정당화할 수 없다는 결론을 내렸다. 슈피겔은 개인 펀드의 1% 정도밖에 안 되는 금액으로 공매도 투자를 시작했다. 그리고 그는 주식사이트인 '시킹알파Seeking Alpha'에 'Logical Thought(논리적 사고)'라는 사용자 아이디로 테슬라에 비판적인 내용을 상세히 기술하여 연달아 올렸다. 그가 초기에 비판한 내용은 사업성에 대한 것이었다. 슈피겔은 테슬라가 3만 5,000달러의 모델3로 수익을 낼 수 있는지에 대해 의심했고, 테슬라는 경쟁으로 인해 팬들이 기대하는 시장 지배자적인 위치에 오르지 못할 거라고 주장했다. 하지만 테슬라의 주가가 오르면서 그는 계속해서 좌절해야 했다.

2014년 머스크는 3분기 회의에서 예상보다 성장이 더딘 것은 수요의 문제라기보다 생산의 문제 때문이라고 말했다. 그런 뒤에도 할인이 늘고 있다는 증거가 나오자 슈피겔은 머스크를 의심하기 시작했다. "그가 믿을 수 없을 정도로 사람들을 현혹하는 인물임이 분명해졌고, 언론이 그를 그냥 내버려두고 있다는 사실이 너무나 답답하기만 합니다"라고 말했던 것을 그는 기억한다. 테슬라의 당시 주가가 200달러를 넘어서자, 그는 테슬라를 상대로 공매도 베팅을 했고 테슬라를 비판하는 그의 목소리는 점점 더 커져갔다.

슈피겔이 일찍부터 테슬라에 대해 거침없는 코멘트를 하고 테슬라의 주식 하락에 가차 없이 베팅했던 일로 인해 테슬라 커뮤니티에서 그는 꼴도 보기 싫은 사람으로 낙인찍혔다. 슈피겔은 대다수와 다른 입장을 취하는 일이 부끄럽지 않은 사람이었다. 그리고 장기적으로 보았을 때 경제적인 토대를 갖춘 기업이 성공할 거라고 확신했던 슈피겔은 자신에 대한 적대감을 받아들여 소셜미디어에서 테슬라의 팬들과 논쟁을 벌였다. 그리고 테슬라에 비판적인 모든 뉴스와 분석 자료에 대한 정보교환소와 같은 역할을 하기 시작했다. 양측의 격렬한 열정으로 언쟁은 보다 격렬해졌고 테슬라에 관한 담론은 점점 더 양극화되었다.

슈피겔과 마찬가지로 짐 차노스^{Jim Chanos} 또한 2013년 초 테슬라 주식 공매도를 시작했다. 이는 소프트웨어 스타일의 기업 문화가 자동차 비즈니스에 적합하지 않다는 논지에서 내린 결정이었다. 시간이 흐르면서 차노스의 관점 또한 바뀌었다. 그는 단순히 테슬라의 가치평가를 정당화할 수 있는 능력에 회의적인 시각을 가지고 있다가 회사 내의 심각한 문화적 이슈에 대해 적극적으로 의심해보게 되었다. 하지만 공매도 전문가로 유명한 차노스에게 있어 테슬라의 근본을 넘어선 과장된 선전의 승리는 일탈적인 현상이라기보다 극단적인 징후였다.

"닷컴 2.0이 아닌 다른 환경이었다면 이 회사는 아마 몇 년 전에 사라졌을 겁니다." 그가 내게 말했다. "머스크가 자신의 비전에 자금을 대기 위해 수십억 달러를 모을 수 있었다는 사실은 머스크 자체가 시장 환경 못지않게 중요한 인물임을 의미합니다. 만약 여러분이 일부 유니콘 기업의 비즈니스 모델을 들여다보면, 투자자들이 이들 기업에 돈을 던지고 있음을 알 수 있습니다." 그가 공유오피스업체 위워크^{Wework}를 또 다른 사례로 지목하면서 이렇게 말했다.

비즈니스 모델에 대한 면밀한 조사 없이 쉽게 자금을 조달할 수 있는 이런 환경 때문에 "자신이 세상을 바꾸고 있다고 믿으면 투자자들에게 거짓말을 할 수 있다는 일반적인 인식이 생기는 겁니다"라고 주장하며 이렇게 말했다. "이것이 바로 강세장^{Bull Market} 현상입니다. 1990년대 말이 모든 세대로부터 잊히고 있습니다. 그리고 이런 주식을 산 사람들이나 비트코인에 열광하는 많은 이들 역시 우리 세대가 그랬던 것처럼 90% 혹은 99% 시장이 하락하는 것을 결코 보지 못했죠. 우리는 90년대 후반에 강세장 현상을 보았고 시장이 하락하고 유리컵이 반쯤 비어 있는 상태가 되자 자본에 대한 접근성이 하룻밤 새 말라버렸습니다. 만약 여러분이 긍정적인 현금흐름을 가지고 있다면 살아남을 수 있습니다. 하지만 신생 기업은 경비 지출 속도가 빠르기 때문에 자본시장이 6개월 동안 멈춘다면 살아남지 못하게 되죠. 바로 이 부분을 투자자들이 과소평가하고 있는 겁니다."

차노스는 정기적으로 TV에 출연하여 자신의 테슬라 공매도에 대해 토론했지만, 그는 슈피겔보다는 덜 대립적인 모습을 보였다. 하지만 디트로이트 자동차회사들을 포함한 엔론 등에 대한 그의 성공적인 공매도 투자는 그를 강세장에서 무시 못 할 인물로 만들어주었다. 머스크조차 트위터를 통해 이를 뒷받침할 증거는 없지만 차노스가 '공매도 투자'의 일환으로 기자들을 매수해 테슬라에 대한 비판적인 기사를 생산하는 것 같다는 상상을 말했다.

그의 무모한 의견에 대해 묻자, 차노스는 웃으면서 이렇게 말했다. "사실을 부족한 논지에 맞추려고 하는 것은 수익성 있는 사업이 아닌 것 같습니다. 공매도자들은 1600년대부터 시장에 의해 비난을 받아왔죠." 그는 말했다. "몇몇 공매도자들이 다른 이들의 비참한 상태를 이용해 이익을 얻고 있다는 견해는 늘 존재해왔습니다. 하지만 이 문제에 대한 팩트는 공매도자들이 실시간으로 사기를 적발해낼 수 있는 동기를 가진 유일한 시장 세력이라는 점입니다. 규제 당국과 법 집행기관은 고고학자들과 같아서 훨씬 이후에야 무슨 일이 일어났는지, 그리고 모든 사람들이 돈을 잃었는지에 대해 알아내죠. 엔론의 CEO들이 이러한 방어 수법을 사용한 것은 우연이 아닙니다. 공매도자들이 언론인들과 공모하고 있다는 것은 사실이 아니었고, 현재 테슬라의 경우에도 이것은 사실이 아닙니다."

2015년 말, 시킹알파에 갈릴레오 갈릴레이를 아바타로 한 몬타나 스켑틱Montana Skeptic이라는 사람이 나타나 테슬라에 대한 비판적인 분석을 올리기 시작했다. 그는 슈피겔이나 차오스와는 다르게 전문적인 공매도 투자자가 아니었고, 순전히 테슬라의 성공 스토리에 매료되어 테슬라에 끌리게 된 경우였다. 어느 억만장자의 가족 펀드를 운영 중인 전직 변호사 몬타나는 결코 테슬라를 전문적으로 공매도했던 적이 없었지만, 한동안 테슬라에 관한 글을 써나간 뒤에 결국 '약간의 공매도'를 시작했다. 그리고 투자금이 점점 많아지면서 테슬라에 '적극적으로 관심을 보이게' 되었다.

학식 있는, 자칭 고전적 자유주의자인 몬타나는 글쓰기 프로젝트의 재료를 찾고 있을 때 테슬라를 발견했고 테슬라는 자신의 글쓰기에 풍부한 자료를 제공해주었다고 말했다. 머스크의 주장에 대한 검증부터 테슬라 재무 분석까지의 주제는 그가 한때 기자였을 때 습득하고 변호사로 성장하면서 발전시킨 연구 및 분석 기법을 완벽하게 발휘하도록 해줬다.

몬타나가 시킹알파와 트위터에서 가장 끈질기게 테슬라를 비판하는 사람들 중 한 명으로 떠오르면서 그와 같은 생각을 가진 사람들을 위한 공동체의 창시자가 되었다. 그의 게시물에 달린 댓글은 이메일 서신으로 바뀌었고, 그는 곧 특집으로 글을 쓰거나 자신의 게시물을 확장시키는 데 도움을 주는 전문적인 투자자들과 연구자들의 조그마한 네트워크의 중심에 서게 되었다. 몬타나의 글에 대한 소문이 퍼져나가면서 기자들과 애널리스트들이 정기적으로 그의 글을 읽기 시작했고, 이러한 관심은 그에게 이 분야를 더 깊이 파고들 수 있게 동기를 부여했다.

많은 글을 쓰는 몬타나의 글쓰기 스타일은 테슬라를 비판하는 매개체로 트위터와 TV 출연을 선호하는 슈피겔과 차노스보다 그를 돋보이게 했으며, 그가 익명을 사용한 점 또한 그를 달리 보이게 했다. 시킹알파와 트위터에서 테슬라 하락론자와 상승론자의 대립이 어쩔 수 없이 가열된 것은 몬타나가 비밀로 하던 자신의 정체가 드러나는 계기가 되었다. 그가 만약 숨길 것이 없다면 익명을 사용하지 않았을 거라는 가정하에 테슬라모터스 클럽 투자자 포럼의 열성 회원 몇몇은 몬타나의 신상을 조사하기 시작했다.

그로부터 얼마 지나지 않아 이들은 몬타나의 실명뿐 아니라 그가 자산관리를 맡고 있는 억만장자의 이름까지 추리해냈다. 그리고 그가 석유와 천연가스에 투자했다는 사실을 알게 되었다. 이러한 투자는 그가 고용주를 대신했던 다각적이며 보수적인 투자 전략의 일환이었지만, 온라인 전쟁이 한창일 때 이 투자 전략은 몰래 숨겨놓은 투자 목록의 증거가 되었다. 테슬라는 이 투자를 빌미삼아 그를 공격했고, 몬타나가 테슬라에 대한 글을 쓰기 시작한 이유는 변질되었다. 그리고 그가 테슬라에 관한 거짓말을 지어냈다고 주장했다.

그러던 어느 날, 그의 정체에 대한 이야기가 돌기 시작한 직후 그의 사무실로 뜻밖의 전화가 걸려왔다. 일론 머스크가 직접 전화를 걸었던 것이다. 몬타나에 따르면 머스크가 자신의 동료에게 몬타나의 비판적인 글쓰기에 대해 불만을 표했고, 글쓰기를 멈추지 않는다면 변호사를 선임해 소송을 제기하겠다고 협박했다고 한다. 비록 머스크가 그를 고소하겠다고 위협한 근거에 대해서 구체적으로 밝힌 바는 없지만, 몬타나는 머스크가 제기할지도 모르는 그 어떤 주장에 맞서서 자신을 방어하기 위해 애썼다. 그럼에도 몬타나는 매스컴의 관심을 꺼려하는 자신의 고용주가 법정 싸움에 연루되지 않도록 하기 위해 시킹알파에 글을 게재하지 않고 자신의 트위터 계정을 삭제하기로 결국 합의했다. 그렇게 한 뒤에도 테슬라의 홍보담당자들은 몬타나의 신상 정보와 그의 사무실 전화번호를 기자들에게 계속해서 돌렸다. 그리고 머스크는 트위터에 마일리 사일러스(사일러스는 드라마 〈한나 몬타나〉에서 주인공 한나 몬타나 역할을 했다)가 트월킹하는 이미지를 올리면서 몬타나를 조롱했다.

바로 며칠 뒤 내가 몬타나와 이야기를 나누었을 때, 그는 테슬라를 둘러싼 논쟁의 강도에 놀랐다는 사실을 인정했다. 그는 이제 회사를 그만두었다며 어느 정도 안도감을 느낀다고 말했다. "지나치게 열정적이고 열광적인 사람들이 제가 누구인지를 알아내는 일이 조금은 불안했어요. 그리고 가족들에 대한 걱정도 좀 되었고요." 그가 말했다. 그는 이 책에서 자신의 신원을 밝히지 말아 달라고 내게도 부탁했다. "그들이 잠시 동안 다른 곳에서 자신의 분노를 터뜨리도록 가만두십시오. 만약 주가가 떨어진다면 그 상태가 더 심해지겠지요."

몬타나가 인터넷을 통해 신상을 털렸던 일과 그가 일하던 회사에 머스크가 전화를 건 일이 온라인에서 활동하던 테슬라 비평가로서의 몬타나의 경력을 멈추도록 한 것일지는 몰라도, 그것만으로 비판 자체를 끝내지는 못했다. 몬타나의 강제 퇴직에 대한 소식이 전해질 때쯤 그의 갈릴레오 아바타 역시 사라진다는 소식이 들렸다. 이러한 행위는 느슨하던 개인들의 연합을 촉진시켰다. 그중 일부는 차노스와 슈피겔 같은 순수한 투자자였고, 그 외 다른 이들은 주로 돈 이외의 요인에 의해 움직이던 이들이었다.

그 이후 테슬라 회의론자와 공매도 투자자들 사이의 연합이 강화되면서 테슬라에 대한 그들의 움직임은 일종의 오픈소스 개발 과정처럼 자리 잡게 되었다. 파산 절차를 밟고 있는 기업들은 약식 주식명^{stock} ticker 끝에 Q를 추가해야 하는데, 자신을 $TSLAQ라고 칭한 새로운 계정들이 커뮤니티 내에서 점점 더 두각을 나타내기 시작했다. 결국 '공매도 네티즌 수사대'가 주차장 위에 드론을 띄워 전체 차량 재고를 확인했고, 공장에서 출고되어 테슬라 대리점으로 인도되는 차량을 추적했다. 새로운 뉴스와 연구결과, 소문과 농담이 24시간 내내 전 세계에서 돌아다녔다.

몬타나 스켑틱이 이 커뮤니티의 리더였다면, 머스크는 몬타나를 그 자리에서 끌어내림으로써 더 많은 이들을 자극하여 그 자리를 대신하도록 만들었다. 그리고 테슬라가 무언가를 숨기고 있다는 확신을 더욱 강화시켰다. 물론 테슬라의 투명성에 대한 문제는 재정적 측면에만 국한된 것이 아니었다. 2013년부터 자동차 기술(태양광 전력, 배터리 교환, 자율주행)의 선두에 서려는 테슬라의 노력은 대중에게 알려진 이미지와 실제 테슬라의 관행 사이에 극명하게 큰 차이가 있음을 보여줄 것이다.

09

태양광과 슈퍼차저,
배터리 교환

"만약 여러분이 일주일에 350마일 이하로 자동차를 탄다면,
여러분은 교통수단 측면에서 '에너지 생산자'가 되는 것입니다.
이는 이동을 위한 에너지 사용을 줄이거나 아예 무효화하는 단계를
넘어서는 일입니다. 실제로 당신이 교통수단으로 소비하는 것보다
더 많은 에너지를 시스템에 다시 투입하게 될 것입니다!"

일론 머스크, 2006년 톱시크릿 마스터플랜 중에서

"여러분은 앞으로 영원히, 공짜로 차를 탈 수 있게 될 겁니다. 순전히 태양광만으로요." 캘리포니아 테슬라 스튜디오에 모인 군중들이 환호성을 지르자 머스크는 이렇게 말했다. "이걸 이길 수 있는 건 없을 것 같은데요, 그렇지 않나요?" 머스크가 웃

었다. "공짜로 장거리를 운전한다고요? 게다가 휘발유로 움직이는 것도 아니고요."

"AT&T라면 이길 수 있겠죠." 군중 속에서 누군가가 재치 있는 말을 던졌다. "네, 정확히 그렇습니다. AT&T라면 가능할 수도 있죠." 머스크가 웃음을 멈추며 말했다. "그래서… 오늘은 역사적인 날이 될 것 같습니다. 오늘은 올해 초 스페이스X가 국제우주정거장 도킹에 성공한 날과 마찬가지라고 생각해요." 그의 표정이 갑자기 매우 진지해졌다. "저는, 이 일이 정말 중요하다고 생각합니다. 그러니 여러분이 태양광 충전에 대해 널리 알려주셨으면 좋겠습니다."

당시는 2013년 6월이었고 머스크는 우주항공기를 닮은 거대한 조형물과 함께 무대에 서 있었다. 머스크는 이 눈에 띄는 물건이 바로 슈퍼차저Supercharger라고 했다. 이 전기차 충전 네트워크는 전기자동차가 직면하고 있는 가장 어려운 문제에 대한 테슬라의 해답이라고 언급했다.

전기자동차에 반대하는 이들의 가장 흔한 주장은 '전기차는 기존 차량보다 훨씬 짧은 거리만 운전할 수 있고, 이 차를 운전한다고 해서 실제로 탄소 배출량이 줄어드는 것이 아니다'라는 내용이었다. 왜냐하면 전기자동차가 탄소 배출원을 자동차에서 발전소로 옮기는, 비유적으로 표현하자면 '긴 꼬리 파이프'를 가지고 있기 때문이다. 슈퍼차저는 편리한 고속충전 네트워크를 제공함으로써 '주행거리에 대한 불안감'을 해소해줄 것이다. 그뿐 아니라 머스크의 솔라시티 패널 덕분에 100% 태양에너지를 공급하면서 전기차가 단순히 '긴 꼬리 파이프'를 가진 차라는 비판을 잠재워줄 것이다. 무엇보다도 슈퍼차저는 85kWh 배터리 사양을 구입했거나, 60kWh 버전에 2,000달러짜리 슈퍼차징 옵션을 추가한 모델S 소유자들에게 깨끗하고 편리한 전력을 무료로 제공할 것이다.

테슬라는 2013년 말이면 이 충전 네트워크를 통해 LA에서 뉴욕까지 자동차를 운전할 수 있을 거라고 약속했다. 머스크는 보도자료를 통해 슈퍼차저 네트워크를 "전기자동차의 판도를 바꿀 게임체인저"라고 언급하면서, 이 충전 네트워크가 "실용적인 측면을 모두 따졌을 때 가솔린 자동차에 버금가는 수준의 편의성을 지닌 장거리 이동이 가능한 전기차를 만들어줄 것"이라고 말했다. 이 보도자료는 지금까지 머스크의 주장 중 가장 대담한 주장 또한 구체화했다. 즉, 모든 슈퍼차저는 테슬라 운전자가 사용하는 것보다 더 많은 양의 깨끗한 태양에너지를 제공할 거라는 주장이었다.

슈퍼차저에서 쓰이는 전기는 솔라시티가 제공하는 솔라 카포트 시스템에서 발생하며, 이 충전소를 설치한 후에 들어가는 에너지비용은 거의 0에 가깝다.

태양광 발전 시스템은 테슬라 차량이 슈퍼차저를 이용하면서 1년간 소비하는 에너지보다 더 많은 양의 에너지를 태양으로부터 생성하도록 설계되었다. 이로 인해 생성된 약간의 전력이 전력망으로 전송된다. 이는 전기비용을 낮추는 일 외에도 전기자동차를 충전하면 단순히 탄소 배출을 발전소로 밀어 넣는다는 일반적인 오해를 해결해준다. 슈퍼차저 시스템은 모델S 고객이 주행에 사용하는 양보다 더 많은 양의 전력을 태양광으로부터 생성해낼 것이다.

이러한 약속은 머스크가 6년 전에 제시했던 전기차의 주요 과제를 해결하면서 '톱시크릿 마스터플랜'의 배출가스 제로 에너지를 향한 첫걸음이었다. 솔라시티의 회장 겸 주요 자금조달자로서 머스크는 '친환경 교통 생태계'라는 비전을 실현하기 위해 필요한 모든 패널과 시설 역량에 접근할 수 있었다. 모델S에 대한 대대적인 광고가 막 시작되면서, 제로 배기가스 충전을 빠르게 무료로 할 수 있다는 전망은 전기자동차 우월성을 보여주는 증거처럼 보였다.

대중들은 머스크가 약속한 대로 슈퍼차저가 업계의 '판도를 바꾸게' 될 거라 믿고 싶어 했고, 전 세계적인 언론의 주목을 받았다. 비록 그

발표를 한 당일 2억 2,000만 달러 규모의 2차 공모로 주가가 희석되었으나, 슈퍼차저에 대한 열광은 주가 상승에 일조했다. 슈퍼차저로 수익 회복의 가능성이 거의 없어 보이는 새로운 (그리고 엄청난 잠재력을 가진) 자본 지출을 했다는 사실도 머스크의 다음번 대형 사업에 대한 열망을 억누르지 못했다.

심각한 사실은 그날 밤 행사에서 머스크가 했던 가장 중요한 약속, 즉 모든 슈퍼차저가 태양광으로 작동될 뿐 아니라 실제로 테슬라 운전자가 사용하는 양보다 더 많은 양의 태양에너지를 생산하게 될 거라는 약속이 실현될 기미가 보이지 않는다는 점이다. 테슬라가 비록 미국을 거쳐 유럽, 아시아까지 슈퍼차저 네트워크를 빠르게 확장해나갔지만, 캘리포니아 로클린에 태양전지판이 마련된 2015년 이전까지는 단 하나의 충전소에도 태양전지판이 마련되지 않았다.

사실이 이러했음에도 머스크는 표면적으로 이 충전소가 전력망에 연결되지 않은 슈퍼차저 네트워크라는 놀라운 주장을 함으로써 2013년 관련 기사가 대서특필되는 기회를 놓치지 않았다. "요즘 〈좀비 아포칼립스zombie apocalypse〉라는 영화가 유행인데, 실제로 좀비 대재앙이 발생한다 해도, 여러분은 테슬라 슈퍼차지 시스템을 이용해 전국을 돌아다닐 수 있을 거라고 누군가와 농담을 주고받은 적이 있습니다." 머스크는 이렇게 말하며 박수갈채를 받았다. 이 부분에 대한 머스크의 자신감은 언론을 확실히 설득시켰다. 첫 번째 태양광 슈퍼차저 충전소를 오픈

했을 때, 모든 슈퍼차저가 태양광으로 작동한다고 언급하는 언론 보도들을 여전히 찾아볼 수 있을 정도였다.

머스크는 2015년 테슬라 주주총회에서도 태양광으로 작동되는 슈퍼차저라는 목표를 향해 문제없이 나아가고 있다고 확실히 이야기했다. "대부분의 슈퍼차저에 태양광과 배터리 백업이 아직 갖춰지지 않았습니다." 그가 말했다. "시간이 좀 지나면 가능한 모든 슈퍼차저에 태양광을 공급할 것입니다. 만약 이 일이 가능하지 않을 경우, 저희는 재생 가능한 방식으로 생성되는 전력을 구입해 전체 슈퍼차저 네트워크가 태양광에 의해 전력을 공급받도록 하겠습니다." 2015년 중반 슈퍼차저 가운데 몇 곳이 실제로 태양광으로 작동되느냐는 질문에 테슬라의 대변인은 정확한 숫자를 언급하지 않으면서 유럽의 슈퍼차저가 재생에너지로 작동된다고 답했다.

석탄 및 재생 불가능한 에너지를 사용하는 슈퍼차저의 환경적인 영향에 대한 질문은 머스크가 마스터플랜을 내놓은 이후 계속해서 이어졌다. 2017년 6월까지 800곳의 테슬라 충전소 가운데 '약 절반 정도'만이 태양광 패널을 달 수 있었고, 이 가운데 어느 곳도 기존 전력망에 연결되지 않은 곳이 없었다. 노스캐롤라이나의 슈퍼차저를 작동시키는 석탄발전소가 충전기 부지에서도 보인다는 소식을 듣고 머스크는 트위터를 통해 이렇게 답했다. "모든 슈퍼차저가 태양광으로 전환되고 있습니

다. 시간이 지나면, 거의 모두가 기존 전력망에 연결되지 않은 상태가
될 것입니다."

머스크는 자신이 반복해서 내놓았던 약속 이행을 위해 충분한 태양
광을 공급하는 방법을 아직까지 설명하지 않고 있다. 그리고 이 모든 아
이디어는 대강 분석해보아도 엉성함을 알 수 있다.

하루 평균 50kWh의 충전을 제공하는 충전기 열 대가 딸린 슈퍼차
저 스테이션은 하루에 5MWh를 생성할 수 있는 태양광 전지판이 필요
하다. 태양광 전지판이 1제곱미터당 1kWh를 생성해낼 수 있을 정도로
세계에서 항상 햇빛이 가장 잘 드는 지역에서도 이 정도의 출력 수준에
근접하기 위해서는 4,000제곱미터 이상의 전지판이 필요할 것이다. 공
간적 제약을 넘어서서, 더 높은 최대수요전력peak loads을 처리하는 데 필
요한 수많은 태양광 전지판뿐 아니라 대용량 저장 배터리에 들어가는
상당한 비용은 이 계획이 애초부터 가망 없는 것으로 만들어버린다.

테슬라가 '좀비 대재앙 방지' 100% 태양광 슈퍼차저를 만들기로
했던 머스크의 약속을 전혀 지키지 못했던 것은 머스크의 자만심을 보
여주는 대표적인 사례다. 대부분의 연구는 석탄과 천연가스로 생산된
전기로 구동되는 전기차가 가솔린차보다 공기를 덜 오염시키기 때문에
테슬라의 전기차가 현 상태의 환경오염을 개선할 거라고 결론짓는다.
실제로, 바로 이것이 에버하드와 타페닝이 애초에 테슬라를 만들게 된

핵심적인 부분이었다. 하지만 머스크의 자만심으로 인해 이와 같은 의미 있는 개선사항은 간과되고 불가능을 약속하게 되었다.

심지어 슈퍼차저 네트워크에 대해 머스크가 늘어놓은 이런저런 약속도 과장된 것이었음이 드러났다. 슈퍼차저는 테슬라 전기차를 대부분의 다른 전기차 충전 네트워크보다 빠르게 충전할 수 있도록 해주지만, 머스크가 2012년에 약속한 '가솔린차에 준하는 수준의 편의성을 갖춘 장거리 여행'을 실제로 제공해줄 수는 없다. 최대치로 작동했을 때, 슈퍼차저는 80%를 충전하는 데 여전히 30분이 걸리고, 100% 충전은 1시간 이상이 걸린다. 현실적으로 2~3시간 운전을 하려면 1시간마다 충전이 필요하다.

테슬라 팬들과 소유주들은 음식을 먹거나 화장실에 다녀오는 휴식 시간이 더 즐거운 여행 경험을 만들어준다고 주장하면서 충전 시간의 영향에 대해 대단치 않게 생각한다. 한가롭게 여행을 다니는 부유한 피서객들이야 그럴 수 있지만, 이를 자동차 주유에 걸리는 단 5분과 단순하게 비교할 수는 없다.

테슬라는 슈퍼차저를 처음 선보인 지 1년 만에 배터리 교환 시스템을 공개하는 또 다른 행사에서 이와 같은 현실을 인정하는 듯했다. "여러분이 테슬라 충전소에 오시면, 슈퍼차저를 선택하실 수 있습니다. 슈퍼차저는 지금도 앞으로도 무료 서비스입니다." 머스크가 무대에서 이렇게 말했다. "그렇지 않으면 가솔린을 채우는 속도보다 더 빠른 배터리 교환 옵션을 선택하실 수도 있습니다. 따라서 여러분이 테슬라 충전소 도착하면 두 가지 방법 중 하나를 선택하시면 됩니다. 빨리 충전할 것인지, 무료로 충전할 것인지."

테크노 음악이 시작되자 모델S가 무대 위로 등장했고, 이 차는 직사각형 모양의 구멍 바로 위에 멈추었다. 이와 동시에 화면에서는 아우디 한 대가 주유소에 멈춰 주유를 시작하는 모습을 보여주었다. 무대 뒤에서는 1분 30초 동안 보이지 않게 배터리팩 교환이 이루어졌고, 모델S가 계기판으로 완전히 충전된 배터리를 보여주면서 달리자 관중들을 열렬한 환호를 보냈다. "시간이 좀 남은 것 같군요. 한 대 더 해봅시다." 두 번째 등장한 모델S는 아우디가 주유를 마치기 전에 배터리팩 교환을 완료했고, 관중들은 환호성을 질렀다.

"자, 보십시오." 시연이 끝나자 머스크가 말했다. "테슬라의 목표는 사람들이 가지고 있는 반대 견해를 없애는 일이었습니다." 그는 이렇게 설명했다. "저희가 여기서 여러분께 정말로 보여드리고 싶었던 것은, 여러분이 실제로 가솔린차보다 전기차를 더 편리하게 이용할 수 있다는 사실입니다. 저희는 가솔린 차량을 주유하는 시간에 모델S 두 대의 배터리를 교환했을 뿐입니다. 솔직히 가솔린 차량 주유도 가능한 빠르게 하려고 애썼고요. 그런데도 주유소에서의 주유는 약 4분 정도 걸린 반면, 배터리팩 교환은 그보다도 훨씬 짧은 단 90초밖에 걸리지 않았습니다. 제가 반드시 확신시켜드리고 싶은 것은, 바로 전기자동차가 미래라는 사실입니다."

처음에는 머스크가 성공한 듯 보였다. 스튜디오 무대에서 시연되었던 테슬라의 배터리 교환은 슈퍼차저 행사가 그랬듯 수많은 헤드라인을 장식하며 대담한 미래를 예고했다. 배터리 교환 과정이 왜 시연하는 내내 숨겨져 있었는지 궁금해하거나 무대 뒤에 정확히 어떤 것이 놓여 있었는지 추측하는 기사는 거의 찾아볼 수 없었다. 머스크가 완전 자동화된 교환 시스템이 곧 슈퍼차저 충전소에서 옵션이 될 거라고 말했다면, 분명 그렇게 될 것이었다.

배터리 교환이라는 혁신적인 약속은 2014년 12월 테슬라가 캘리포니아 해리스랜치에서 시범 운영을 시작한다고 발표하기 전까지 거의 잊힌 상태였다. 로스앤젤레스와 샌프란시스코의 중간쯤 위치한 해리스랜치는 이 시스템을 테스트하기에 완벽한 장소인 듯 보였다. 85kWh 배터리를 장착한 모델S는 단 한 번의 충전으로 해리스랜치까지 갈 수 있었고, 배터리를 빠르게 교환한 다음 목적지까지 갈 수 있었다. 이런 성능을 통해 테슬라의 최대시장인 두 지역 간의 이동은 가솔린차처럼 빠르고 편리하게 이뤄질 수 있었다.

하지만 이 발표가 나고 몇 달 동안, 테슬라를 종교적으로 따르고 테슬라의 최근 소식들을 전달해온 매체에서도 배터리 교환에 대한 내용을 찾아볼 수 없었다. 5월 마지막 주말까지 배터리를 교환했다는 글은 단 한 건 올라와 있었고, 테슬라가 고객을 초대해 이 시스템을 시행했다는 글이 단 몇 건 올라와 있을 뿐이었다.

나는 배터리 교환 비즈니스를 했다가 결국 좌초되어버렸던 프로젝트베터플레이스를 취재한 적이 있었다. 그 이후 배터리 교환에 대해 관심을 가져온 나는 테슬라 충전소에서 배터리 교환이 이루어지는 장면을 직접 보고 싶었다. 그래서 이 일을 위해 해리스랜치에서 주말 내내 머무르기로 했다. 해당 주말을 포함한 4일이 최근 몇 년 동안의 교통량 가운데 가장 많은 날이 될 것이라는 예측이 있었기에 나는 이때를 충전소에서의 상황을 지켜볼 좋은 기회라 생각했다.

그 긴 주말 내내, 어떤 때는 자동차 세 대가 슈퍼차저에 들어가기 위해 줄을 서 있는 모습까지 보았다. 충전 시간이 한 대당 1시간이나 걸렸기 때문에 사람들은 테슬라를 충전하기 위해 몇 시간 동안을 슈퍼차저에 갇혀 있었다. 아이가 있는 가족들은 기나긴 여정을 다시 시작하기 전에 지루한 기다림의 시간을 보내야만 했다. 이들 대부분이 내게 말하기를 사용한 배터리를 새로운 배터리로 재빨리 바꾸는 교환 옵션을 선택하고 싶다고 했고, 이러한 서비스가 생긴다면 많은 비용이라도 기꺼이 부담할 의지가 있다고 했다. 하지만 피크타임에 더 많은 해결책이 필요함에도 불구하고, 테슬라는 주말 동안 내가 만나본 그 누구에게도 배터리 교환 '시범 프로그램'을 제공하지 않았다.

그 대신 테슬라는 다른 접근법을 시도했다. 충전소를 지켜보기로 한 첫날, 한 테슬라 직원이 (충전 중이 아닌) 남아 있는 두 대의 슈퍼차저에 디젤 발전기를 연결하기 시작했다. 남은 주말 동안 테슬라 직원들은 슈퍼차저를 기다리고 있던 소유주들에게 디젤로 작동되는 충전기가 있음을 안내해주었다. 결국 내가 직접 목격한 배터리 교환은 단 한 건도 없었다.

내가 의견을 듣기 위해 다가가자 테슬라 직원은 이 교환소는 시범 운영을 하기 위해 열려 있는 곳이라고 했다. 그러면서 해리스랜치 슈퍼차저 충전소에서 정기적으로 충전하는 고객들은 배터리 교환 방법을 시험해보기 위해 초대받았을 것이라고 분명히 말했다. 하지만 내가 4일간 관찰하면서 만나본 운전자 대부분이 정기적으로 해리스랜치 슈퍼차저를 이용하고 있었지만 이들 중 테슬라로부터 초대를 받은 사람은 아무도 없었다.

그로부터 2주 뒤, 배터리 교환 이야기의 결론이 났다. 2015년 테슬라 주주총회에서 일론 머스크는 소유주들에게 배터리 교환 프로그램에 참여할 수 있는 방법에 대해 질문을 받았고, 이렇게 답했다. "저희는 로스앤젤레스에서 샌프란시스코까지 배터리팩 교환 기능을 갖추고 있습니다. 제가 알고 있기로는 캘리포니아에 사시는 모든 모델S 소유주분들이 배터리팩을 교환해볼 수 있도록 초대를 받으셨다고 하는데요. 저희가 알게 된 것은 배터리팩 교환소의 이용률이 현저히 낮다는 사실이었습니다. 우선 저희는 첫 번째 초대장을 200장 정도 만들었습니다. 초대받으신 분들 가운데 총 네다섯 분 정도가 다녀가셨는데, 그분들도 딱 한 번씩만 방문하셨던 것으로 알고 있습니다. 그래서 사람들이 이 배터리팩 교환에 별 관심이 없다는 사실이 분명해진 거죠."

머스크는 계속해서 이렇게 말했다. 샘플 그룹이 테슬라 고객 전체를 대표한다고 믿었기 때문에, 고객들은 배터리팩 교환에 '관심이 없다'고 생각했고 무료 슈퍼차저를 선호한다고 보았다. 더 나아가 이렇게 주장했다. "고객들이 배터리팩 교환을 선택할지 아닐지 확신하지 못했기 때문에 아예 자동차 내부에 배터리팩 교환 장치를 설치해두었습니다. 우리는 고객들이 슈퍼차지를 선호할 거라고 생각했지만, 확신하지는 못했기 때문에 배터리팩 교환 기능도 만들어낸 것입니다. 우리가 지켜본 바에 따르면, 무언가 특별한 변화가 없는 한 배터리팩 교환소를 늘릴 필요성은 없을 것 같습니다."

만약 머스크가 배터리 교환에 대해 줄곧 회의적인 생각을 가지고 있었다면, 전기자동차 회의론자를 설득시키겠다고 말했던 그 행사장에서 그는 놀랍도록 그런 생각을 잘 감추었던 것이다. 만약 캘리포니아의 모든 테슬라 소유주가 배터리 교환 프로그램의 초대를 받았다면, 왜 수십 명의 소유주들은 비용을 지불하면서까지 배터리 교환을 하고 싶다고 내게 말했을까? 그리고 불과 몇 주 전까지도 테슬라의 초대장을 받지도 못했다고 했던 걸까? 머스크가 '최초의 보급형 테슬라'라고 주장했던 모델S에서 낮은 가격대의 40kWh 버전 출시를 취소한 결정처럼, 배터리 교환 수요가 적어서 그에 대응하는 것뿐이라는 그의 말은 앞뒤가 맞지 않았다.

하지만 분명 일리 있는 설명이 존재한다. 2013년 캘리포니아주가 무공해 차량 크레딧 제도를 개정해 15분 이내에 80%를 충전할 수 있는 장거리 전기자동차는 거의 두 배 많은 크레딧을 획득하게 되었다. 테슬라의 85kWh 모델S는 한 대당 4크레딧을 받다가 하룻밤 새 7크레딧을 받게 되었다. 게다가 이렇게 엄청난 크레딧 증가를 얻어내기 위해 테슬라는 캘리포니아주에 그렇게 빠른 속도로 재충전이 가능하다는 것을 증명해 보여주기만 하면 되었다. 테슬라는 단 한 대의 차량으로 배터리 교환을 시연함으로써, 실제로 교환 기능을 사용하는 자동차가 단 한 대도 없다 할지라도, 전체 차량으로 벌어들인 크레딧을 두 배 가까이 늘릴 수 있었다.

무공해 차량 크레딧 제도로 인해 모든 자동차회사는 캘리포니아주 판매량의 최소 1%를 무공해 차량의 판매로 채워야 함을 기억해보자. 즉, 무공해 차량을 판매한 회사는 남는 크레딧을 판매할 수 있고, 무공해 차량을 판매하지 못한 회사는 부족한 크레딧을 구매하거나 벌금을 물어야 한다. 1크레딧 부족분에 대한 벌금이 5,000달러였기 때문에, 테슬라는 85kWh 모델S 한 대당 추가로 벌어들인 3크레딧을 다른 자동차 회사들에 1만 5,000달러의 이익으로 판매할 수 있게 된 것이다.

알려진 바에 따르면, 캘리포니아 대기자원위원회는 테슬라의 배터리 교환 프로그램이 이 개정을 '악용'할 가능성에 대해 우려했다고 한다. 따라서 2015~2017년도 모델에 대해 대기자원위원회는 이 기능이 실제로 사용되고 있음을 증명하기 위해 테슬라에 배터리 교환의 수치를 문서화하도록 요구하는 새로운 규칙을 만들었다. 하지만 이 새로운 규칙은 테슬라의 반쪽짜리 '파일럿 프로그램'과 고객들이 배터리 교환에 관심이 없다는 테슬라의 결정과 맞물려 일어났다.

비록 머스크는 테슬라가 이러한 크레딧에 대해 계속해서 대단치 않게 생각한다고 했지만, 테슬라는 2014년에만 무공해 차량 크레딧으로 약 2억 1,700만 달러를 벌어들였다. 그 당시 테슬라는 총 매출 32억 달러에 2억 9,400만 달러의 손실을 기록했다. 테슬라에게 가장 중요한 시기였으며 테슬라의 주가가 폭등했던 2013년 1분기 1,100만 달러라는 수익은 그 분기에 벌어들인 무공해 차량 크레딧 수익 6,800만 달러가 없었다면 불가능했을 것이다. 이후 테슬라가 유일하게 이익을 보았던 2016년 3분기 2,200만 달러라는 수익도 마찬가지다. 이때는 무공해 차량 크레딧 수익이 무려 1억 3,900만 달러에 달했기 때문이다.

테슬라는 무공해 차량 크레딧 프로그램이 없었다면 그 어떤 수익도 만들어내지 못했을 것이라는 말은 과언이 아니다. 대기자원위원회의 빠른 충전 규정을 최대한 활용하기 위해 테슬라는 상업적으로 전혀 구현할 의도가 없었던 것으로 보이는 시스템을 만들어 시연하고 그것을 홍보함으로써 1억 달러나 되는 추가 매출을 올린 것으로 보인다. 이 사건은 크레딧 제도에 대한 이기적인 활용을 보여준다기보다, 전기차의 효율적 사용을 장려하는 인센티브 창출의 어려움에 대해 잘 보여주었다. 또한 대기자원위원회의 규칙을 활용하는 테슬라의 능력이 주가를 높이는 데 중요한 역할을 한 두 분기의 수익성을 뒷받침하는 데 어떠한 역할을 했는지 잘 보여준다.

테슬라가 배터리 교환을 이기적으로 활용한 것은 태양에너지로 탄소 배출을 줄이겠다는 약속을 못 지킨 것처럼 (심지어 해리스랜치에서는 디젤 발전기까지 사용했다) 테슬라의 허황된 약속의 되풀이일 뿐이다. 테슬라는 정기적으로 테슬라의 전기차가 절약한 탄소의 양을 업데이트해 발표한다. 여기서 전기차에 충천하는 전기가 무탄소 전기라는 가정하에 계산하지만, 세부사항에 대해 물고 늘어지면 테슬라는 그것이 사실이 아님을 인정한다. 테슬라는 반복적으로 환경친화적 편익을 약속하지만, 그 약속을 모두 충실히 이행하지 않는다. 대중의 관심을 얻기 위해 편익을 계속 주장하는 이러한 패턴은 테슬라의 환경주의 표방이 머스크가 주장하는 것만큼 원칙적이지 않음을 보여준다.

물론 그렇다고 해도 전기차가 가솔린차보다 환경을 위해 더 좋다는 사실이 바뀌지는 않는다. 하지만 테슬라는 좀 더 겸손한 태도로 실행 가능한 약속과 주장을 하려고 하지 않고, 환경적이며 기술적인 혜택에 대해 계속해서 과장하고 있다. 이는 머스크가 쌓아온 신화와 그에게 수십억 달러의 주식 가치를 만들어준 과장된 홍보를 뒷받침하기 위함일 뿐이다.

테슬라가 태양에너지만으로 어디든지 운전할 수 있다고 약속한 지도 수년이 지났지만, 테슬라는 아직까지 단 하나의 슈퍼차저도 실제로 완전히 태양에너지만으로 작동한다는 증거를 제시하지 못하고 있다. 그럼에도 별도 전력을 사용하지 않는 슈퍼차저에 대한 새로운 약속들을 여전히 계속해서 하고 있다. 이러한 약속들이 숭고한 열망인지 아니면 이익만을 생각하는 거짓말인지는 지금 이 시점에서 중요하지 않다. 테슬라 소유주나 투자자들에게는 머스크가 실제로 약속을 이행하는 것보다 이 약속 자체를 계속해서 내놓는 것을 바라는 듯하다. 반면 일론 머스크는 이 약속을 이행하기에는 현재 너무 만족한 상태라 실행하지 못하는 것 같다.

10

오토파일럿
피벗

"만약 누군가가 사람이 목숨을 잃는 일이 생겨서는 안 된다는 기준을 세운다면,

 그 어떤 교통수단도 존재할 수 없겠지요.

아마 여러분은 걸어 다니지도 못하게 될 겁니다."

일론 머스크, 2011년 9월 29일

돌이켜보면 주가 급등이 에너지부 대출에 의존하던 테슬라를 주식시장의 스타로 만들었지만, 2013년의 기록적인 도약은 쉽게 재앙으로 끝날 수 있는 큰 도박이었다. 사실 이 도박은 너무 위험해서 머스크는 주식시장이 단 한 번의 수익분기를 받아들이지 않은 경우를 대비한 예비 계획을 만들어두었다.

만약 테슬라에게 가장 중요하고도 논란이 많은 '오토파일럿'을 만

들어내지 않았다면, 이 예비 계획은 아마 실현되어 테슬라 역사의 일부가 되었을 것이다.

2013년 3월 초가 되자 머스크의 관심은 정부에서 실리콘밸리의 친구들로 바뀌었다. 구글의 설립자 세르게이 브린과 래리 페이지에게 테슬라를 매각하겠다고 제안한 것이다. 애슐리 반스는 이렇게 말한다.

> 그는 구글이 테슬라를 완전히 인수(당시 테슬라는 프리미엄을 포함하여 60억 달러 정도로 인수할 수 있었다)하고 공장 증설을 위해 50억 달러의 자본금을 추가로 조달할 것을 제안했다. 또한 그는 구글이 메이저 자동차시장을 겨냥한 3세대 전기자동차를 생산하기 이전에 테슬라를 해체하거나 폐쇄하지 않을 것이라는 보장을 원했다. 머스크는 매각 후 8년간 또는 전기자동차 대중시장이 형성될 때까지 자신에게 경영권을 달라고 했다. 페이지는 그의 제안을 전반적으로 받아들였고, 이들은 구두로 합의했다.

3월 말이 되자 머스크가 플랜A를 성공적으로 마무리했다는 사실은 분명해졌다. 테슬라는 에너지부 대출을 갚았고, 이 사실은 이제 테슬라가 분기별 수익을 낼 수 있다는 점을 보여주었다. 그리고 테슬라의 주가는 스페이스X의 로켓처럼 고속 상승하고 있었다. 10억 달러 규모의 안전망이 더 이상 필요 없게 되자, 머스크는 양측 변호사들이 세부사항을 논의하는 동안 구글과의 협상을 철회했다. 5개월 내로 테슬라의 시가총액은 구글이 지불하기로 동의한 110억 달러의 두 배가 넘을 것이었다.

그 당시 머스크에게 테슬라를 매각할 생각이 얼마나 있었는지는 아무도 모른다. (그리고 머스크 스스로도 공식 제안에 대해 반박하고 있다.) 이 협상은 그로부터 몇 년 후 반스의 책이 출간되고 나서야 대중들에게 알려졌다. 그 무렵에는 이 협상이 흥미로워 보였지만 테슬라의 역사에서 별로 중요하지 않은 이야기인 듯했다. 비록 이 사실이 머스크의 주가 부양 능력을 보여주었을 뿐 아니라 테슬라가 2013년에 거의 파산 직전이었다는 사실을 보여준다. 또한 테슬라의 전략이 이제 막 근본적으로 뒤바뀌기 시작했다는 것을 의미하기도 했다.

구글이 테슬라에 관심을 가진 배경에는 우정 이상의 무언가가 존재했다. 2009년부터 구글은 테슬라의 배터리와 전기차보다 훨씬 더 혁신적이고 잠재력을 가진 자동차 기술을 개발해왔다. 그것은 바로 자율주행차 기술이었다. 2005년 다르파 그랜드챌린지에서 스탠퍼드대학교를 승리로 이끈 독일의 혁신가이자 컴퓨터과학자 세바스찬 스런Sebastian Thrun이 주축이 된 구글의 자율주행차 프로그램(2016년 12월 웨이모

Waymo라는 회사로 분사했다)은 논란의 여지가 없는 자율주행차 분야의 선두주자였다. 이 프로그램은 전기자동차를 오래된 뉴스처럼 보이도록 만들었다.

자율주행 기술은 실제 다양한 기술의 집합체다. 레이더나 카메라와 같은 센서는 도로와 탑승자를 감지하고, 머신러닝 알고리즘은 각각의 잠재적인 장애물을 분류하여 움직임을 예측한다. 경로 찾기 알고리즘은 예측된 교통 흐름을 통해 코스를 안내하고 메가트로닉스(기계공학과 전자공학의 복합 기술)는 그 결과를 차량 제어장치로 변환한다. 하지만 대부분의 사람들에게 2013년까지 구글의 자율주행차 프로그램은 막대한 광고 수익의 지원을 받는 혁신 프로젝트처럼 보였다.

구글의 자율주행차가 단순한 실험을 넘어 발돋움하고 있다는 첫 번째 단서는 2013년 5월 초에 공개되었다. 이때는 머스크가 구글과 테슬라가 자율주행 기술에 대한 협업을 논의하는 중이라고 밝혔던 때다. 그러나 전형적인 머스크 스타일로 보면 구글과의 협업은 단지 옵션일 뿐이었고, 만약 그래야 한다면 테슬라는 자신의 길을 가게 될 것이었다. 구글이 자사의 자율주행 기술을 실행 가능한 소비자 제품으로 전환해야 한다는 재정적인 압박을 받지 않았던 반면에, 테슬라는 이미 판매되고 있는 자동차의 수요를 늘리기 위한 무언가가 필요했다.

"제 생각에는 레이더가 아닌 카메라 기반의, 테슬라만의 독자적인 자율주행 시스템을 개발하게 될 가능성이 크다고 봅니다." 머스크는 〈블룸버그〉와의 인터뷰에서 구글의 자율주행차에 왕관을 씌운 듯한 값비싼 레이저 스캐너 센서를 언급하며 이렇게 말했다. "하지만 구글과 협업하는 일 또한 가능합니다. 현재 구글이 접근하는 방식의 문제점은 바로 센서 시스템이 너무 비싸다는 점입니다. 기본적으로 카메라를 통해 보기만 해도 무슨 일이 일어나고 있는지 알아내는 소프트웨어가 딸린 카메라, 즉 광학 시스템을 이용하는 것이 더 나은 방법입니다."

그 당시, 머스크는 이렇게 말했다. "저희는 지금 당장 자율주행에 주력하고 있지 않습니다. (…) 자율주행은 전기자동차로의 전환이나 지속 가능한 운송수단으로의 전환을 가속화하는 일만큼 중요하지 않습니다."

그해 여름이 끝날 무렵, 머스크의 야망이 테슬라의 시가총액만큼 빠르게 커져가고 있음이 분명해졌다. 2013년 9월 18일, 머스크가 트위터를 통해 "모델S를 위해 실제 주행이 가능한 자율주행 시스템을 개발하려는 상당한 노력이 진행 중"이라고 언급했다. 또한 테슬라가 '완전하게 자동화된 주행의 개척자가 되기 위해 차량 수준의 의사결정 및 횡방향 및 종방향 제어 전략'을 엔지니어에게 요청했다는 사실도 드러났다. '테슬라가 자율주행차 개발 경쟁에서 구글을 앞서고 있다'는 제목의 〈파이낸셜타임즈〉의 기사에서 머스크는 "테슬라는 분명 3년 이내에 주행거리의 90%를 자율주행할 수 있을 것입니다"라고 밝혔다. 이 타임라인을 통해 2020년까지 자율주행차를 내놓겠다고 약속했던 닛산보다 테슬라가 앞서서 자율주행차를 첫 번째로 판매하는 자동차회사가 되려고 했음을 알 수 있다.

머스크의 톱시크릿 마스터플랜이나 다른 어떤 곳에서도 자율주행 기술에 대한 언급이 한 번도 없었기에, 이는 전혀 뜻밖의 움직임이었다. (마크 타페닝은 차후에 이 기술이 "테슬라가 전혀 관심을 두고 있지 않았던 기술"이라고 말한다.) 구글의 창립자 측근에 따르면 구글 내부에서는 (특히나 관대한 조건으로 인수하기로 서로 동의한 이후에) 머스크가 지금까지 친구로 지내던 이들과 경쟁 관계를 시작하기로 한 결정으로 인해 이들의 관계가 틀어지게 되었다고 한다. 구글의 입장에서는 구글의 자율주행 기술을 본 머스크가 이것이 실리콘밸리 모빌리티 기술을 선도하는 기업으로서 테슬라의 위상에 위협이 된다고 판단했을 거라고 생각했다.

하지만 구글의 선두자리를 빼앗는 일이 테슬라에 있어 쉬웠을 리 없다. 구글은 4년 동안 이 기술을 주도해온 기업이었고, 이 분야의 최고 전문가들로 팀을 구성했다. 구글은 수년 동안 개발 작업을 해왔지만, 비록 가장 비싼 최신 센서를 사용해서라도 이들이 목표로 한 완전한 자율주행차 개발까지는 아직도 수년이 더 남아 있었다. 이러한 사실은 테슬라를 다른 방향으로 움직이도록 했다.

테슬라는 완전한 자율주행으로 구글을 이기려고 하는 대신, 가능한 한 빨리 자율주행차라는 '인상'을 심어줄 제품을 개발해야만 했다. 그러면서 여전히 완전한 자율주행차의 발목을 잡고 있는, 가장 어려운 안전상의 문제를 해결하지 않고 있었다. 이를 실현하기 위해 테슬라는 구글보다 훨씬 저렴하고 성능이 떨어지는 시스템을 만들어야 했을 것이다. 그리고 머스크는 바로 이 새로운 시스템의 자율주행 기능에 대한 대중의 인식을 재정립해야만 했다.

머스크는 구글의 완전한 자율주행 전략은 불필요하다고 주장함으로써 자율주행 기술을 재구성하기 시작했다. 그러면서 〈블룸버그〉에 다음과 같이 이야기했다. "저는 자율주행이라는 단어보다 오토파일럿이라는 단어를 더 좋아합니다. 자율주행이라는 표현은 마치 여러분이 운전을 하고 싶지 않다는 것으로 들립니다. 자동조종장치는 비행기에 있다면 좋은 것이기에, 우리도 자동차에 이 장치를 두어야 합니다."

머스크는 '오토파일럿'에서 새로운 브랜드를 만들 기회를 발견했다. 오토파일럿은 구글이 가는 길을 따라 끝이 없어 보이는 애매한 문제들과 값비싼 센서를 만들지 않고도 자율주행차 기술에 대해 관심을 갖기 시작한 시장의 관심을 끌어올 수 있는 브랜드였다. 오토파일럿이 대중들에게 익숙한 용어였지만 항공 분야 외에서는 정확히 정의되지 않았기 때문에, 머스크가 새로운 테슬라 시스템과 유사하지만 똑같지는 않은 독특한 정의인 '자율성'이라는 개념을 만들어냈다.

　　이렇듯 친숙하지만 애매한 브랜딩은 오토파일럿의 최대 강점이 되었다. 이로써 머스크는 자율주행과 관련된 가장 어려운 기술적 과제와 막대한 법적 책임을 피하면서, 오토파일럿이 일반 대중에게 판매 가능한 최초의 자율주행 시스템이라는 인상을 만들어냈다. 하지만 이와 동시에 오토파일럿 브랜드의 애매한 성격과 계속해서 변하는 기능에 대한 머스크의 일관성 없는 언급은 이 시스템의 첫 공개가 어려워질 정도로 막대한 안정성의 위험을 초래했다. 오토파일럿은 크리넥스처럼 고유의 제품 범주와 동의어가 된 브랜드였으나, 크리넥스의 화장지와는 달리 오토파일럿이라는 단어의 정의는 테슬라의 이익에 부합하도록 바뀔 수가 있는 것이었다.

　　오토파일럿에 대한 대중들의 혼란은 그 용어 자체 때문이었다. 오토파일럿은 그 브랜드를 의미하는 하나의 통합적인 시스템이라기보다는 ADAS(첨단 운전자 지원 시스템)를 모아놓은 것으로, 각 시스템이 각기 다른 작업을 수행한다. 예를 들면, FCW(전방 충돌 경고)는 전방에 장애물이 나타나면 운전자에게 경고하고, AEB(자동 비상 브레이크)는 브레이크를 작동하여 곧 닥칠 충돌 사고를 줄이는 식이다. 이러한 시스템은 여러 브랜드의 자동차에서 사용이 가능하며 오직 충돌이나 위기 상황에서만 나타난다. 오토파일럿의 또 다른 하부 시스템인 TACC(교통 인식 크루즈 컨트롤)는 전방 충돌을 방지하고 차량 속도를 주변 교통 상황과 일치시키는 첨단 자동주행 제어장치다. TACC는 1990년대 후반부터 여러 자동차회사들이 개발해왔고, 저렴한 브랜드의 자동차들도 점점 이 장치를 사용하고 있었다.

오토파일럿의 가장 독특한 점은 지각을 지배한다는 것으로, 이를 오토스티어Autosteer라고 한다. 첨단 차선 유지 보조 시스템인 오토스티어는 운전자의 입력 없이도 차량을 차선 내에 유지하며, 이론적으로는 운전자가 조종장치에서 손을 뗄 수 있도록 한다. 비록 다른 자동차회사들도 차선 유지 보조 시스템을 제공하고 있지만, 이들은 안전상의 이유로 핸즈프리 운행을 허용하지 않거나 매우 제한하고 있다. 테스트 결과 오토스티어가 다른 시스템보다 우수했지만, 오토파일럿이 성공하게 된 주요 비결은 압도적인 기술 우위가 아니라 테슬라의 위험 감수 경향 때문이었다. 게다가 테슬라는 다른 자동차회사들보다 장시간의 핸즈프리 운전을 허용함은 물론, 교차통행이 없는 고속도로의 한 라인에서 사용해야만 안전하다는 경고를 하면서도 모든 도로에서의 오토스티어 시스템 사용을 허용했다.

테슬라의 공식 대변인들은 오토파일럿이 자율적인 것이 아니며 지속적으로 운전자의 개입이 필요하다고 계속해서 강조했지만, 머스크는 오토파일럿이라는 수를 두고 그 모순의 중심에서 춤을 추었다. 오토파일럿 기능이 일반인들에게 공개되기 훨씬 전인 2014년, 머스크는 테슬라 주주들에게 이렇게 말했다. "1년 안에 오토파일럿으로 고속도로 진입차선에 들어가서 진출차선으로 나오는 차가 출시될 겁니다." 그는 오토파일럿이 샌프란시스코와 시애틀 중간의 고속도로에서 테스트받았음을 언급하면서, 출시 이전에 이 시스템은 "조종장치를 전혀 건드리지 않고도 (두 도시 사이를) 운전하는 일이 거의 가능했다"라고 말했다.

그는 반복해서 오토파일럿이 자율적이지 않다는 주장을 한 뒤에, 오토파일럿의 공개 기자회견 자리에서 "자율성 기능을 영원히 활성화시키려면 2,500달러가 필요합니다"라며 심지어 한 발짝 물러서기도 했다.

오토파일럿 기능 출시를 알리는 테슬라의 블로그에는 이렇게 언급되어 있다. "완전한 무인자동차가 되려면 몇 년이 더 걸리겠지만, 테슬라 오토파일럿은 상황이 분명할 때 비행기 조종사들이 사용하는 시스템과 동일하게 기능합니다. 여전히 그 책임은 운전자들이 져야 하며, 궁극적으로 차량 통제 역시 운전자들의 책임입니다."

머스크는 새로운 기능에 대해 발표하는 자리에서 이와 같은 경고를 되풀이하는 한편, 처음으로 이 기능이 문제가 될 수 있음을 드러내는 애매모호한 힌트를 내보였다. "만약의 경우를 대비해서 저희는 운전자들에게 운전대 위에 계속해서 손을 올리고 있어야 한다고 말씀드리며, 처음에는 더 조심할 것을 경고합니다"라고 그는 말했다. "운전대에서 손을 떼도 괜찮을 정도로 이 기능이 작동하긴 하지만… 그래도 꼭 그렇다고는 말씀드리지는 않겠습니다. 거의 그렇긴 해도요.”

테슬라는 2014년 10월 이 시스템을 처음 발표하기도 전에 모든 차량을 오토파일럿 하드웨어로 만들기 시작했지만, 1년 후 소프트웨어 업데이트를 하기 전까지는 모든 기능을 갖추지 못했다. TACC와 오토스티어는 1년 동안 꾸준히 홍보해온 끝에 ‘오토파일럿 편의 기능’이 가능해진 ‘테크놀로지 패키지’로 주문받은 모든 차량에 장착되었다.

이렇게 전례 없는 전달방식은 오토파일럿 기능을 발표한 이래로 활발히 논의되던 미래주의를 더욱 고조시켰을 뿐이었다. 그리고 계속해서 업데이트하겠다는 머스크의 약속은, 비록 오토파일럿이 아직 완전한 자율주행을 하지는 않지만, 향후 업데이트를 통해 자율주행이 가능하게 될 거라는 사실을 시사했다. “장기적으로 시간이 지나면, 운전대에 계속 손을 올려둘 필요가 없게 될 것입니다”라고 그는 말했다.

머스크의 과장된 홍보와 테슬라의 경고 사이의 애매모호함은 오토파일럿을 대중에게 공개하면서 수반된 언론 기사의 급증과 함께 갑작스럽게 튀어나왔다. 디지털미디어 〈매쉬블Mashable〉의 ‘그렇게 해서는 안 되었던 거지만, 테슬라 모델S의 오토파일럿을 핸즈프리로 운전하다’라는 기사 제목은 테슬라가 만들어낸 불확실성을 포착했다. ‘테슬라의 자동차는 이제 어느 정도는 스스로 움직인다’며 〈와이어드〉가 덧붙였다. 〈슬레이트Slate〉부터 〈카앤드라이버Car and Driver〉까지 테슬라의 오토파일럿 런칭 캠페인이 진행되는 동안 이 차를 타본 모든 블로거와 언론인들은 운전대에서 손을 떼지 말라고 들었지만 핸즈프리로 운전을 해보았던 것 같다. 오토파일럿이 장착된 모델S의 운전대를 잡지 않고 손을 흔드는 기자들의 영상이 인터넷에 넘쳐났다.

6개월이 넘는 기간 동안, 테슬라의 비자율적 주행 시스템에 대해 비난하는 인용글과 트윗이 많아졌다. 이에 힘입어 오토파일럿을 핸즈프리로 사용하는 위험에 대한 우려가 눈덩이처럼 불어났지만, 이 우려는 놀랄 정도의 낙관주의 속에 묻혀 있었다. 그러다 2016년 6월 30일 테슬라가 블로그에 글 하나를 게재하면서 자동차 안전을 규제하는 기관인 미국 도로교통안전국이 오토파일럿이 관련된 치명적인 충돌 사고를 조사하고 있다는 사실이 드러났다. 그러면서 갑작스럽게 묻혀 있던 우려가 수면 위로 다시 떠오르게 되었다.

2016년 5월 7일, 테슬라 전문 블로거로 알려진 조슈아 브라운Joshua Brown은 자신이 아끼던 모델S를 탄 채로 플로리다의 고속도로를 가로지르던 트레일러와 충돌하는 사고를 당했다. 사고 당시 모델S는 오토파일럿 모드로 고속주행 중이었고, 브라운은 트레일러가 도로를 가로지르는 모습을 충분히 볼 수 있었음에도 경로를 바꾸기 위한 그 어떤 조치도 취하지 않았다.

테슬라의 블로그는 이와 비슷한 문제에 대해 알려준 바 있다. 오토파일럿 센서를 갖춘 차량은 카메라와 레이더 시스템만으로 '밝은 하늘을 배경으로 둔 상태에서 커다랗고 흰색인 트레일러의 옆면을 적절하게 인식할 수 없다'고 했다. 머스크가 2013년부터 폄하하던 구글의 레이더 센서 중 하나가 만약 이 사건에서 작동했더라면 이런 일이 벌어지지 않았을 것이다. 바로 이 사실은 자율주행 기술의 선두주자로 부상하던 테슬라의 이미지에 큰 타격을 주었다.

하지만, 궁극적으로 충돌 사고의 상당 부분은 오토파일럿의 기술적인 문제 때문이 아니라 테슬라가 ADAS 시스템을 거의 자율에 가까운 자동차로 마케팅하면서 생겨난 것이었다. 브라운이 테슬라의 공식적인 경고를 따르고 다른 운전자들처럼 운전에 지속적으로 개입하고 경계심을 유지했더라면 그는 트럭이 방향을 돌리는 것을 봤을 때 안전한 조치를 취했을 것이다. 브라운은 그렇게 하는 대신, 미디어에서 오토파일럿에 대해 소개한 방법을 따르고 말았다. 그는 그 경험이 얼마나 자율적이고 미래지향적인지를 알아내기 위해 테슬라의 규칙을 어겼다.

브라운은 몇 달 전 유튜브 동영상을 리트윗한 일론 머스크에게 부추김을 당했다. 머스크는 개입 없는 충돌로부터 오토파일럿이 모델S를 '구해내는' 모습을 보여주었다. 머스크가 단 캡션은 테슬라의 '트럭과의 충돌을 피하기 위한 오토파일럿 스티어링'이 가능한 것으로 암시했다. 브라운은 잠재적으로 이 시스템이 자신을 안전하게 지켜줄 수 있다고 비극적인 오해를 했던 것으로 보인다.

브라운의 사망에 대한 블로그 게시물에서 테슬라는 오토파일럿의 안전성에 대해서 두 배로 강조했다. 이 게시물에서는 "오토파일럿이 활성화된 20억 9,000킬로미터 남짓한 주행거리에서 최초의 사망입니다"라고 주장했다. "미국 내 모든 차량들은 1억 5,000킬로미터마다 사망자가 발생합니다. 전 세계적으로 보면 약 9,600킬로미터마다 사망자가 생깁니다."

그로부터 두 달 후에 23세 테슬라 소유주인 가오 야닝^{Gao Yaning}이 브라운의 사고가 발생하기 몇 달 전, 모델S를 타고 가다가 고속도로에서 천천히 움직이고 있던 도로청소차와 충돌하여 사망했다는 사실이 밝혀졌다. 테슬라는 당시 충돌로 인해 원격측정 데이터를 서버로 전송하는 통신기기가 손상되었다고 주장하면서 오토파일럿 문제인지 아닌지 알 수 없다고 했다. 하지만 이 충돌 사고는 오토파일럿이 느리게 움직이는 물체나 정지해 있는 물체를 추적할 수 없음은 물론 운전자들이 경각심을 덜 갖고 있으며 운전에 관여하지 않고 있다는 사실을 보여주었다.

오토파일럿이 무책임한 주행을 조장했으며 가오를 죽음에 이르게 했다면서 가오의 가족이 테슬라를 상대로 소송을 제기했을 무렵, 오토파일럿에 대한 테슬라의 신뢰는 무너져가고 있었다. 〈포춘〉이 그해 초 20억 달러의 주식을 매각했을 때, 테슬라는 왜 브라운의 사고를 공개하지 않았는지 묻자 머스크는 〈포춘〉의 논평에 대해 맹비난하며 이렇게 썼다. "만약 누군가가 귀찮지만 따져보려고 한다면 (물론 당신은 아니겠지만) 자동차 사망자가 연간 100만 명 이상 발생했음을 알게 될 것입니다. 만약 테슬라 오토파일럿이 보편적으로 사용되었다면 대략 50만 명이 그 사고에서 구조되었을 겁니다. 그러니 제발, 대중을 오도하는 기사를 쓰시기 전에 5분 만이라도 시간을 갖고 제대로 따져보십시오."

하지만 기자가 '제대로 따져봤어야' 하기보다 머스크가 오토파일럿의 안전성에 대해 통계적으로 잘못된 방어를 하고 있었다. 그 어느 것도 4년 이상이 되었거나 7만 달러 이하가 아닌 극소수의 테슬라 자동차를 훨씬 많은 수의 평균 11년에 평균 가격 3만 5,000달러의 일반 자동차군과 비교한 것이다. 게다가 오토파일럿은 중앙분리대가 있는 고속도로에서만 사용이 가능한 데 반해, 일반 자동차들은 훨씬 더 복잡한 환경에서 운행되기 때문에 충돌 가능성이 더 높은 것이 당연했다. 자율주행차 전문가들은 머스크의 안전성 통계 비교를 두고 '뻔뻔하면서도 무의미하다'고 평가하면서 머스크의 신뢰성을 깎아내렸다.

머스크가 주장한 (오해의 소지가 다분한) 통계수치가 오토파일럿에 대한 그의 신뢰성을 더욱 깎아내림에 따라, 운전자들이 오토파일럿이 작동 중이었다고 말한 충돌 사고에서 정확히 어떤 일이 일어났는지에 대해 대중들이 얼마나 테슬라에 의존하고 있었는지가 점점 더 분명해졌다. 테슬라의 데이터 기록 기능이 데이터 사고기록장치(비행기의 블랙박스와 같은)의 정확한 정의와 들어맞지 않기 때문에, 테슬라는 차량 소유자에게 데이터 소유권을 부여하는 법률을 준수할 필요가 없었다. 하지만 수많은 사례에서 테슬라는 오토파일럿이 충돌에 개입되었다는 고객의 고발을 공개적으로 반박하기 위해 이 데이터를 사용했다. 만약 머스크가 오토파일럿의 안전성을 오도하는 통계수치로 사람들을 설득했다면, 대중들은 검증 불가능한 테슬라의 차량 데이터를 신뢰할 수 있을까? 2018년, 테슬라는 결국 소유주가 차량의 데이터 보관을 유지하고 제3자의 열람을 요구할 수 있도록 하는 소송이 벌어지기 전까지는 대중들은 테슬라를 믿을 수밖에 없었다.

결국 수많은 테슬라 소유주들은 테슬라가 운전자들의 잘못이라고 했던 오토파일럿의 충돌 사고를 테슬라의 탓으로 돌렸다. 〈월스트리트저널〉에 소개된 한 테슬라 소유주는 오토파일럿이 작동되는 동안에 고속도로에 주차된 승용차를 들이받았다. 그녀의 경험은 오토파일럿 사용자들이 직면했던 이러지도 저러지도 못하는 상황의 전형적인 예다. 테슬라는 차량 데이터를 살펴봤을 때 충돌 전에 그녀가 브레이크를 밟은 것으로 나타났기 때문에 사고가 일어나기 전에 오토파일럿이 작동하지 않은 것으로 보았다.

"만약 브레이크를 밟지 않으면, 당신이 주의를 기울이지 않았기 때문에 당신의 잘못이 됩니다. 그리고 만약 브레이크를 밟는다면, 당신이 주행 중이었으므로 또한 당신의 잘못이 된다는 겁니다." 그녀는 이렇게 설명했다. 머스크가 의심스러운 안전성 통계에 대해 떠들어대고 테슬라는 차량 데이터의 소유자 또는 제3자의 검토를 부인하면서, '당신이 밟았든, 밟지 않았든'과 같은 식의 접근방식으로 오토파일럿 사고에 대한 테슬라의 입장을 거의 신뢰하지 못하도록 만들었다.

여름 내내 오토파일럿에 대한 부정적인 언론 보도가 이어진 이후, 머스크의 좌절감은 10월 전화를 하던 중에 폭발했다. 머스크는 테슬라가 자율주행차 충돌 사고에 책임이 있느냐는 질문을 받았고, 그는 통상적으로 하던 대답(그 충돌이 구체적인 설계 결함과 관련이 없는 한 책임이 없다는)을 한 뒤에, 끓어오르는 화를 내보였다.

"제가 솔직하게 말씀드리고 싶은 것 중 하나는 바로 저를 상당히 괴롭혀온 문제로, 오토파일럿 충돌 사고에 대한 언론의 보도량입니다. 이 사건에 대한 보도량은 매년 120만 명이 핸들을 잡고 운전하는 중에 사망하는 것과 비교해 거의 비교가 되지 않을 정도로 많습니다." 그는 말했다. "이것은 정말이지 언론에 제대로 반영되지 않는 문제인 것 같습니다. 정말로요. 왜냐하면, 이에 대해 정말 잘 생각해보셔야 하는데요. 만약 부정적인 기사를 써서 사람들이 자율주행차를 이용하지 못하도록 설득한다면, 그건 여러분들이 사람들을 죽이고 있는 거나 마찬가지인 겁니다."

오토파일럿에 대한 언론의 보도로 인해 운전자가 사망에까지 이르렀다는 점에서 머스크의 말은 옳았다. 오토파일럿 기능을 핸즈프리로 사용하도록 장려하고 오토파일럿 기능을 출시했을 때 (일종의) 최초의 자율주행차라고 보도함으로써 미디어는 결국 조슈아 브라운을 사망에 이르게 했다. 오히려 브라운의 사망에 따른 언론의 부정적인 보도 물결은 한참 전에 행해졌어야 했다. 테슬라의 오토파일럿 전략에 내재된 위험성에 대한 조사는 이 기능을 출시했을 때 좀 더 철저하게 논의되었어야 했다.

테슬라의 오토파일럿을 지원하는 하드웨어 공급업체 등이 지적한 바와 같이, 테슬라가 오토파일럿을 시장에 내놓기 위해 서두르고, 그 기술을 극한으로 몰고 가면서 기능에 대한 과대선전을 한 일이 결국 생명을 위협하고 더 나아가 자율자동차 기술의 미래 자체를 위험에 빠뜨렸다. 오토파일럿에 대한 비판과 자율주행차에 대한 비판이 합쳐지면서 머스크가 불만을 표시했다는 것은 그가 여전히 그 비판을 받아들이지 못했음을 증명해 보였다.

하지만 머스크의 큰소리와 그릇된 통계는 결국 승리했다. 오바마 행정부의 마지막 날이던 2017일 1월 19일, 미국 도로교통안전국은 오토파일럿이 리콜되지 않는다는 결론으로 조슈아 브라운의 충돌 사고에 대한 조사를 종결했다. 도로교통안전국의 최종 보고서는 오토파일럿을 무혐의로 판결했을 뿐 아니라, 브라운의 사례와 보다 일반적인 사례 모두에서 논란이 많은 오토파일럿에 대해 다음과 같이 놀라울 정도로 지지하는 결론을 포함했다. "데이터를 보면 오토스티어를 장착한 이후 테슬라 차량의 충돌률은 40% 가까이 떨어진 것으로 나타났다." 이처럼 놀라운 결론을 발표함으로써 오토파일럿에 대한 논란은 효과적으로 종식되었고, 테슬라는 그들을 비판하던 이들에게 강력한 펀치를 날릴 수 있었다.

그렇지만 오토파일럿 안전성에 대한 머스크의 통계수치와 마찬가지로 도로교통안전국의 주장 또한 면밀한 조사가 뒷받침된 것이 아니었다. 이 보고서가 나온 직후 QCS^Quality Control Systems라는 회사가 이 같은 결정을 내리기 위해 사용한 자료에 대한 정보공개청구 소송을 제기했다. 2018년 5월, 결국 도로교통안전국은 충돌률 비교가 '피상적으로 진행되었으며', '오토스티어가 사고에 관련이 있었는지를 평가하거나 이 기술의 효과에 대해 평가하지 않았다'고 인정했다. 이 보고서는 불완전한 데이터와 미숙한 통계분석을 기반으로 작성된 것이었다.

하지만 테슬라는 그동안 다음과 같은 논지로 오토파일럿 시스템을 옹호했다. "미국 정부의 조사에 따르면 오토파일럿은 충돌률을 40%까지 줄인다고 밝혀졌습니다." 또 다른 테슬라 차량이 오토파일럿 기능으로 주행하다 충돌해 운전자가 사망했을 때도 마찬가지였다. 이렇듯 노골적으로 정부의 지지를 받았던 것은 명백히 부정확한 데이터와 잘못된 통계에 근거한 것이었지만 테슬라와 도로교통안전국은 '경쟁적 손해'가 우려되기 때문에 데이터와 분석 결과 모두를 정보공개 대상에서 제외해야 한다고 주장했다.

가장 최악의 사실은 국가교통안전위원회의 조사가 인간과 오토파일럿의 안전성을 비교하는 머스크의 접근방식을 산산조각 내버렸다는 사실이다. 국가교통안전위원회 보고서에 따르면 치명적인 오토파일럿 충돌 사고의 첫 번째 원인은 인간도 오토파일럿 시스템도 아닌, 이 두 가지가 위험하게 뒤섞인 결과였다. 이 보고서는 이렇게 언급했다. 오토파일럿의 설계는 운전자의 주의가 분산되었을 때 보조장치가 꺼지는 모니터링 시스템이 없었기 때문에 '운전자가 장시간 동안 주행에 개입하지 않는 것을 허용했다.' 그리고 운전자는 엄격한 운행 설계에 대한 제한을 몰랐기 때문에 안전하지 않은 도로에서도 이 시스템을 사용했다.

오토파일럿은 시속 110킬로미터의 속도로 트럭과 충돌했을 때 완벽하게 작동했지만, 브라운은 오토파일럿에 설계되지 않은 상황에서 이 시스템을 사용하면서 치명적인 결과를 가져올 오토파일럿에 과도하게 의존했던 것이다.

오토파일럿 엔지니어들은 〈월스트리트저널〉과의 인터뷰에서 "오토파일럿을 개발하는 동안 운전자의 손이 운전대에 놓여 있는지 확인하기 위한 시선 추적 카메라와 보다 정교한 센서를 제안"했으며, "운전자 모니터링을 개선해야 한다"고 주장했다. 이들에 따르면 머스크가 비용 문제 때문에 자신들의 제안을 직접 거절했다고 했지만, 머스크는 트윗에서 시선 추적이 "실효성이 없기 때문에 거절된 것"이라며 이들이 거짓말을 하고 있다고 주장했다.

머스크가 궁극적으로 옹호하고자 했던 것은 단순히 오토파일럿이 인간 운전자보다 안전하다는 내용이었으나, 테슬라의 기록은 캐딜락의 슈퍼크루즈 시스템과 비교가 되지 않았다. 슈퍼크루즈 시스템은 지도화된 고속도로에서만 사용이 가능하고 운전자의 시선을 추적해 주의분산을 방지한다. 지금까지 슈퍼크루즈가 작동된 차량에서는 단 한 건의 충돌 사고도 보고되지 않았다.

테슬라가 오토파일럿을 고속도로에서만 사용 가능하게 하고 운전자의 주의를 모니터링하도록 설계했다면, 조슈아 브라운은 지금 살아 있을지도 모른다. 하지만 오토파일럿은 운전자의 개입 없이 그 어떤 종류의 도로와 교통 상황에서도 주행할 수 있도록 설계되어 다른 경쟁 시스템보다 더 발전되고 자율성이 있는 것처럼 보이도록 만들었다. 만약 테슬라가 브라운을 사망에 이르게 했던 위험요소를 완전히 제거했더라면, 오토파일럿을 다른 시스템과 차별화하기 불가능했을 것이다. 그렇다면 테슬라가 자율주행 기술을 통해 얻게 될 이익(그리고 테슬라가 끌어올린 수십억 달러의 시장가치)은 신기루처럼 사라졌을 것이다.

궁극적으로 오토파일럿은 모든 자율주행 기술의 핵심에 있는 위험한 모순을 지적하고 있다. 비록 자율주행 기술이 안정성을 강화시키는 것을 특징으로 제시하지만, 사람들이 이 기술로부터 원하는 것은 이런 것이다. '마치 미래의 자동차처럼 자동차가 스스로 운전하는 첨단기술을 직접 경험해보고 싶다.' 이 같은 현실을 가장 먼저 이해하고 적극적으로 이용한 기업은 테슬라였으나, 국가교통안전위원회는 오토파일럿의 안정성 문제를 진단한 뒤에서 미흡한 규제 조치를 내놓았다. 이로써 다른 기업에게도 테슬라를 따라 할 기회가 열린 것이다.

11 ≡

모델X,
오점을 남기다

"모델X는 어려운 과제였습니다.

특히 이 제품에 너무 많은 기술을 한꺼번에 투입하려고 했던

지나친 자만심을 가졌던 자신을 나무라야겠지요."

2016년 5월 31일, 일론 머스크

"사실 저희가 모델S를 설계했을 때
플랫폼 하나를 더 만들었습니다." 머스크가 테슬라 스튜디오의 친숙한
무대 위에서 말했다. 무대 뒤 스크린에는 납작한 배터리가 장착된 '스케
이트보드형' 섀시가 보였다. "이것은 단순히 자동차 한 대가 아닙니다.
저희는 수많은 자동차를 제조할 수 있는 방법을 만들어냈습니다. 이를
활용하여 자동차를 빠른 속도로 시장에 출시할 수 있습니다. (…) 바로

이것이 모델X의 핵심입니다."

이를 발표한 2012년 2월은 브라운의 충돌 사고가 일어나기 4년 전이었고, 테슬라가 모델S를 인도하기까지는 몇 달 남겨둔 상태였다. 하지만 머스크는 이미 스튜디오 무대에서 테슬라가 다음으로 출시할 거대한 무언가를 소개하고 있었다. 글로벌 금융위기 이후 경기가 회복됨에 따라 SUV 판매량이 급증하고 있었고, 테슬라는 성장하는 영역으로 접근하기 위해 재빨리 움직이고 있었다.

머스크가 내세웠던 테슬라의 모델X는 미니밴의 효용성과 SUV의 주행 능력, 스포츠카의 성능이 모두 결합되었다는 장점이 있었다. 테슬라의 상징이 된 세련된 스타일과 첨단기술의 디테일 또한 적용되어 있었다. 가장 중요한 점은 모델X가 모델S 플랫폼을 사용했다고 언급함으로써 머스크는 테슬라의 투자자들에게 무언의 메시지를 전했다는 것이다. 즉, 모델X가 테슬라의 첫 캐시카우 상품이 될 수 있다는 점이었다.

초창기부터 자동차업계는 끊임없는 도전에 직면해왔다. 크기가 작고 가격이 저렴한 자동차라고 해도 고가의 대형 자동차들과 마찬가지로 많은 개발비용이 들었다. 특히, 차체나 서스펜션, 엔진, 변속기는 물론 차량 제작에 필요한 장비까지 개발해야 하기 때문에 초기 투자액은 예상 수익률에 상관없이 믿기 어려울 정도로 컸다.

이러한 문제에 대한 해법으로 제시된 것이 바로 '플랫폼 전략'이다.

섀시와 구동장치, 생산 시스템을 포함하여 가능한 많은 부분을 공유하는 차량으로 전체 라인을 구성하여 '플랫폼'에 대한 투자를 분산하는 것이다. 한 번의 대규모 투자를 통해 소형차 플랫폼을 개발하면 자동차회사는 비교적 낮은 비용으로 소형 세단과 해치백, 스테이션웨건, 미니밴/MPV 및 SUV를 개발할 수 있다. 초기의 '플랫폼' 투자가 다양한 모델에 걸쳐 분산되기 때문에 자동차회사는 수익성이 높은 SUV나 MPV의 변형으로 비용을 상쇄시키는 것이 가능하다.

이러한 플랫폼 전략의 핵심은 각 모델을 최대한 차별화시키면서 동시에 가능한 많은 부분을 공유하는 것이다. 이는 균형을 맞추기가 쉽지 않은 일이다. 지나치게 차별화시키면 의미 있는 규모의 효율성을 잃게 되고, 차별화를 너무 적게 하면 결국 동일한 차량으로 보이게 된다. 반면 공유되는 부분이 많으면 많을수록 차별화에 대한 환상이 깨지고 프리미엄 모델이 그만의 매력을 잃어버리게 된다.

지금까지 테슬라는 두 대의 자동차, 로드스터와 모델S만을 생산했기 때문에 이 두 대는 각각의 플랫폼을 사용했다. 테슬라는 모델X로 자동차산업의 핵심 과제에 도전하는 첫발을 내딛고 있었다. 플랫폼과 부품 공유를 통해 이익률을 높이면서도 모델X를 모델S와 차별화할 수 있는 능력이 중요한 부분이었다. 제대로 만들어진 모델X는 모델S보다 더 많은 수요와 이윤을 창출하는 동시에 테슬라의 재무제표를 개선할 잠재력을 가지고 있었다. 모델S와 공통점이 너무 많거나 너무 적은 모델X

를 만들게 되면 엄청난 기회를 놓치게 될 것이었다.

모델X의 프로토타입이 테크노 비트와 머스크 지지자들의 환호성을 받으며 커튼 뒤에서 등장했다. 그 순간 테슬라의 모델X는 공통점과 차별점 사이의 중요한 모든 균형을 맞추지 못한 듯한 조짐이 보였다. 모델X는 높아진 루프라인의 8인승 승합차였지만 모델S와 많이 닮아 보였기 때문에 테슬라 세단으로 가득 찬 곳에서는 눈에 띄기가 어려울 것 같았다. 하지만 모델X의 주요 차별화 포인트도 있었다. 바로 2단으로 꺾이는 독특한 형태의 '팔콘윙' 도어 시스템이었다.

업계에서 '걸윙 도어'로 알려진 지붕 장착형 스윙업 도어는 1952년 메르세데스 300SL 경주용 자동차에서 시작되었다. 눈길을 끄는 디자인이긴 했지만, 그 후 반세기 동안 이 설계에 심각한 결점이 있음이 증명되었다. 걸윙 도어는 지붕을 차체와 연결하기 어려웠고, 측면 보호를 위해 추가적인 보강이 필요했다. 또한 전복 사고로 튀어나갈 위험을 방지해야 했고, 표준 도어 구성보다 신뢰성이 훨씬 떨어지는 경향이 있었다. 이와 같은 문제점으로 인해 지붕 장착형 도어는 드로리안 DMC-12, 브릭클린 SV-1 그리고 가장 최근에는 메르세데스 SLS와 같이 주로 판매가 부진했던 스포츠카에 달려 있었다.

테슬라의 걸윙 버전은 문을 이중 힌지로 만들고 센서와 작동기를 함께 묶음으로써 기존 걸윙 도어보다 그 복잡성이 심해졌다. 이와 같은 복잡성은 테슬라의 '팔콘윙' 도어를 일반적인 걸윙 도어보다 훨씬 더 유용하게 만들어주었다. 팔콘윙은 장애물을 감지할 수 있었고 심지어 좁은 주차공간과 작은 차고에서도 커다란 문을 접을 수 있었다. 또한 테슬라는 팔콘윙으로 약간 어색한 비례감을 지녔던 모델S의 디자인을 최첨단 트랜스포머 형태의 모델X로 변형시켰다. 이로써 세계에서 가장 멋진 자동차를 만들어내는 회사라는 테슬라의 지위를 굳힐 수 있었다.

이 팔콘윙은 모델X의 개발에 머스크가 직접 관여한 결과물이었다. 이 도어는 놀라운 디자인과 함께 매우 현실적인 문제에 대한 해결책을 만들어내려는 시도를 나타낸다. 애슐리 반스에 따르면, 머스크와 테슬라의 수석 디자이너 프란츠 폰 홀츠하우젠Franz von Holzhausen은 오토쇼에서 SUV와 미니밴의 뒷좌석 탑승 문제에 대해 논의하였고, 이 문제에 대한 혁신적인 해결책을 추진하자는 데 동의했다. 40~50개의 도어 콘셉트를 검토한 뒤, 이들은 폰 홀츠하우젠이 '가장 파격적인 도어'라고 불렀던 콘셉트를 선택했다. 반스는 이렇게 표현한다.

> 머스크보다 앞서 스티브 잡스가 그랬듯, 머스크는 소비자들이 자신이 원하는지도 몰랐던 것들에 대해 생각해낼 수 있는 사람이다. (…) 그의 방식에 따르면 모든 디자인과 기술의 선택은 자동차를 최대한 완벽하게 만들겠다는 목표를 향해야 한다. 머스

크는 라이벌 회사들이 생각하지 못했던 범위까지 생각하고 있다. 이는 그에게 있어 이진법 같은 문제다. '타협' 없이 무언가 극적인 것을 만들려고 하는가, 아니면 그렇지 않은가. 만약 당신이 후자를 택한다면, 머스크는 당신을 실패자로 간주한다.

이러한 관점은 소비자들이 테슬라로부터 느끼는 강한 열정을 설명하는 데 큰 도움이 된다. 그리고 또한 '전통적인' 자동차회사들은 최첨단 스타트업이 지닌 혁신적인 창의성을 갖고 있지 못하다는 인식을 강화한다. 그러나 기존의 자동차회사들이 팔콘윙과 같은 화려한 기능을 제공하지 않는 이유는 디자인 재능이나 창의성이 부족해서가 아니다. 이 같은 사실은 테슬라가 생산한 그 어떤 자동차도 필적할 수 없는 독특한 디자인을 특징으로 한 콘셉트카를 통해서도 증명할 수 있다. 양산차들이 오토쇼에서 볼 수 있는 콘셉트카의 디자인만큼 화려하지 않는 이유는 자동차회사들이 테슬라가 모델X를 통해 얻게 될 교훈을 이미 과거에 얻었기 때문이다.

머스크가 팔콘윙에 대한 비전을 현실로 옮기려고 했을 때, 테슬라의 엔지니어들은 굉장한 걱정을 안고 있었다. 한 엔지니어는 반스에게 "모든 엔지니어들이 왜 우리가 그 일을 할 수 없는지 변명하려고 했습니다"라고 말했다. 하지만 머스크와 엔지니어들 사이의 논쟁은 소비자들을 위한 팔콘윙 시스템의 유용성에 초점이 맞춰졌고, 머스크는 그 콘셉트가 독특해 보일 뿐만 아니라 실제로 뒷좌석의 접근성을 향상시켰음을 증명해 보여주었다. 엔지니어들은 이에 대해 납득했고, 개발을 시작한 후에야 실제 팔콘윙 제작에 중요한 문제가 있다는 사실이 분명해지기 시작했다.

테슬라는 머스크가 프로토타입을 공개한 당일부터 모델X의 예약을 받기 시작했다. 머스크는 생산물량의 급증으로 '2013년 말 정도'에 모델X의 첫 인도가 시작될 것이라고 말했다. 1년 뒤 테슬라의 연간보고서는 모델X의 생산이 2014년 말로 연기된다고 밝혔고, 다시 생산이 연기되어 이번에는 2015년 2분기가 될 거라고 했다. 하지만 결국 첫 번째 '파운더 시리즈Founder Series(1,000대 한정 제작)'는 초기 예약자들과 테슬라 투자자들에게 2015년 마지막 분기에 처음으로 인도되었다.

2016년 1월, 모델X가 여전히 테슬라의 프리몬트 공장에서 소량으로만 제작되는 가운데 테슬라는 스위스 공급업체 호에비거Hoerbiger의 미국 사업부를 상대로 소송을 제기했다. 이로써 팔콘윙 도어의 문제가 대중들에게 알려지게 되었다. 테슬라의 고소장에 따르면 두 회사는 2014년 유압식 팔콘윙 도어 시스템을 개발하기로 합의했으나, 결국 다음과 같이 되었다.

> 호에비거는 유압식 도어 시스템을 생산할 수 있다고 주장했지만, 테슬라의 사양을 충족시키거나 호에비거가 약속한 바를 이행하는 제품을 제공하지 못했기 때문에 당사는 생산 단계에 진입하지 못했다. 수차례에 걸쳐 테슬라는 호에비거에 제품 결함에 대해 통보했다. 호에비거는 그 문제를 해결할 수 있다고 주장했지만, 실제로 해결해내지 못했다.

이 소송에서는 팔콘윙 도어가 결함으로 가득 차 있다는 주장이 나왔다. 쉽게 과열되고, 계속해서 닫히려 했으며, 재빠르게 곧장 열리거나 대칭적으로 열리지 않았고, 한쪽으로 기울고, 계속해서 오일필터가 누출되었다는 주장이었다.

자동차회사와 협력업체 간의 의견 차이가 이처럼 공공연하게 드러나는 경우는 드물다. 하지만 이때까지 모델X의 생산 지연은 테슬라의 홍보에 있어 계속해서 따라다니는 문제가 되었기에, 이번 소송은 왜 그렇게 오랜 시간 동안 생산이 지연되었는지를 설명하는 데 도움이 되었다. 소송이 제기되자 수많은 언론 보도가 나왔고, (이 상황에 대해 잘 알고 있는 소식통에 따르면) 테슬라가 이 소송을 기자들에게 누설한 것으로 보인다. 호에비거가 기습을 당한 것이었다.

호에비거가 며칠 뒤 자체 성명을 내놓을 때까지 테슬라 버전의 사건 정황이 널리 퍼져나갔다. 호에비거에 따르면 자사는 생산을 시작할 준비를 완벽하게 마쳤고, 테슬라가 계약을 철회해 호에비거에 손해를 끼친 것이라면서 테슬라와의 계약을 위반한 적이 없다고 했다. 그리고 더 나아가 이렇게 밝혔다.

> 호에비거가 테슬라 모델X의 도어 설계를 담당했다는 언론 보도는 잘못된 것이다. 처음부터 호에비거는 유압식 도어 시스템의 개발과 생산만을 담당했을 뿐이다. 호에비거에게는 테슬라의 고소장에 인용된 대칭 및 과열 문제와 관련된 전자 제어에 대한 책임이 결코 없다.

호에비거의 계약 위반은 물론 공급업체에 대한 과실 및 잘못된 진술 청구까지 했던 테슬라의 소송은 테슬라가 청구한 10건 중 8건을 취하하면서 미공개 조건으로 합의되었다. 그러나 이런 주장 중 어느 것도 계약 위반으로 인정되지 못했고, 호에비거는 테슬라가 계약을 철회했을 때 계약상의 배상금을 요구했다고 시사했다. 이러한 합의는 자동차회사와 공급업체 관계에서 관례적으로 이루어지며, 공급업체는 자신의 의무를 이행하는 데 필요한 설비 및 노동력, 재료에 투자했다는 것을 의미한다. 어쨌든 테슬라의 소송은 호에비거를 모델X 생산 지연의 희생양으로 만들었고, 의도했던 결과를 가져왔다.

결국 2015년 테슬라는 호에비거와의 계약을 철회한 뒤 새로운 공급업체를 선택하지 않았다. 테슬라가 호에비거를 선택하는 데는 5개월이 걸렸고, 또 다른 유압식 팔콘윙 도어를 만들 공급업체를 찾는 데 15개월이 걸렸다. 그러다 결국 테슬라는 유압식이 아닌 전자기계식 팔콘윙 도어를 직접 제작하기로 결정했다.

MIT 연구원 출신인(이후 오토파일럿 프로그램 책임자가 된) 스털링 앤더슨Sterling Anderson이 이끄는 테슬라팀은 비록 수백만 달러의 추가 개발비용을 들였지만, 1년도 안 걸려 생산에 투입할 수 있는 디자인을 만들어낼 수 있었다. 예상치 못한 호에비거의 대실패가 팔콘윙 도어 개발의 어려움을 부각시켰다면, 앤더슨의 팀은 단기간에 창의적인 해결책을 만들어내는 능력이 테슬라의 가장 큰 강점이라는 사실을 입증했다.

모델X의 생산량은 2016년 1월까지 월 300대를 밑돌았고, 이러한 생산 지연으로 인해 테슬라의 주가는 타격을 받기 시작했다. 3월 말이 되자 모델X의 생산량은 마침내 증가했고, 약 2,000대가 인도되었다는 사실은 모델X가 제조상의 심각한 문제를 극복했음을 시사했다. 하지만 고객들이 오랫동안 기다려온 SUV를 인도받기 시작하면서, 이들의 포럼 게시물을 통해 모델X가 아직까지 문제에서 벗어나지 못했음이 곧 분명해졌다.

초기 게시물 상당수가 모델S에서 지속적으로 문제시되었던 부분과 유사한 문제들을 이야기하고 있었다. 예를 들면 페인트 벗겨짐, 도어 및 윈도우 씰 문제, 차량 내부에서 나는 소리와 덜컹거림, 차체 패널 및 트림의 정렬 문제, 전체적인 마감 불량 등과 같은 문제다. 모델X의 최초 모델은 여기에 어두운 조건에서 앞 유리에 생기는 착시 현상과 같은 여러 가지 문제들을 안고 있었다. 모델S의 팝아웃 도어가 초기 품질 문제의 주요 원인이었던 것처럼, 모델X의 특징인 셀프 프리젠팅self-presenting 앞문과 팔콘윙의 뒷문 두 가지가 대부분의 문제요인이었다.

모델S의 팝아웃 도어를 없앤 모델X의 앞문은 운전자가 도어 핸들을 누르거나 '셀프 프리젠팅' 옵션을 켠 채 자동차를 향해 걸어오면 문이 자동으로 열렸다. 팔콘윙 도어처럼 앞문 역시 실용적이고 개념상으로는 매력적이었으나, 실제로는 악몽과도 같았다. 모델X 팔콘윙의 복잡성은 셀 수 없는 문제를 일으켰다. 도어는 프레임과 단차가 발생했고, 제대로 열리거나 닫히지 않았으며, 셀프 프리젠팅은 작동되지 않거나 심지어 무작위로 열리기까지 했다. 어떤 경우에는 피해야 할 장애물이 있는 곳에서 열리면서 도어가 망가지기도 했다.

상당수의 초기 소유주들이 서비스센터를 여러 번 찾았다고 글을 썼고, 이 중 어떤 경우는 레몬법(자동차에 일정 횟수 이상의 고장이 반복될 경우 제조사가 환불 및 보상하는 법)에 의해 차량을 테슬라에 되팔기도 했다. 테슬라가 모델X 도어의 다양한 문제들을 풀기 위해 애쓰는 동안, 소유주들은 지역 서비스센터에서 제공하는 최신 제안사항과 각기 다른 성공적인 경험을 공유했다. 결국 테슬라는 '핀치 센서pinch sensor'를 비활성화하는 펌웨어 업데이트를 발표했는데, 이 업데이트는 성능을 향상시키는 것처럼 보였지만 안전상의 새로운 문제를 만들어냈다. 이 문제가 알려지면서 유튜브에는 팔콘윙으로 채소를 자르는 영상이 올라오기까지 했다.

심지어 테슬라가 정상적인 기능을 방해하는 주요 문제들을 모두 해결했을 때도, 모델X의 과하게 야심찬 디자인은 경외심이 느껴질 정도의 엄청난 당혹감을 불러 일으켰다. 앞문 손잡이와 뒷문 손잡이가 서로 맞물리도록 설계되었기 때문에 사소한 정렬 오류도 즉시 식별할 수 있었고, 테슬라가 팔콘윙 도어와 패널을 사양에 맞춰 재조정했다고 소유주에게 장담했던 경우조차 단차가 발생하는 경우를 쉽게 찾을 수 있다. 머스크의 디자인에 대한 야망이 테슬라의 제조 역량을 지나치게 앞서갔다는 사실은 도저히 이해할 수가 없었다.

머스크는 2016년 1분기 실적발표에서 문제가 된 모델X 생산라인을 직접 감독해왔다고 투자자들에게 말하면서 자신의 자만심에 대한 무거운 대가를 치렀다. 그는 "제 책상은 생산라인 맨 끝에 있습니다"라고 말했다. "생산라인 옆 회의실에 제 침낭을 갖다놓고 자주 쓰고 있어요." 이런 이야기는 머스크의 팬들이 사랑한 영웅적 행위였다. 이는 테슬라의 모든 문제를 개인적으로 해결해나가는 천재로서의 머스크의 이미지를 직접적으로 보여준다.

하지만 메이저 자동차회사의 사무실에서는 머스크의 이야기가 불쾌하기만 했다. 노련한 자동차회사의 경영진들은 테슬라가 내놓은 모델X의 프로토타입을 처음 봤을 때부터 이 차가 도어 문제로 고전할 것임을 예측했다. 그리고 머스크가 의무적으로 품질 관리에 대해 뉘우치는 모습을 보이자 이 상황을 수습하기 위한 진지한 태도가 아니라 마치 연극을 하는 것 같다는 인상을 받았다. 머스크의 남다른 점이 모델X의 평판에 입힌 손상을 만회할 수 있을지 모르지만, 테슬라가 했을지도 모르는 제조 품질의 개선은 테슬라가 당시 실제로 얼마나 곤경에 처해 있는지를 증명해줄 뿐이었다.

자동차회사는 거대한 조직이며, 따라서 체계적인 방식으로 운영되어야만 한다. 특히 품질은 신차의 설계 및 개발, 생산의 전 단계에 적용되어야 하며, 반드시 모든 조직의 수준에서 품질에 전념해야 한다. 5장에서 소개한 토요타 생산방식에 대해 다시 생각해보자. 허용 가능한 품질 기준에 맞춰 차량을 생산하기 위해 CEO의 물리적 존재에 의존해야만 하는 자동차회사는 자사의 문화가 품질에 전념하지 않는다는 것을 인정하는 것과 마찬가지다.

이렇게 품질에 대해 체계적으로 접근해보면 분명 어떤 자동차회사도 모델X와 같은 차를 만들려고 시도하지 않게 된다. 엔지니어들은 디자인의 실현 가능성을 평가하기 위해 설계 프로세스 초기에 개입했을 것이며, 그 과정에서 많은 문제점들을 예상했을 것이다. 원가 담당자 또한 테슬라의 수요나 이윤에 잠재적인 문제가 되는 팰콘윙 도어의 추가 비용을 따져봤을 것이다. 마지막으로 만약 개발 및 테스트, 프로토타입에 걸친 4년간의 프로세스에서 지속적으로 나타나는 품질 또는 수익성 문제를 확인했다면, 그 디자인은 취소되었거나 다시 초기 단계로 보내졌을 것이다.

이러한 냉철한 분석과 검증 단계는 머스크가 매우 경멸하는 것처럼 보이는 '타협'을 나타낸다. 타협은 생산 주기를 늦추며 독특한 예술적 비전을 대체해버리기 때문에 머스크와 그의 추종자들이 비난하는 '지나치게 단순하고', '일반적인' 차량을 생산하게 만든다. 모델X를 통해 극적으로 증명되었던 것처럼, 이와 같은 모델이 존재하지 않는 데는 다 이유가 있다. 즉, 세계에서 가장 뛰어난 디자인이라 해도 효율적이지 않고, 수익성이 없으며, 경쟁력 있는 품질을 갖추지 않았다면 그 가치는 없는 것이나 다름없기 때문이다. 이와 같은 '타협'은 일반적인 기업의 평범함에서 나온 산물이 아니라 적자생존의 산물이다. 이를 수용하지 않았던 자동차회사들은 모두 이 업계에서 자취를 감춰버리고 말았다.

머스크는 2016년 상반기 전체가 '생산 지옥'에 빠져 '정신적 상처'로 가득해졌다고 차후에 인정하게 된다. 하지만 모델X로 인한 고통은 거기서 멈추지 않았다. 모델X의 '생산 지옥'이 끝난 뒤에도 이 불운한 자동차는 대부분의 신뢰도 조사에서 최하위에 머물면서 테슬라의 평균 신뢰도 등급을 끌어내렸다. 2018년 〈컨슈머리포트〉 조사에서 모델3가 '평균' 등급을 받고, 모델S가 '평균 이하'를 받았으며, 모델X는 '평균에 훨씬 못 미치는' 등급을 받아 테슬라는 브랜드 등급에서 최하위 3위를 획득했다. 이때 테슬라는 "최초 생산된 모델X에 품질의 결함이 존재했지만, 이는 오늘날 제조되고 있는 모델X의 문제가 아니"라며 반발했다.

시간이 흐르면서 테슬라는 모델X의 가장 심각한 품질 문제 중 일부를 해결해냈지만, '품질 문제'가 오로지 초기 제품에서만 발견되었다는 테슬라의 주장은 수많은 소유자들의 주장과는 반대되는 것이었다. 심지어 시장에 출시된 지 몇 년이 지났는데도 테슬라 포럼에는 모델X의 셀프 프리젠팅과 팔콘윙 도어, 패널 장착 등 다양한 이슈에 대한 불평불만이 가득 차 있다.

보다 중요한 것은 모델X가 가장 중요한 임무에 실패했다는 사실이다. 이 차는 테슬라가 절실하게 필요로 하던 수익을 창출해내지 못했다. 머스크는 이렇게 인정했다. "모델X를 멋지게 만들기 위해, 저희는 모델S와 모델X의 부품 가운데 30%만 동일하게 들어가는 수준으로 제작해야 했습니다." 이처럼 부품의 공통성이 낮은 것은 테슬라가 결국 부품에 상당한 비용을 들였음을 의미한다. 모델X를 좀 더 절제하여 설계했더라면 모델S의 부품을 동일하게 사용할 수 있었겠지만 그렇게 하지 않았던 것이다. 세단 기반의 SUV를 만들겠다는 전체적인 논리, 소위 적은 투자로 더 많은 이윤을 얻어내겠다는 테슬라의 논리는 머스크의 거대한 야망으로 인해 그 길을 잃고 말았다.

머스크의 타협 없는 비전의 '위대함'이 당시 럭셔리 중형 SUV 중 가장 가격이 비싼 제품이었던 모델X의 판매를 성공적으로 이끈 것도 아니었다. 테슬라의 차량이 가장 많이 팔리는 미국에서 대부분의 SUV가 세단의 판매량을 줄곧 앞지르던 시기에 모델X는 단 한 번도 세단의 판매량을 앞지른 적이 없었다. 테슬라의 SUV는 그때까지 모델S를 사겠다는 결정을 하지 않은 구매자 일부의 관심을 얻었을지도 모르지만, 전반적으로 모델X는 테슬라의 팬층을 넓힐 필요가 절실한 상황에서 기존 테슬라의 팬층을 깊어지게 하는 데 그쳤다.

이미 2016년에 머스크는 모델X의 실패가 자만심의 결과라 인정한 바 있으며, 이 자만심은 향후 몇 년간 계속해서 그가 되풀이하게 될 자기비판이기도 하다. "저희가 모델X를 만들면서 했던 커다란 실수는, 물론 주로 제 책임이었는데, 바로 제작 초기에 너무나 많이 존재했던 복잡성이었습니다." 2017년, 머스크는 이렇게 말했다. "아주 어리석은 일이었죠."

머스크는 모델X를 통해 현대적인 자동차의 디자인과 엔지니어링, 자동차산업의 경제학에 대해 배웠을지 모르겠지만, 그보다 더 큰 문제에 대해서는 놓친 것으로 보인다. 가장 중요한 문제는 테슬라의 내부 문화가 원가 담당자 및 엔지니어, 공급업체에게 CEO이자 최고제품설계자, 최대 주주, 대변인, 마스코트인 머스크에게 맞설 권한을 부여하지 못했다는 것이었다. 자동차산업의 규모와 복잡성은 자동차산업을 최대 규모의 팀 스포츠로 만들면서 전능한 자동차 제작자들을 소규모 럭셔리 브랜드나 역사책으로 좌천시켰다.

테슬라는 확실한 리더와 미션을 가지고 있다. 하지만 테슬라는 엄청난 규모와 복잡성을 관리할 수 있도록 하는 자동차회사의 문화적 원칙과 관행을 가지고 있지 않다. 테슬라의 미션은 많은 직원들에게 동기부여를 제공하고 있으며, 테슬라의 업무 문화는 이에 상응하여 매우 치열하고 진지하다. 하지만 '지속 가능한 운송수단으로의 전환'은 회사의 목적을 설명할 뿐이지, 그 수단을 설명해주지 않는다. 이러한 문화의 공백은 테슬라 경영진이 내리는 모든 결정을 단 하나의 고려사항으로 귀결시킨다. '과연 일론 머스크가 승인할 것인가?'

제약이 없는 상황에서 야망은 항상 한계를 찾게 되는데, 머스크는 모델X에서 그의 한계를 발견하는 듯했다. 그러나 머스크는 실패에 대한 거듭된 자기비판에도 불구하고 자신의 충동을 가라앉히거나 물러서려는 기미를 전혀 보이지 않았다. 심지어 모델X에 대한 그의 공개적인 뉘우침은 무심한 듯 자부심을 드러내는 분위기를 풍겼다. 제품의 실패로 수백만 달러의 이익을 놓치든 수많은 고객 경험을 망치든 상관없어 보였다.

머스크는 2017년 주주총회에서 모델X가 '파베르제의 달걀Fabergé egg(19세기 러시아 차르 황실의 보물. 사치품이라는 의미로 쓰인다)' 같다고 말했다. "모델X는 정말 놀라울 정도의 제품이지만, 너무 멋진 사양이 많이 담겨 있어서 버전2, 버전3로 나눠서 출시되었어야 했습니다. 지나치게 자신만만했던 저희는 다시는 만들어낼 수 없는 훌륭한 차를 만들어냈죠. 하지만 아마도 이 차를 만들지 말았어야 했나 봅니다."

12

결함, 폭로,
드라마

"리콜이라는 단어를
다시 생각해봐야 합니다."
2014년 1월 이후 삭제된 트윗에서, 일론 머스크

2014년 초, 키이스 리치^{Keith Leech}는 한 웹사이트에서 사고가 난 테슬라 모델S의 사진을 자세히 들여다보다 하나의 패턴이 있음을 알아차렸다. 거의 모든 사진에서 자동차의 바퀴가 서스펜션에서 떨어져나가 있음을 본 것이다. 이후 그는 모든 테슬라 사고 차량 사진에서 이 패턴을 찾아내기 시작했다. 결국 그는 사진 공유 사이트인 플리커^{Flickr}에서 '웜피 휠즈^{Whomfy wheels}'라는 닉네임으로 사진

앨범을 만들기 시작했다. 이로써 1인 십자군이 탄생한 것이다.

　　리치는 자신이 테슬라의 안전 문제를 일부러 찾아 나선 것이 아니라고 말한다. 몇 년 전 그는 자신의 집에 태양 전지판 시스템을 만들던 중 인터넷을 통해 '선큐브SunCube'라는 회사를 발견했다. 선큐브는 태양 에너지의 발전을 혁명적으로 이뤄낼 거라 약속했고, 리치는 처음에 그 속임수에 넘어갔다. 하지만 시간이 흐르면서 선큐브에 실제 제품이 존재하지 않음이 분명해졌다. 그 이후로 이들은 온라인에서 대립하기 시작했다. 선큐브의 개발자는 리치를 사기꾼이자 범죄자라 불렀고, 리치는 그 개발자를 명예훼손으로 고소하여 승리했다. 사우스오스트레일리아 주정부와 45만 호주달러의 계약을 맺었던 선큐브는 결국 파산하면서 불명예를 얻었다. 리치는 이 일을 통해 새로운 취미를 갖게 되었는데, 그것은 바로 그린 스캐밍green scamming(어떤 집단이나 제품을 실제보다 더 친환경적으로 보이게 만드는 것)을 적발해내는 일이었다.

　　그 당시 세상의 이목을 끌었던 친환경 기업 테슬라가 리치의 레이더망에 걸려들었다. 하지만 그의 초기 조사는 단순히 테슬라의 환경 관련 주장을 살펴보는 일이었다. 그러다 그가 망가진 바퀴와 서스펜션을 찾아냈을 때, 그는 두 번째 선큐브를 발견했다고 확신했다. 비록 그가 공학 학위를 지닌 사람은 아니었으나, 그는 영국 항공부에서 기계 및 전기공학 수습직으로 일했으며 스스로를 '눈대중 엔지니어'라고 여겼다.

모델S의 무게와 함께 약하고 결함이 생기기 쉬워 흔히 사용하지 않던 주물 알루미늄 서스펜션을 부품으로 사용한 점을 고려해보면서 그는 문제가 있음을 직감했다.

모델S가 미숙한 기술로 형편없이 생산되었다고 확신한 리치는 자신이 문제의 증거로 보았던 내용을 기록하기 위해 1인 온라인 캠페인을 시작했다. 모델S 차량의 파손된 서스펜션 이미지가 담긴 그의 플리커 '웜피 휠즈'의 사진이 점점 더 늘어나면서, 그는 자신이 공공의 위험을 밝혀낸 거라고 더욱더 확신하게 되었다. 그리고 리치는 테슬라 포럼에 경고문을 올리기 시작했다. 심지어 미국 도로교통안전국의 민원 데이터베이스에 모델S가 실패작일 가능성에 대해 올렸다.

전화상으로 통화했을 때 리치는 약간 별난 사람처럼 느껴지긴 했지만, 그의 별난 아이디와 괴짜 같은 말투, 전투적인 집요함이 인터넷에서는 완전히 정신 나간 사람처럼 보일 수 있었다. 그의 십자군 원정이 편집증적이며 방어적인 테슬라 포럼 문화와 충돌하자, 이 조합은 말 그대로 폭발적인 결과를 낳았다. 리치는 그림자 세력을 대신해 전기차에 대한 'FUD(공포, 불확실성, 의심)'를 퍼뜨리는 전기차 안티anti라는 이미지와 딱 들어맞았다. 포럼에서 나타난 즉각적인 반감이 리치의 불독 같은 공격성을 건드렸고, 포럼에서 리치를 차단할 때마다 그는 새로운 아이디로 등록해서 다시 그 포럼으로 바로 돌아가곤 했다.

2016년 초까지 리치는 테슬라 포럼의 도깨비 같은 존재가 되었고, 서스펜션 문제를 언급하는 사람은 누구든 리치의 계정 중 하나라고 비난받을 정도로 위협을 당했다. 피터 코다로Peter Cordaro라는 테슬라 소유주가 테슬라모터스 클럽에 다음과 같은 글을 게시했을 때, 서스펜션이라는 주제는 이미 어디에서나 노출된 상태였다.

저는 2013년 5월에 모델S를 구입했고, 이 차를 정말 아낍니다. 그렇긴 하지만, 지난 일요일 제가 시속 8킬로미터의 저속으로 비포장도로를 운전하며 겪은 일에 대해 모두에게 말씀드려야겠습니다. 그 도로가 험해서 에어서스펜션이 최대 상태로 올라갔습니다. 가파른 언덕을 내려가자 무언가 부러지는 소리가 들렸고 핸들이 왼쪽으로 쏠리는 것을 느꼈어요. 차를 멈추고 살펴보니 왼쪽 앞바퀴 쪽 서스펜션이 파손(허브와 어퍼컨트롤암이 분리)되어 있었습니다. 조향장치가 분리되었기에 두말할 것도 없이 이 차는 더 이상 운전이 불가능했어요. 정말 다행이었던 건 제가 빠른 속도로 달리고 있지 않았던 점입니다. 만약 빠르게 달리고 있었다면 부상을 입었거나 심지어 사망에까지 이르는 비극적인 일이 일어났을 수도 있었죠.

테슬라에 연락을 취했더니 서비스센터까지 제 차를 견인해갔

> 습니다. 테슬라는 제 차가 보증 대상에 포함되지 않는다고 알
> 렸고, 고장의 원인은 일반적인 마모 현상이라고 했습니다. 저
> 는 지금까지 살면서 여러 대의 자동차를 소유했었는데, 이번과
> 같은 경험을 한 적은 단 한 번도 없습니다. 제 차는 12만 킬로
> 미터를 달렸어요. (게시글 그대로 발췌)

포럼의 회원들은 곧바로 피터의 항의가 진짜인지 아닌지 의심하기 시작했고, 그가 자신의 차량 서스펜션이 망가지도록 한 거라고 생각했다. 그가 사진을 보여주며 비포장도로에서 낮은 속도로 차를 운전한 것 외에는 한 일이 없다고 주장하자, 다른 테슬라 소유주들이 여기에 서스펜션 파손에 대한 이야기를 덧붙이기 시작했다. 이렇게 사례가 쌓이기 시작한 후에도 포럼 회원들 상당수는 게시자의 동기를 밝혀내는 일에 더 관심이 있는 듯 보였다.

매일 테슬라 포럼을 읽으면서 그 이야기를 계속해서 지켜봐왔지만 기사화할 가치는 없다고 생각했다. 그러던 어느 날 코다로가 올린 글은 즉각 내 관심을 끌었다. 코다로는 이전에 테슬라가 보증 수리를 거부하고 있다고 쓴 바 있었다. 그런데 갑자기 이제 와서 테슬라가 수리비의 50%를 할인하는 데 합의했다고 밝힌 것이다. 대신 테슬라는 '기밀유지

협약'에 서명할 것을 요구했다고 했다.

이 계약서에는 선의로 수리해주는 대가로 고객은 그 어떤 요청이나 피해로부터 테슬라를 면제시켜주고, 선의로 해결되는 문제와 관련된 어떤 것에 대해서도 테슬라를 고소하지 않겠다고 약속하며, 전체 사건을 기밀로 유지하기로 합의한다는 내용이 담겼다. 광범위한 기밀 조항은 이 사건에 대한 모든 것을 포함했다. 해결 중인 문제, 이 문제를 야기한 일련의 사건들, 테슬라가 이 문제에 대해 선의의 수리를 제공했다는 사실, 그리고 기밀유지협약 그 자체를 포함하고 있었다.

이 계약서에 쓰인 용어를 보니 자동차 안전 규제의 관점에서 볼 때 상당한 문제가 있음을 즉시 알아차릴 수 있었다. 미국 도로교통안전국에게는 신차의 결함 가능성에 대한 두 가지 주요 정보 출처가 존재한다. 첫째, 자동차 제조사가 자체적으로 결함을 보고하고 비필수 안전 결함에 대해 공고하거나, 필수 안전 결함에 대한 리콜을 실시할 수 있다. 둘째, 차량의 소유자는 미국 도로교통안전국에 직접적으로 결함 데이터를 보고할 수 있으며, 이 데이터베이스는 미국 도로교통안전국이 잠재적 결함에 대해 조사할 것인지 아닌지를 결정하는 데 사용한다. 테슬라가 잠재적으로 필수 안전 결함이 있는 차량의 소유주에게 기밀유지협약에 서명하도록 한 것이라면, 이러한 관행은 소유주의 결함 보고를 효과적으로 차단하고 미국 도로교통안전국이 제조사의 보고에만 의존하도록 한 것이다.

가장 최근에 있었던 토요타 급발진과 GM의 점화 스위치 문제 같이 자동차 안전에 관련된 스캔들을 여러 차례 기사화했던 나는 상당한 양의 데이터나 법공학연구소 없이 결함을 입증하는 것이 거의 불가능하다는 것을 알았다. 따라서 테슬라의 기밀유지협약과 같은 정책은 결함을 은폐하려는 명백한 징후일 것이다. 비록 어떠한 결함이 입증되지 않았다 하더라도, 차량 소유자가 미국 도로교통안전국에 결함을 보고하는 것을 막는 기밀유지협약이 존재한다는 것은 심각한 안전상의 문제가 되었다.

나는 인터넷에서 테슬라가 결함 가능성 문제를 제기한 고객들에게 기밀유지협약을 요구한 다른 경우를 찾아보기 시작했고, 두 건을 더 찾는 데까지 그리 오랜 시간이 걸리지 않았다. 그중 한 건은 테슬라모터스클럽에서 찾았는데, 한 테슬라 차량 소유자가 '제어장치와 자동차 브레이크 잠김 방지, 조향장치, 바퀴의 정지 마찰력 등' 자신의 차량에 수많은 문제가 있다는 항의를 남긴 글이었다. 당시 테슬라의 서비스를 담당하던 담당 부사장과 직접 연락한 뒤 이 소유자는 테슬라가 기밀유지협약의 대가로 차량 수리에 합의했다고 전했다. 세 번째 건은 테슬라가 결함이 있는 모델X를 회수하기 전에 다음과 같이 기밀유지협약을 요구했다고 주장했다.

제가 15만 달러의 위약금이 포함된 기밀유지협약을 맺지 않는 한, 테슬라는 결함이 있는 제 차량을 제가 소유하지 못하도록 했습니다.

테슬라는 결함이 있는 모델X를 판매했습니다. 그런 뒤 이 차의 소유권을 다시 가져가버렸고 제가 모르게 차량 등록을 취소했습니다. 테슬라는 제가 결함에 대해 보고할 수 없는 협약에 서명하지 않는 한, 대리점에서나 다른 재구매 조건으로 차를 살 수 없도록 하고 있습니다. 만약 테슬라와의 계약을 위반한다면, 저는 15만 달러를 지불해야 합니다. 이제 테슬라는 제 모델X의 소유자이며 저는 제 돈으로 구입한 이 차를 소유하고 있지 않습니다. 이 차는 온갖 결함으로 가득 차 있습니다.

테슬라가 잠재적인 결함이 있는 차량의 소유자에게 '선의의 수리'나 '차량 소유권'을 대가로 기밀유지협약에 서명하도록 요구한 각기 다른 세 가지 사례를 찾고 나서, 나는 내 블로그에 이런 제목의 글을 썼다. '테슬라 서스펜션 파손은 죄가 아닌 은폐다.' 비록 내가 찾아낸 사례들 전부가 서스펜션 파손과 관련된 것은 아니었지만, 코다로의 글이 가장 완결성이 있었고 정확히 글자 그대로 표시된 협약의 사본까지 포함하고 있었다.

마침내 도로교통안전국과 연락이 닿아 이 글에 대한 의견을 구하자, 그는 웃으면서 자동차 기자들 몇몇이 내 글을 기사화하려고 노력 중이라 말했다. 그런 뒤 다음과 같은 공식 성명을 내게 알려주었고, 나중에 이를 내 글에 추가했다.

"도로교통안전국은 테슬라 모델S의 잠재적 서스펜션 문제에 대해 조사 중이며, 차량 소유자 및 테슬라로부터 추가적인 정보를 구하고 있습니다."

도로교통안전국은 테슬라의 기밀유지협약에 대해 알게 되었다. 도로교통안전국은 소비자가 안전 문제와 관련하여 도로교통안전국에 연락해서는 안 된다는 의미를 내포하는 용어를 사용하는 것은 용납할 수 없다고 즉각 통보했고, 테슬라가 해당 용어를 삭제하기를 기대했다. 테슬라의 대변인은 소비자들이 도로교통안전국과의 접촉을 만류하려는 의도가 아니었다고 말했다.

그다음 날 저녁, 침대에 누워 쉬고 있었는데 휴대폰에서 진동이 울렸다. 나는 이 책을 쓰기 위해 첫 번째 인터뷰 일정을 내일 이른 아침으로 잡아두었는데, 트위터 알림을 확인하자마자 내가 계획했던 대로 일찍 잠들 수 없을 거라는 사실을 깨달을 수 있었다. 내가 블로그에 올린 글에 대해 테슬라가 공식적인 답변을 달았고, 나에 대한 댓글은 비난과 지지의 글로 뒤섞여 있었다. 내가 이제 막 그 이야기의 일부가 되어버린 셈이었다.

기밀유지협약에 대한 명백한 진술을 고려해볼 때, 나는 테슬라가 저자세를 취할 거라고 추정했다. 내가 분명히 지목했던 문제, 즉 망가진 서스펜션의 '죄'가 아니라 소유주의 결함 신고를 막았던 '은폐'에 대해 테슬라가 변명할 수 있는 부분은 전혀 없었다. 하지만 테슬라는 내 이야기를 비틀어 마치 내가 테슬라 차량에 위험하고도 리콜이 되지 않는 서스펜션 결함이 존재함을 증명하려고 애써온 것처럼 보이도록 만들었다.

'걸러서 들으세요'라는 제목의 블로그 글은 이렇게 시작한다. '모델S 서스펜션의 안전성에 대해서 몇 가지 사항이 정리될 필요가 있습니다.'

'첫째, 모델S 또는 모델X의 서스펜션에는 안전상의 결함이 존재하지 않습니다.' 이는 '잠재적인 서스펜션 문제를 검토 중이다'라는 도로교통안전국의 발언을 고려했을 때 다른 자동차회사라면 피했을, 의미가 지나치게 분명한 용어를 사용한 글이었다. 하지만 이 진술에서 중요한 부분은 그것이 진실인지 거짓인지가 아니라 논의되는 주제를 다른 것으로 바꿀 수 있는 능력이었다. 도로교통안전국이 기밀유지협약 정책이 '문제가 되며', '받아들일 수 없다'라고 선언한 뒤에 이를 방어할 방법이 없었기 때문에 테슬라가 취할 수 있는 입장은 서스펜션 파손 문제에 초점을 맞추는 일이었다.

게시물의 글은 다음과 같이 이어졌다. '둘째, 도로교통안전국은 그 어떤 조사도 개시하지 않았고, 심지어 본격적인 조사에 착수하기에 앞서 이뤄지는 가장 기초 단계인 '예비평가'도 시작하지 않았습니다'라고 전했다. 기껏해야 이는 의미론적인 트집이었다. 도로교통안전국은 내게 '잠재적인 서스펜션 문제를 검토 중'이라고 말했을 뿐 아니라 〈뉴욕타임스〉와 〈로이터〉 같은 매체의 보도는 도로교통안전국의 '검토'와 '데이터 수집'이 진행 중임을 확인했다. 이는 안전 규제 당국이 더 이상의 추가 검토가 필요 없다고 결론 내릴 때까지 그 문제는 미해결 상태로 남겨진다는 것을 의미했다.

머스크는 이후 트위터를 통해 도로교통안전국이 '모델S 서스펜션에 대한 안전상의 문제점을 찾아내지 못했으며, 우리의 데이터를 추가로 필요로 하지 않았다'고 밝혔다. 따라서 도로교통안전국이 '조사' 절차의 일환으로 여전히 데이터를 수집하고 있음을 확인했을 때까지 조사가 필요하지 않다고 공식화했다는 사실은 널리 받아들여졌다.

블로그의 게시글은 다음과 같이 이어졌다. '셋째, 테슬라는 고객이 도로교통안전국이나 다른 정부기관과의 대화를 차단하기 위해 문서에 서명하도록 한 적이 없고, 앞으로도 결코 그런 요구를 하지 않을 것입니다. 이것은 터무니없는 일입니다.' 기밀유지협약의 내용과 도로교통안전국의 진술에서 입증되었듯, 이는 자명한 거짓이었다. 테슬라는 과거

실행했던 자발적인 리콜에 대해 열거하면서 테슬라가 안전성에 대한 대책을 제대로 세워두었다며 계속해서 주장했다.

이 게시물은 '전 세계적으로 테슬라만큼 안전에 신경 쓰는 자동차 회사는 없다'라고 주장했는데, 이 주장은 마치 결함보고법을 준수하는 것이 신차를 판매하는 회사의 최소한의 법적 행위가 아닌, 다소 이례적인 행위처럼 만들었다.

그러나 테슬라는 맨 마지막 부분에 자사에 가장 유리한 내용을 남기면서 나를 '이 문제를 조작한 블로거'라 칭했다. 그리고 8년 전 내가 썼던 '테슬라 데스워치'를 언급했다. 그러면서 나의 중립적인 입장에 대해 의구심을 표명했다. '저희는 니더마이어가 단순히 음모를 꾸미려는 것인지 아니면 테슬라의 주가에 악영향을 미침으로써 금전적인 이익을 얻으려는 것인지 알 수 없습니다. 하지만 테슬라를 상대로 한 공매도 베팅이 수십억 달러에 이른다는 것에 주목해야 합니다. 이는 사소한 문제를 아주 크게 부풀려 허위사실을 만들어내 재정적 이득을 얻는 투자 전략이 도처에 있을 수 있음을 의미합니다'라고 언급했다.

테슬라가 자사를 비판하는 사람의 명예를 실추시키려고 했던 것이 처음은 아니었다. 이들은 노골적으로 비평가들의 명예를 훼손시켜왔다. 내가 그 이야기를 '조작'했다는 주장은 분명 도로교통안전국의 진술과 기밀유지협약을 수정하라는 요구에 따르기로 한 테슬라의 차후 결정과 모순되었다. 또한 테슬라는 내가 그 이야기의 어떤 부분을 '조작'했다는 주장을 뒷받침할 그 어떤 증거도 제시하지 않았다.

내가 테슬라 주식을 '공매도'해 금전적인 이익을 얻기 위해 이 문제에 대해 글을 썼다(혹은 '조작'했다)는 의견 또한 아무런 증거 없이 제시되었다. 이 의견은 테슬라 지지자들이 과거에 나와 다른 이들을 공개적으로 비난했던 일로 인해 나온 것이었다. 이전에도 주식의 공매도에 대해 부인한 바 있었지만, 테슬라의 비난이 거짓이라는 점을 명백하게 밝히기 위해서 나는 이례적으로 테슬라가 성공하든 실패하든 경제적인 이해관계가 전혀 없음을 밝히며 이에 대한 '위증죄 처벌'을 증언하겠다고 블로그에 글을 썼다.

그렇게 한들 달라지는 것은 없었다. 인터넷 여기저기에서 테슬라의 비방은 마치 사실인 것처럼 계속해서 반복되었다. 인터넷에서 나는 테슬라 '공매도' 조작을 위해 혹은 테슬라 사업을 '방해'하기 시작한 것으로 보이는 정유회사나 자동차업체에 고용된 날조자로 맹비난을 당했다. 수많은 기자들이 내가 쓴 글을 옹호하며 테슬라의 근거 없는 개인적인 공격을 비난했음에도 테슬라의 주장을 액면 그대로 받아들이는 대다수 테슬라 팬들의 의견을 조금도 바꾸지 못했다.

나 혼자만이 이러한 공격에 직면하고 있던 것은 아니었다. 테슬라의 게시물은 테슬라모터스 클럽 게시글로 이어져 피터 코다로에게 책임을 추궁하고 있었다. 테슬라는 글에서 코다로의 차가 다른 차량에서 본 적 없을 정도로 '매우 비정상적으로' 녹이 슬어 있었다고 언급했다. 이들은 코다로가 비포장도로가 길게 이어진 곳에 살았고, 이러한 조건으로 인해 문제가 발생한 것이라고 주장했다.

코다로는 테슬라모터스 클럽에서 다음과 같이 글을 쓰면서 이 주장이 틀렸음을 밝혔다.

> 테슬라는 제 주소를 알고 있었기 때문에 그런 말도 안 되는 주장을 하기 전에 집 주소를 지도에서 찾아봐야 했습니다. (…) 이 주장은 전혀 앞뒤가 맞지 않는 거짓말입니다. 저는 펜실베이니아주 코넬스빌 포장도로 주택가에 살고 있습니다. 그날은 아내와 함께 곰보버섯을 채취하려고 외출했기 때문에 제가 앞서 말씀드렸던 것처럼 비포장도로에서 차를 끌고 다녔던 거죠. 우리는 2시간 동안 3킬로미터의 울퉁불퉁한 시골길을 다녔습니다. 제가 다닌 길은 대부분 고속도로였어요. 이렇게 터무니없는 주장을 하다니, 부끄러운 줄 아십시오!

나와 마찬가지로 코다로 역시 테슬라모터스 클럽 회원들로부터 악랄한 공격을 받았다. 이 클럽에서 가장 적극적으로 활동하는 몇몇이 이 공격을 주도했는데, 이들은 잠재적인 안전성 문제를 폭로한 사람들의 신뢰성과 동기를 의심했다. 반면 클럽 회원들 가운데 일부는 다음과 같이 주장하면서 반박했다. 소유주로서 이들의 관심사는 철저하고 독립적인 조사가 이루어졌는지 확인하는 것이다. 이들은 회사에 대한 정당한 비판을 묵살시키는 투자자의 이해관계보다 잠재적인 대중의 안전이 더욱 중요하다고 말했다.

공개 정보 공유에 의한 소유주의 이익과 테슬라에 부정적인 정보를 묵살시키려는 투자자의 이익 사이의 분열은 한동안 계속 나타났다. 2013년부터 분열되기 시작한 테슬라모터스 클럽은 테슬라 투자자들과 열광적인 팬들 스스로가 도로교통안전국에 결함에 대한 보고를 하지 말라고 소유주들에게 얼마나 압력을 가했는지를 강조했다.

하지만 이 '침묵의 규율'은 테슬라의 안전성 문화에 대해 새로운 의문을 제기했을 뿐이었다. 테슬라의 기밀유지협약이 결함 신고와 더불어 계약 존재 자체를 알리는 것 모두를 막았기 때문에 얼마나 많은 결함이 있었는지를 확실히 파악하는 것은 거의 불가능했다. 특히 다른 주요 업체 차량의 수와 비교하여 주행 중인 테슬라의 차량 수가 확실히 적다는 점을 고려해보면, 그만큼 많은 수의 문제 제기가 있었다는 점은 모든 요인을 감안할 때 기적에 가까운 것이었다.

테슬라의 서스펜션 문제에 대한 도로교통안전국의 조사는 결국 '심사' 단계를 거치지 않았고, 오토파일럿의 안전성이 언론의 관심을 끌게 되면서 이 사안에 대한 관심은 잦아들었다. 서스펜션 파손에 대한 글은 계속해서 올라왔고 리치는 계속해서 온라인 활동을 벌였지만, 법공학 연구에 자금을 댈 충분한 돈이 없었기에 조사는 결국 진행되지 못했다.

모든 테슬라 포럼으로부터 여러 번 탈퇴를 당한 리치는 계속해서 도로교통안전국에 항의를 제기했고, 여러 차례 독특한 이름의 트위터 계정으로 일론 머스크를 괴롭혔다. 그의 노력은 도로교통안전국의 조사가 진행되지 않은 상태였기에 온라인에서의 그의 존재는 점점 더 이상한 분위기를 풍겼다.

기밀유지협약이라는 드라마 같은 상황에 직면한 나는 근본적인 서스펜션 문제에 대해 거의 잊고 있었다. 그로부터 몇 달 후 전직 자동차 엔지니어와의 점심식사 자리에서 테슬라 얘기가 나오자마자 그는 내게 서스펜션 결함 가능성에 대해 어떻게 생각하는지를 물었다. 나는 의심가는 부분이 있지만, 그것을 증명하는 일이 불가능하기 때문에 그 문제에 대해 완전히 포기했다고 그에게 말했다.

그는 웃으면서 이렇게 설명했다. 자신이 차량을 재설계하는 일을 했었는데, 무게를 줄이기 위해 강철 컨트롤암을 주조 알루미늄으로 교체했었다는 것이었다. 이렇게 교체함으로써 바라던 결과를 만들어내긴 했지만 안전상의 품질을 보장하는 일이 가장 중요한 문제였다. 알루미늄 주물은 다공성에 매우 취약한데, 이는 주물이 주조되는 동안 공기가 액체 금속에 갇히거나 금속이 냉각되면서 기포가 형성되기 때문이다. 이렇게 자그마한 구멍은 주물을 약화시킬 수 있고, 무거운 차량의 서스펜션에 가해지는 강렬하고 반복되는 압력으로 인해 주물이 파손될 수 있다.

"그 후에 우리가 뭘 했어야 할까요?" 엔지니어가 물었다. "우리가 요구한 사양에 맞는지 확인하기 위해 공급업체가 만든 컨트롤암을 하나씩 엑스레이로 촬영해야 했어요. 그리고, 수많은 컨트롤암을 교체하게 되었죠." 그가 웃었다. "결국 강철로 돌아갔죠. 추가비용이 들고 품질 문제가 발생하기 때문에 무게를 줄여서는 안 된다는 걸 알게 된 거죠."

내가 물었다. "그럼, 이 키이스 리치라는 사람이 뭔가 제대로 주장하는 거라고 생각하십니까?" 그는 잠시 생각할 시간도 없이 바로 답했다. "차량의 무게와 주조 알루미늄의 사용, 그리고 테슬라가 제조 경험이 부족하다는 사실을 보면… 네, 그렇게 생각합니다." 나는 너무나 놀랐다. 나는 인터넷광으로 알려졌던 한 남자의 예감을 입증할 수 있는 주조 알루미늄 서스펜션 부품을 제작한 경험이 있는 자동차 엔지니어를 만나게 될 줄은 전혀 몰랐다.

결국 도로교통안전국은 테슬라의 서스펜션에 결함이 존재한다는 판단을 하지 않았지만, 당시에는 그렇게 판단하는 것 자체가 아마 거의 불가능했을 것이다. 머스크는 테슬라가 매주 수백 건에서 심지어 수천 건씩 자동차 엔지니어링을 변경하고 있음을 종종 자랑스럽게 얘기하곤 했다. 이는 일반적으로 중요한 엔지니어링을 변경하기 위해서 신모델 출시년도가 바뀔 때까지 기다리는 전통적인 자동차회사들보다 테슬라가 더 민첩한 기업임을 시사했다. 머스크는 이와 같은 '반복 엔지니어링 iterative engineering'이라는 접근방식을 더 나은 자동차를 만드는 소프트웨어 기반의 혁신방식이라 드러내는 것을 좋아했다. 하지만 이렇게 끊임없이 계속되는 변경은 자동차 안전성 규제에 대한 이해가 부족했기 때문이며, 결국 이것이 자동차에 긍정적인 영향을 거의 주지 않았다.

도로교통안전국은 테슬라 소유주로부터 받은 결함 데이터 외에도 문제가 있는 부품을 사용하는 차량의 '구매자 수'를 알아야 했다. 기록된 파손 건수와 잠재적으로 영향을 받는 구매자 수를 비교해야만 이것이 통계적으로 유의미한 결함인지 아닌지를 결정할 수 있기 때문이다. 하지만 차량의 문제를 지속적으로 보고하는 대신 계속해서 그 부품을 바꾸는 테슬라의 반복 엔지니어링 때문에 규제 당국은 얼마나 많은 차량이 특정 부품의 특정 버전을 갖고 있는지를 확실히 알지 못한다.

도로교통안전국은 기껏해야 2년마다 엔지니어링을 변경하는 기존 자동차회사들의 안전성 규제조차 힘겹게 해왔다. 규제 당국이 문제를 적발해내기까지 124명의 목숨을 앗아간 GM의 점화 스위치 결함과 같은 사건은 규제 당국이 문제를 찾아내려는 노력이 상당히 느린 속도로 진행되고 있음을 보여준다. 또한 부품 번호 변경으로 표시되지 않은 부품이 변경되었음을 알아내는 일은 거의 불가능한 것으로 드러났다. 심지어 기밀유지협약과 문제에 대한 공개 토론을 막으려는 팬 문화가 있는 상태에서 규제 당국이 어떻게 테슬라의 끊임없는 엔지니어링 변경을 파악할 수 있는지는 상상하기 어렵다.

자동차 안전 규제를 효과적으로 어길 수 있는 테슬라의 힘은 차량 전원이 갑자기 꺼지고 에러 코드가 떴던 문제를 처리했던 방식을 보면 생생하게 드러난다. 이 문제는 자동차 전문 웹사이트인 에드먼즈닷컴 Edmunds.com은 물론 전 세계 수많은 소유주들에 의해 보고되었다. 결함이 있었던 GM의 점화 스위치 문제와 비슷하게 갑자기 테슬라 전기차의 전원이 꺼지는 문제가 발생했다. 상대적으로 빠른 속도로 고속도로를 달리는 경우도 있었다는 수많은 사례들에서 안전상의 문제가 명백히 나타났음에도 테슬라는 이 문제를 가진 단 한 대의 차량도 리콜을 실시하지 않았다.

자신의 생업에 도움이 될 거라 생각하여 모델S를 구입한 프랑스의 어느 택시 운전사가 내게 연락해 특이한 이야기를 들려주었을 때, 그 상황에 나는 놀라고 말았다. 그가 갑작스러운 전원 꺼짐 현상을 무섭게 경험하고 난 뒤, 테슬라는 이 차의 고압 컨택터를 교체했다고 한다. 하지만 이 문제의 원인에 대해 설명하지 않고 다음과 같이 적힌 서비스 청구서를 주었다.

　"정신적인 편안함과 탁월한 자동차 소유 경험을 제공해드리기 위한 일환으로, 테슬라 차량에는 원격 진단 서비스를 지원하는 텔레매틱스 시스템이 장착되어 있습니다. 이 차량은 전원 스위치와 전원 공급장치를 가장 최근의 부품으로 교체해야 한다는 원격 진단을 받았습니다."

　온라인 포럼에서 이와 유사한 문제에 대한 글을 찾아보기 시작했던 나는 하나의 패턴이 반복되고 있음을 빠르게 알 수 있었다. 이와 비슷한 갑작스런 전원 꺼짐 현상을 겪은 소유주들이 많았을 뿐 아니라 '탁월한 자동차 소유 경험'을 제공하는 예비 수리 서비스에 대한 미스터리한 표준 문안을 이야기한 경우도 전 세계를 통틀어 12건이 넘었다.

　테슬라는 어느 소유주에게 갑작스런 전원 꺼짐은 펌웨어 문제 때문이라고 했지만, 몇 달 뒤 그에게도 프랑스 택시 기사에게 보낸 것과 동일한 메시지를 담은 이메일 청구서를 보냈다. 또 다른 소유주는 "고객님의 차량이 스위치와 전원 공급장치 업데이트를 받게 될 가능성이 있는 것으로 파악했습니다"라는 이메일을 받았다고 전했고, 다른 소유주들은 "고객님의 차량이 가장 최신 부품으로 지속적으로 개선되고 있는지 확인하십시오"라는 미명하에 이와 유사한 요구사항을 받았다고 전했다.

테슬라는 차량 시동이 걸리지 않는 문제를 시정하는 고압 컨택터 '업그레이드'를 위한 두 가지 버전의 기술 서비스 공고를 게시했다. 테슬라는 수리 작업을 "업그레이드"라 부르고 최악의 경우는 시동을 걸지 못한 경우라고 하면서, 리콜이 요구될 수 있는 안전성 문제에 대한 그 어떤 언급도 제기하지 않았다. 교통부 감찰관의 이후 보고에 따르면 GM은 이와 유사한 수법을 사용해 도로교통안전국이 치명적인 결함을 발견하지 못하도록 했다고 한다.

테슬라는 소유주들에게 직접 접근함으로써 차량이 위험하게 시동이 꺼질 수 있음을 알고 있다며 '스텔스 리콜'을 효과적으로 수행할 수 있었다. 소유주들에게 테슬라가 그 문제를 적극적으로 개선하고 있다고 말하며 시동 멈춤 문제에 대한 그들의 불만을 문서화하지 못하도록 함으로써, 테슬라는 도로교통안전국에 진실을 숨길 수 있었다. 그리고 테슬라는 여전히 '선의'로 수리된 문제에 대해 그 누구와도 이야기할 수 없다고 말하는 기밀유지협약 서명을 요구하고 있었다. 따라서 도로교통안전국은 이 문제에 대해 그 어떤 데이터도 받아볼 수 없었다.

비록 이 문제를 부상이나 사망과 결부시킬 수는 없지만, 테슬라가 이 문제를 해결하기 위해 리콜을 실시했었어야 한다는 생각에는 의심의 여지가 없다. 도로교통안전국은 1970년 이래로 핵심적인 주행 능력의 상실을 본질적인 안전에 영향을 미치는 것으로 간주해왔다. 그리고 2004년과 2013년 사이에만 시동이 멈춘 결함을 해결하기 위해 약 91건의 리콜이 실시되었다. 이 중 하나가 2013년 포드의 포커스 일렉트릭 리콜이었는데, 이는 테슬라의 접촉기 문제와 거의 동일한 증상을 해결한 것이었다.

2015년 토요타와 다임러는 RAV4 EV와 메르세데스 B클래스 ECell에 대한 리콜을 각각 실시했는데, 운행 중 전원이 갑자기 끊기는 문제를 해결하기 위함이었다. 이 두 차량의 파워트레인은 테슬라와 협력하여 개발 및 제작한 것이었다. 고압 컨택터(메르세데스)의 상태와 모터 속도(토요타)를 고려해보면 두 차량의 문제 모두 테슬라가 만든 구동장치에 잘못된 신호 문제가 있었고, 이 두 회사는 테슬라와 협력하여 문제점을 파악했다. 오직 테슬라만이 무엇이 문제였는지 완벽히 알 수 있었고, 진실을 감추려는 테슬라의 태도에서 자신감이란 찾아볼 수 없었다.

테슬라가 안전상의 문제를 은폐하려는 동기는 미국 증권거래위원회 연례보고서 '위험요인' 섹션에서 확인해볼 수 있다. 그 섹션의 제목은 '우리는 제품의 리콜을 실시하거나 다른 조치를 취해야 할 수도 있기 때문에 브랜드의 이미지와 재무실적에 부정적인 영향을 미칠 수 있다'였다. 테슬라는 리콜에 대해 이렇게 언급한다. "리콜을 실시하면 상당한 비용이 들고, 경영관리를 다른 쪽으로 전환해야 하며, 다른 자원이 필요할 수 있다. 그리고 우리의 사업이나 전망, 재무 상태 및 운영 결과뿐 아니라 시장에서의 우리 브랜드 이미지에 부정적인 영향을 줄 수 있다."

테슬라에 자신감을 불어넣어주었던 투기적인 높은 평가와 그에 따른 주가 변동성을 감안해보면, 리콜 사태는 테슬라에 특히나 큰 타격을 입힐 수 있었다. 테슬라가 자체적으로 개발한 전기구동장치의 안전성과 관련된 모든 것은 무엇이든 엄중히 보호되어야만 했다. 고압 컨택터에 의한 일련의 사건과 토요타와 다임러의 구동장치 리콜 문제가 발생한 이후에도 테슬라는 "과거의 리콜이나 시정 조치 중 어느 것도 테슬라의 전기구동장치와 전혀 관련 없다"라며 자랑스럽게 언급했다.

또한 테슬라는 독특한 판매 및 서비스방식을 운영함으로써 자동차에 발생한 문제를 숨길 수 있었다. 프랜차이즈 딜러점은 미국 내 다른 모든 자동차회사를 고객에게 알리는 곳이기 때문에 보증수리 및 서비스 불만사항은 모두 제3자에 의해 문서화되고 청구된다. 테슬라는 자체 대리점과 서비스센터를 가지고 있었기 때문에 법적인 신고 요건을 피하기 위한 '스텔스 리콜'을 지시했고, 실제 고객의 불만사항이 서비스 송장에 들어가지 않도록 하는 독특한 능력을 갖추고 있었다. 테슬라는 수리를 '선의'로 기록함으로써 보증 예비금으로 설정한 금액을 늘릴 필요가 없었다.

테슬라는 자동차의 안전성에 대해 거침없이 이야기한다. 높은 충돌 테스트 점수와 테슬라의 엔지니어링이 충돌 사고를 방지한다고 신뢰하는 소유주들의 개인적인 보고에 대해 상당한 자부심을 가지고 있다. 테슬라가 안전성 보장을 위해 충분히 노력하지 않았다고 느꼈던 오토파일럿 엔지니어들을 제외하고, 내가 이야기를 나눠본 모든 테슬라 엔지니어들은 동일한 반응을 보였다. 이들은 테슬라가 가능한 한 안전하게 자동차를 설계하기 위해 얼마나 오랜 시간을 투자하는가에 대해 자랑스럽게 여겼다.

결국 안전성에 대한 테슬라의 문제는 소프트웨어의 세계에서 규제가 심하고 생사의 문제가 걸린 자동차의 세계로 옮겨오면서 생겨난 몇 가지 독특한 속성으로 귀결된다. 비록 리콜이 안전성 관련 문제에 대한 책임 있는(그리고 법적으로 반드시 필요한) 대응이지만 테슬라의 주가 상승은 리콜로 이어질 수 있는 문제를 감추기 위한 인센티브를 제공한다고 추측하는 이들도 있다. 더욱이 '최소 실행 가능한 제품'을 출시하고, 시간에 지남에 따라 차량의 엔지니어링을 반복하는 테슬라의 접근 방식은 충분히 검증되지 않고 잠재적으로 문제가 될 수 있는 차량이나 부품을 시장에 출시할 가능성을 키우는 방식일 뿐이다. 그뿐 아니라 계속된 업그레이드로 안전을 감독하는 규제 당국의 조사를 어렵게 만든다. 도로교통안전국의 조사를 조직적으로 회피하는 듯한 테슬라의 모습은 까다로운 규제와 느릿느릿 움직이는 관료들을 무시하는 실리콘밸리의 문화를 상기시키기도 한다.

비록 자동차회사들은 정기적으로 결함이 있는 차량을 생산하고, 이 업계가 적어도 10년에 한 번씩은 커다란 안전 문제를 전면적으로 마주하면서 견뎌내고 있지만, 자동차업계는 규제란 함께 짊어지고 가야 할 일부분이라는 사실을 잘 이해하고 있다. 일반적으로 자동차 엔지니어들과 업계 임원들은 자신이 생산하는 제품이 본질적으로 위험하다고 본다. 하지만 안전 규정 준수에 대한 건실한 기록이 남아 있다면 큰 문제가 될지 모르는 민사 책임 소송을 방지하고 완화하는 데 도움이 될 수 있다고 생각하고 있다.

대부분의 자동차회사들은 그 회사의 역사에 부끄러운 순간을 지니고 있다. 이 순간은 안전 문제를 무시하거나 은폐했기에 발생한 일로, 그 회사의 집단적 기억에 지울 수 없는 흔적을 남긴다. 결과적으로 심한 부상이나 사망까지 초래하는 자동차 결함 대부분은 일부러 만들어낸 속임수의 결과라기보다는 자동차회사라는 거대조직의 특성과 복잡성, 공급업체 등을 통해 나온 제품의 부산물이다.

아무리 테슬라가 미래를 향한 원대한 비전을 가지고 있다 해도, 테슬라의 현재 상황은 너무나 불안정하다. 너무 과장된 선전과 기대감을 심어주었던 만큼, 단 한 번의 리콜로 인한 테슬라 브랜드의 손상은 테슬라의 비전만큼 신뢰감 상실로 이어질 수 있다. 테슬라의 무모한 판단을 뒷받침하기 위해서는 견고한 비즈니스가 반드시 존재해야만 한다. 그렇지 않으면 신뢰감의 상실이 인재 채용이나 신규 자본조달, 궁극적으로 기업 생존에까지 치명적인 결과를 초래할 수 있을 것이다.

테슬라가 주창하는 세계를 구하겠다는 미션과 함께, 이와 같은 불안정한 상태를 지님으로써 회사 내부에는 '수단과 방법을 가리지 않는' 문화가 계속해서 만들어지고 있다. 생존과 구원이라는 강력한 두 가지 동기는 규제 준수와 같은 문제를 쉽게 무시해버리고 기밀유지협약을 통해 결함을 은폐하도록 만든다. 또한 테슬라는 비평가들을 공격하기 위한 간편한 무기를 만들어냈다. 이들은 이야기의 초점을 자사의 의심스러운 행동에서 오로지 지구를 구하려고 하는 회사를 망가뜨리려는 비평가들의 동기에 대한 추측으로 옮겨버린다.

물론, 여기서의 문제는 이러한 문화적 피드백 루프가 결국 언론에 대한 적대감으로 전락할 거라는 점이다. 언론들이 테슬라에 뭔가 캐낼 만한 사연이 있다는 사실을 알게 되면서 테슬라와 그 팬들은 언론들의 취재에 공격적으로 대응했고, 상호 적대시하는 사이클이 반복되는 모습을 나는 여러 차례 직접 확인했다.

13

리마스터플랜

"2년 내에 도로가 연결되고 국경에 막히지 않는다면

어디서든 자동차를 호출할 수 있을 것입니다.

예를 들면 여러분은 LA에 있고 자동차는 뉴욕에 있는 것이죠."

2016년 1월 10일, 일론 머스크

기밀유지협약 사건과 조슈아 브라운의 충돌 사고로 드리워졌던 먹구름은 2016년 여름 어느 일요일 아침, 일론 머스크가 갑작스러운 트윗을 올릴 때까지도 여전히 테슬라를 둘러싸고 있었다. "현재 톱시크릿 테슬라 마스터플랜 파트2를 세우고 있습니다. 이번 주말쯤에는 발표할 수 있기를 바랍니다."

이 메시지는 약 4,000번이나 리트윗되었다. 몇 개월간 이어진 일련의 사건과 조사에 방어적인 태세를 취하던 테슬라의 새로운 마스터 플랜은 테슬라를 지지하는 팬들에게 이들이 바라는 것을 다시 되돌려 주겠다는 약속이었다. 팬들은 머스크가 내놓을 대담한 미래 비전에 흥분하고 있었고, 테슬라의 주가는 예상대로 4% 급등했다.

하지만 그가 했던 수많은 약속과 마찬가지로 머스크의 두 번째 마스터플랜이 나오기까지는 예상보다 오랜 시간이 걸렸다. 그로부터 6일 후 머스크는 트위터에 이렇게 글을 남겼다. "일요일은 한 주의 마지막 날입니다. :)" 이 글에서 그는 하루 6시간도 못 자고 있다는 사실을 밝히면서 '엄청난 양의 크랙(코카인의 일종인 마약)'의 도움으로 집중하고 있다는 농담을 했다. 다음 날, 트위터를 통해 한 번 더 발표를 연기했다. "오늘 밤은 @스페이스X 출시에 집중해야 합니다. 그 후에 테슬라의 (마스터)플랜을 게시하겠습니다."

며칠 뒤 트위터로 기대감을 자아냈던 머스크는 드디어 그 계획을 발표했다. '마스터플랜 파트2'라는 제목의 게시물은 2006년 마스터플랜의 핵심 내용과 근거에 대해 요약해서 공개했다. 이 계획이 테슬라 전략에 대한 공격을 막아내지는 못했지만, 어쩌면 '무작위'로 보였을 테슬라의 결정을 설명하기 위함이었다고 언급했다. 머스크는 이러한 맥락에서 "우리가 먼 미래를 상상하고 삶은 여전히 유의미하다는 것을 보여주기 위해 지속 가능한 에너지의 개발을 여전히 가속화하고 있습니다"라고 말했다.

이 멀지만 확고한 목표로 계속 나아가기 위해 머스크는 10년 전 약속에 계속해서 묶여 있을 수는 없었다. 결국 로드스터의 절반 가격에서 시작하기로 했던 '저렴한 가격'의 모델S는 평균 거래 가격이 10만 달러에 가깝게 되었다. 게다가 모델X의 가격은 모델S의 가격보다 훨씬 비쌌다. 그러나 계속해서 이렇게 높은 가격이 책정됨에도 불구하고, 테슬라의 그 어떤 자동차도 원래 마스터플랜에서 예상했던 대로 후속 모델의 개발을 위해 충분한 현금 유동성을 만들어내지 못했다.

하지만 테슬라는 오랫동안 약속해왔던 '보다 저렴한' 모델3의 프로토타입을 선보였고, 머스크는 새로운 약속을 할 준비가 되어 있었다. 우선, 테슬라와 솔라시티는 태양광과 배터리사업을 통합시키기 위해 합병한다고 했다. 머스크는 테슬라와 솔라시티가 별도 회사로 남아 있을 경우 새로운 태양광 지붕이 생산될 수 없다고 설명했다. 머스크가 2012년부터 줄곧 약속해왔던 100% 태양에너지 슈퍼차저에 대해 단 한 차례도 언급하지 않은 것으로 보아 이번 합병에서 의미 있는 역할을 하지 못한 것 같았다.

클린에너지 문제가 해결되자 머스크는 자동차 쪽으로 향했다. 머스크는 모델S와 모델X가 "상대적으로 적은 두 개의 세그먼트만을 겨냥하고 있다"고 인정하면서, 앞으로 출시할 모델3, 모델Y 크로스오버, 픽업트럭이 "대부분의 소비자시장에 대응할 것"이라고 약속했다. 그런 다음 테슬라는 세미트럭과 '승객 밀도가 높은 도시형 운송'에 초점을 둔 상용차 부문으로 향하게 될 것이다. 이렇게 일곱 가지 차량, 즉 대형 승용차/SUV, 소형 승용차/SUV, 픽업트럭, 세미트럭, 미니버스의 형태로 테슬라는 머스크가 상상할 수 있는 모든 이동수단을 만들어낼 수 있을 것이다.

이러한 자동차들을 만들어내는 데 있어 성공의 열쇠는 테슬라의 엔지니어들이 '상당히' 집중하고 있다고 머스크가 말했던 '기계를 만들어내는 기계'일 것이다. 머스크는 '자동차 생산 분석 물리학 제1원칙'을 시작으로 테슬라가 2년마다 생산 시스템을 반복 개선해 약 2022년까지 생산 능력을 '5배에서 10배'까지 개선할 수 있을 것으로 예측했다. "지속 가능한 미래를 가속화하기 위해서 정말 중요한 것은 생산량을 최대한 빠르게 늘리는 것입니다"라고 머스크는 주장했다. 그러면서 지금까지 테슬라의 자동차 제작을 괴롭혀왔던 품질과 자본 효율성 문제는 무시했다.

이전 마스터플랜과의 가장 큰 차이점은 머스크가 더 이상 보다 저렴하게 전기차를 만들 것을 테슬라에 요구하지 않았다는 점이다. 실제로 머스크는 테슬라가 사업 방향으로 잡고 있는 자율주행 기술 때문에 3만 5,000달러의 모델3보다 저렴한 차량은 "반드시 필요할 것 같지 않다"고 구체적으로 밝혔다. 머스크는 모든 테슬라 자동차가 완전한 자율주행용 하드웨어로 제조될 거라고 약속했지만, 자율주행 소프트웨어에 대한 규제 승인을 받는 데 5년 반이 걸릴 것 같다고 말했다.

하지만 머스크는 이 규제 승인을 받게 되면, 미국 신차 평균 가격보다 더 비싼 센서가 탑재된 테슬라를 누구나 구매할 수 있는 세상이 될 거라고 예견했다. 머스크는 오토파일럿과 같은 시스템을 운전자가 감독할 필요 없이, 테슬라 소유주들이 자신의 자동차를 스스로 작동시킬 수 있을 거라고 다음과 같이 주장했다.

테슬라 앱의 버튼을 누르기만 하면 테슬라가 공유하는 차량군 fleet에 여러분의 자동차를 추가할 수 있으며 여러분이 업무 중이거나 휴가 중일 때 수익을 창출해낼 수 있을 것입니다. 이로써 매월 대출금이나 리스비용을 상당 부분 상쇄하거나 그 비용을 초과할 수도 있을 겁니다. 차량 공유는 거의 모든 사람이 테슬라를 소유할 수 있을 정도로 테슬라의 실제 소유비용을 상당히 낮춰줍니다. 대부분 자동차는 하루 중 5%에서 10% 정도만 차주가 이용하기 때문에, 진정한 자율주행차의 기본적인 경제적 효용성은 그것을 달성하지 않는 자동차의 몇 배가 될 가능성이 높습니다.

실제로 머스크는 테슬라가 경제적인 영구기관perpetual-motion machines 이 되기까지 약 5년이 걸릴 거라고 주장하고 있었다. 여러분이 만약 3만 5,000달러 이상의 대출을 받을 수 있기만 하면, 자동차를 소유할 수 있을 뿐 아니라 차량 소유주로서 순이익을 얻게 될 수 있다는 것이다. 비록 테슬라 소유주들에게 우버와 리프트를 이용해 자율주행차를 대여하는 일은 금지되겠지만, '테슬라 네트워크'는 이러한 개인 소유의 로보택시robotaxi를 가능하게 하고, 수요가 공급을 초과하는 지역에서는 테슬라가 전용 차량군을 제공하게 될 것이다.

전기구동에서 자율주행으로 중심축을 이동한 머스크는 이제 실리콘밸리의 동료들을 따라 자율주행 공유경제라는 약속된 땅으로 향하고 있었다. 하지만 테슬라는 결국 개인 소유를 기반으로 한 전통적인 자동차회사였다. 따라서 멋지고 비싸며 강력한 힘을 가진 자동차에서 구글과 같은 기업들이 생각하는 익명의 공유형 모빌리티로의 전환은 하루아침에 이루어질 수 없었다. 따라서 머스크는 공유 모빌리티 수익으로 테슬라의 개인 소유권을 보조하겠다고 약속한 것이다. 이 수익은 업무 시간이나 취침 시간에도 얻을 수 있는 것이었다.

하지만 머스크는 동그란 구멍에 네모난 못을 박으려고 했다. 개인 소유 차량으로 설계된 자동차는 절대로 택시 영업에 적합한 차량이 될 수 없다. 특히 테슬라의 자동차는 속도가 빠르지만 손상되기 쉬운 프리미엄 자동차였기에 더욱 그러했다. 테슬라의 모빌리티 서비스 경쟁업체 중 한 곳에서 특수 제작된 로보택시는 효율성과 내구성, 내부 공간이 최적화되도록 설계되어 킬로미터당 최저비용으로 가동될 수 있다. 가격이나 편의시설로 경쟁할 수 없는 개인 소유의 테슬라 로보택시는 영업을 통해 차량 소유자의 대출금이나 리스비용을 갚을 만큼 충분한 수익을 벌지 못할 것으로 보인다.

테슬라의 계획이 약속한 대로 진행될 수 있는 유일한 방법은 자율주행의 독점권을 지닌 상태에서 일반 택시 서비스와 경쟁하는 것이다. 이렇게 희박한 가능성의 시나리오에서조차 테슬라 소유주들은 추가 운행으로 인한 높은 유지비와 수리비 그리고 보험과 재판매 가치 감소를 감당할 만큼 충분한 수익을 낼 수 있다고 장담할 수 없다. 만약 정말로 로보택시로 소유자들이 돈을 벌 수 있는 적절한 기회가 있다면 테슬라가 스스로 로보택시를 운영했을 것이다.

테슬라의 자율주행에 대한 야망은 보이지 않는 곳에서 훨씬 더 큰 도전에 직면하고 있었다. 비록 테슬라의 공격적인 홍보 공세로 대중의 눈에는 이 사건이 그렇게 눈에 띄지 않았지만, 오토파일럿 시스템의 심장인 이미지 분석 칩 아이큐3^{EyeQ3}를 제공했던 공급업체 모빌아이^{Mobileye}와의 협력관계가 끝이 난 것이다.

모빌아이의 CEO 암논 샤슈아^{Amnon Shashua}는 2016년 7월 분기 실적

발표에서 이 협력관계가 끝난 이유에 대해 이렇게 설명했다. "제 생각에 파트너십은 단순히 기술만 제공하는 데서 그치는 것이 아니라, 그 기술이 어떻게 사용되는지에 대한 모든 측면에서 함께해야 한다고 봅니다."

머스크는 〈월스트리트저널〉을 통해 이렇게 반격했다. 자동차산업의 느릿한 혁신 속도에 익숙해져 있던 모빌아이에게 테슬라의 차기 버전 오토파일럿 작업이 위협적으로 느껴졌으리라는 것이다. 머스크에 따르면 "모빌아이의 기술 진화 능력은 아쉽게도 기존 자동차회사의 수백 가지 모델을 지원함으로써 부정적인 영향을 받아 엔지니어링 저항계수가 매우 높아졌다"고 한다.

샤슈아는 모빌아이의 칩이 브라운의 충돌 사고를 일으킨 일종의 교차 트래픽을 처리하도록 설계되지 않았다고 주장했고, 머스크는 모빌아이가 컴퓨터 비전에 대한 테슬라 연구에 의해 위협을 받았다고 주장하면서 이 설전은 9월까지 계속되었다. 머스크는 모빌아이가 "테슬라의 개발을 강제로 중단시키고, 비용을 더 지불하도록 했으며 향후 하드웨어에 이들의 제품을 사용하도록 강요"했다며, "테슬라가 자체 비전 개발과 배포 계획의 취소를 거부하자 모빌아이는 향후 플랫폼에 대한 하드웨어 지원을 중단했고, 이 중단이 안전성 우려에 의한 것임을 암시하는 공개 성명을 발표했다"고 주장하면서 갈등은 최고조에 이르렀다.

모빌아이는 다음과 같은 보도자료를 통해 테슬라가 안전 경고를 무시하고 있으며 테슬라의 기술이 안전성을 붕괴시키고 있다고 비난했다.

2015년 5월 모빌아이 회장과 테슬라 최고경영자 간의 대화에서 모빌아이는 오토파일럿 핸즈프리 사용에 대한 안전성 우려를 표명했습니다. 그 후 회의를 통해 테슬라 CEO는 오토파일럿을 활성화해도 '운전대를 잡고 있어야 함'을 확인했습니다. 이렇게 결정되었음에도 2015년 말 오토파일럿 기능은 핸즈프리 활성화 모드로 출시되었습니다.

모빌아이는 다음과 같은 견해를 가지고 있습니다. 교통상해와 사망자를 확연하게 줄이기 위한 차량 자동화의 장기적인 잠재력이 너무나 중요해서 소비자와 규제의 혼란을 감수하거나 생명을 구할 수 있는 기술적 발전을 위험에 빠뜨리는 불신의 환경을 조성하는 것은 쉽게 지나칠 수 없다고 봅니다.

실제로 모빌아이는 10년이 넘는 시간 동안 자율주행용 컴퓨터 비전을 개발하는 일에 매진해왔다. 이들이 테슬라와 맺은 계약은 매출의 1%에 불과할 정도로 모빌아이는 여러 자동차업체에 동일한 아이큐3 칩을 공급해왔다. 처음에는 테슬라의 오토파일럿이 모빌아이의 기술이 한계에 다다랐을 때 어떤 능력을 발휘할 수 있는지를 보여주었다. 하지만 브라운의 충돌 사고는 테슬라가 '자율성 경쟁'의 선두주자라는 인식을 위해 안전을 희생시킬 의도가 있음을 내비친 것이었다. 모빌아이는 이미 컴퓨터 비전 분야에서 선두주자였고 자동차업계 절반과 공급 계약을 맺고 있을 정도의 위치에 있었기 때문에 테슬라가 감수하고 있던 위험을 감수할 필요가 없었다.

모빌아이가 언론을 통해 기습공격을 한 지 한 달이 지나서, 테슬라는 포스트 모빌아이 오토파일럿 하드웨어가 새롭게 완성되었다고 발표했다. 새로운 하드웨어 세트가 만들어진 그 엄청난 속도는 테슬라 측의 이야기를 입증하는 듯 보였다. 분명 테슬라는 모빌아이와의 불화 이전에 시스템 작업을 시작했었다. 그리고 일반적인 자동차산업 제품주기와는 매우 다르게, 이미 모빌아이의 깊이 있는 경험을 대체할 준비가 되어 있었다. 무엇보다 중요한 것은 테슬라가 자사의 새로운 오토파일럿 하드웨어가 '자율성 경쟁'에서 테슬라를 선두주자로 만들었다고 주장하고 있었다는 점이다.

테슬라 블로그는 '현재 생산되고 있는 모든 테슬라 자동차는 완전한 자율주행 하드웨어를 갖추고 있다'라는 제목으로 업데이트된 시스템에 대해 알렸다. 이른바 '하드웨어2'는 머스크가 '고속도로 진입차선에서 시작해 진출차선까지' 5,000달러로 고속도로 여행을 할 수 있다는 약속을 실현할 '개선된 오토파일럿' 기능을 제공할 것이다. 그뿐 아니라 추가로 3,000달러를 지불하면 고객들은 '완전한 자율주행' 기능을 사용할 수도 있다. 공식적으로 테슬라는 완전자율주행이 가능하다고 주장하는 자동차를 판매하는 최초의 회사가 되었다.

단 한 가지 조건이 있었다. 그것은 바로 고객들이 '완전한 자율주행'에 대한 비용을 지불할 수는 있지만, 아직 그 기술을 실제로 이용해서는 안 된다는 것이다. 기자들과의 회견에서 머스크는 이렇게 상황을 설명했다. 공장에서 출시되는 모든 테슬라 자동차가 자율주행에 필요한 하드웨어를 갖추고 있지만, 이 기능을 사용할 수 있는 필수 규제의 승인을 받으려면 시간이 더 걸린다는 것이었다. 머스크는 이렇게 말했다. "중요한 사실은 우리가 믿기에 테슬라의 자동차가 적어도 사람보다 두 배, 어쩌면 그 이상으로 안전한 수준에서 완전한 자율성을 갖출 토대가 마련되었다는 것입니다."

다시 한 번 머스크의 발표 내용과 영상이 주요 뉴스에 등장하면서 브라운의 사고 이후 오토파일럿을 둘러싼 6개월여간의 애매모호한 상태와 의구심이 사라졌다. 그 대신 테슬라는 '레벨5' 수준의 자율성을 충족시키겠다는 약속을 분명히 했다. 이는 자동차가 사람의 개입 없이 지구상 어디서든 스스로 운전할 수 있음을 의미한다. 유일한 문제는 이 시스템을 출시하던 당시 오토파일럿의 핵심 기능이 부족했다는 점이었다.

하지만 머스크는 이 부분에 대해서도 기자들에게 2~3개월 내에 '개선된 오토파일럿'이 기존 모빌아이 기반의 오토파일럿과 동등한 기능을 갖추게 되리라 기대하고 있으며, 그 이후에도 지속적으로 개선될 것이라고 말하면서 이 기능의 신속한 출시를 약속했다. 머스크는 2017년 말까지 테슬라가 "충전기를 포함해 그 어떤 터치 한 번 없이 LA에서 뉴욕까지 주행하는 자동차를 시연해 보일 수 있다"는 거창한 주장으로 결론지었다.

이 엄청난 주장이 믿을만한 것임을 증명해 보이기 위해 테슬라는 영상 하나를 공개했다. 롤링스톤스의 음악이 나오는 동안 모델S가 어느 주택가에서 스탠퍼드대학교 인근의 테슬라 본사까지 자율주행으로 이동하는 영상이었다. "이 차의 운전석에 앉아 있는 사람은 법적인 이유로 그 자리에 있는 것일 뿐입니다." 이 영상의 첫 부분에서 이런 언급이 있었다. "운전자는 아무것도 하고 있지 않습니다. 이 차는 자율주행 중입니다."

목격자들에 따르면 테슬라는 이 차가 도로를 주행하는 모습을 여러 차례 촬영했고, 심지어 출퇴근 시간에는 촬영을 중단했다고 한다. 동일한 경로를 반복해서 운전하고 교통이 혼잡한 시간대를 피함으로써, 테슬라는 공개 영상을 소위 '도시의 교통'에 잘 맞는 것처럼 제작했다.

몇 달 후, 캘리포니아주가 완전자율주행 차량 시험에 필요한 〈시스템 해제 현황 보고서〉를 발표했을 때, 그 영상은 설득력이 떨어져 보이기 시작했다. 테슬라는 2016년 공공도로에서 '완전자율주행' 시스템

테스트를 단 885킬로미터 시행했는데, 이 영상이 촬영된 시기와 일치했다. 그리고 이 영상의 운전자가 '법적인 이유 때문에 그 자리에 있는 것일 뿐'이라는 주장을 했음에도 테슬라는 촬영을 한 4일 동안 182건의 시스템 해제(운전자가 통제권을 넘겨받을 수밖에 없는 경우)를 기록했다.

비록 이 사실이 테슬라의 시운전 차량이 운전자의 아무런 개입 없이 도로를 주행하는 데 실패했음을 증명하지는 못한다. 하지만 이 시스템은 인간에게 통제권을 넘겨주기 전까지 평균적으로 약 5킬로미터만 주행했음을 증명한다. 이 수치는 웨이모Waymo의 평균 시스템 해제 거리가 8,000킬로미터이라는 점과 BMW가 1,000킬로미터의 테스트에서 단 한 번 해제된 것과 비교해보면 훨씬 덜 효율적임을 알 수 있다. 또한 테슬라가 경쟁사들보다 '자율주행' 시스템을 훨씬 적게 테스트하고 있다는 사실을 증명했다. 같은 해 구글은 100만 킬로미터, 자동차 부품업체인 델피Delphi가 2만 6,000킬로미터, 폭스바겐은 2만 4,000킬로미터를 테스트했다. 테슬라가 실행한 '테스트'의 거의 대부분이 공개 영상을 촬영하는 동안이었다는 사실은 테슬라가 약속을 이행하기 위해 노력한다기보다 실현되지 않은 약속을 과대하게 선전하는 데 더 많은 시간을 소비하고 있다는 인상을 더해줄 뿐이었다.

이러한 사실이 알려질 때쯤, 테슬라는 이미 약속된 일정을 지키지 못하고 있었다. 2016년 말까지 개선된 오토파일럿은 기존의 오토파일럿과 동등한 기능을 갖추지 못했다. 그리고 테슬라 포럼은 이 시스템의 취약함을 기술한 글들로 가득 차 있었다. 그해 1월, 머스크가 '개선된 오토파일럿' 기능에서 '완전자율주행' 기능이 언제부터 시작되는지에 대한 질문을 받았을 때, 그는 아마 3~6개월 후에는 분명히 가능할 거라고 답했다. 이즈음 테슬라에서 오토파일럿 기능을 담당했던 스털링 앤더슨은 새로운 오토파일럿 하드웨어가 머스크가 약속했던 '완전자율주행' 기능에 맞춰 고안되지 않았다는 생각 때문에 회사를 떠났고(적어도 회사를 그만둔 이유의 일부는 그렇다), 같은 생각을 지닌 엔지니어들도 잇따라 회사를 그만두었다.

5월까지 테슬라 소유주들은 여전히 '개선된 오토파일럿'이 원래 시스템보다 더 나아지지 않았다며 항의했다. 머스크는 다음 업데이트를 통해 이 시스템이 훨씬 더 좋아질 거라고 약속했다. 하지만 그 업데이트로도 소유주들은 만족하지 못했다. 그뿐 아니라 머스크가 더 이상 오토파일럿 소프트웨어 개발에 대한 약속을 하지 않게 만들었다. 8월이 되자 테슬라의 팬사이트 일렉트렉은 테슬라가 이미 '하드웨어2.0' 세트를 새로운 센서로 교체했다고 전했다. 비록 일렉트렉이 새로운 시스템을 '하드웨어2.5'라고 불렀지만, 테슬라의 대변인은 이렇게 말했다. "일렉트렉에서 부르는 '하드웨어2.5'라는 명칭은 다소 과장된 표현이고, '2.1' 정도로 불려야 합니다. 이 하드웨어 세트에는 컴퓨팅과 연결 반복이 추가되면서 신뢰성이 아주 약간 향상되었지만, 추가적인 파스칼 GPU를 가지고 있지는 않습니다."

이번 업데이트는 테슬라가 끊임없이 번복을 되풀이해온 또 다른 일 례로 확인되었다. 그럼에도 한편으로는 테슬라가 1년 가까이 판매해온 하드웨어2.0이 장착된 자동차가 완전한 자율주행 능력을 갖추지 못할 수도 있다는 앤더슨의 생각을 확인시켜주기도 했다. 테슬라 포럼에서는 머스크의 약속에 대한 불신이 커져가고 있었다. 그러던 가운데 '개선된 오토파일럿'의 낮은 성능과 느린 업그레이드 속도로 실망감이 훨씬 심 해지면서 테슬라가 약속 이행을 하지 못할 거란 생각이 퍼져갔다.

2018년 여름이 되자 테슬라는 자체 개발한 새로운 프로세서를 탑 재한 세 번째 버전의 오토파일럿 하드웨어를 홍보했다. 이렇게 반복되 는 하드웨어 변경은 그의 과장된 표현과 그것을 실제로 만들어내지 못 하는 능력을 보여주는 표식이 되었다. 머스크는 이번 하드웨어가 레벨5 수준의 자율성을 갖췄다고 말했다. 그뿐 아니라 미국 전역에서의 자율 주행 시범 운전을 공개하겠다고 트윗을 통해 전했다.

그러는 동안 테슬라의 지나치게 높은 주가를 정당화하려는 애널리 스트와 투자자들에게는 테슬라가 자율주행 경쟁에서 의미 있는 우위 를 점했다는 인식이 중요해졌다. 심지어 머스크가 마스터플랜 파트2를 발표하기 이전에 모건스탠리의 애널리스트 아담 조나스Adam Jonas는 테슬라가 온디맨드식(수요자 요구 맞춤형) 자율주행 서비스를 발표할 것으로 예측했고, 이 서비스만으로도 주당 124달러의 가치가 있다고 평가했다. 이로써 전체 주식 평가액이 200억 달러가 될 거라고 가정했다. ARK인베스트의 캐서린 우드Catherine Wood는 온디맨드식 모빌리티시장이 2조 달러 규모에 이를 수 있다고 지적하며 테슬라는 500억 달러 이상의 수익률을 보여야 한다고 거듭 주장했다.

테슬라가 높은 가치평가를 받을 수 있었던 차별화 지점은 테슬라가 판매한 모든 차량에 센서장치와 컴퓨팅 시스템이 장착되어 있었기 때문이었다. 즉, 전방 레이더와 전방 카메라 3대, 측면 카메라 4대, 후방 카메라, 360도 초음파 센서가 탑재되어 있어 테슬라의 언급에 따르면 '완전자율주행'이 가능했다. 이러한 센서장치는 초기 오토파일럿의 운전자 지원 기능을 위해 설계 및 제작된 것으로, 웨이모와 다른 자율주행 프로그램에서 사용된 센서장치에 비해 매우 저렴했다. 또한 이 장치는 테슬라가 자사의 모든 차량으로부터 데이터를 수집할 수 있도록 했다. 자율주행 소프트웨어를 자사의 모든 차량에 '그림자 모드'로 구동해 언제 어떻게 시스템이 작동하는지를 기록한다. 이로써 이론적으로 도로 상황을 인지하고 경로를 계획하는 데 사용되는 알고리즘을 검증할 수 있는 수백만 킬로미터의 실제 데이터를 제공할 수 있다고 주장했다.

테슬라의 팬과 월스트리트의 애널리스트들은 테슬라의 '그림자 모드'가 테슬라를 자율주행 분야의 선두주자로 만들었다는 데 혹했다. 하지만 자율주행 전문가들은 대부분 웨이모에 대한 도전자의 리더십에 이의를 제기하기는커녕, 테슬라가 머스크가 한 약속을 이행하는 능력에 대해 회의적인 반응을 보였다. 테슬라가 실제로 자동차에서 얼마나 많은 데이터를 끌어내고 있는지, 그 데이터가 무엇이 안전하고 무엇이 그렇지 않은지를 실제로 나타낼 수 있는지, 또는 어떻게 '그림자 모드'가 자율주행 소프트웨어의 개선을 이끌었는지에 대해 이해하는 사람은 아무도 없었다. 다른 자율주행 차량 개발자들 대부분은 언론을 통해 이러한 능력을 시연하고 입증해 보였다. 대신 테슬라는 이러한 공개 질문에 팬들과 투자자들이 낙관적인 전망을 내놓는 쪽을 선호했다.

테슬라 전략의 핵심인 상대적으로 저렴한 센서는 아킬레스건으로 작용하기도 했다. 테슬라가 단 하나의 전방 레이더를 가진 것에 반해 웨이모는 차량 전체적으로 네 개의 레이더를 갖추었음은 물론이고, 머스크가 오랫동안 너무 비싸고 자율주행에서는 불필요하다고 주장해온 라이더LiDAR센서 풀세트를 갖추고 있었다. 테슬라의 센서 세트는 레이더와 카메라가 겹치는 차량의 앞부분에만 다양한 중복 센서가 달려 있는 반면, 웨이모에는 카메라와 레이더, 라이더 등으로 360도를 중복 센서로 커버했다.

각각의 센서 유형은 서로 다른 부분에서 장점을 지니고 있다. 예를 들어 레이더와 라이더는 물체의 범위를 결정하는 일을 잘해내지만, 카메라는 일반적으로 물체를 인식하고 분류하는 일에 뛰어나다. 여러 가지 서로 겹치는 센서들은 자율주행 차량이 차량 주변의 자세한 모습을 파악할 수 있도록 한다. 또한 센서들이 훨씬 높은 수준으로 무엇을 인식하는지에 대해 확실성을 제공해주므로 피해야 할 대상이나 상황을 놓치거나 잘못 분류할 가능성이 줄어들도록 한다. 또한 여러 가지 센서는 날씨나 센서의 고장과 같은 물리적인 방해 때문에 하나의 센서가 작동하지 않을 때도 물체를 인식하도록 보완해준다.

다양하고 중복되는 센서의 중요성뿐 아니라 막대한 양의 데이터를 처리하는 데 필요한 컴퓨팅 파워는 자율주행 차량이 실제 현실로 나오자 그 중요성이 커졌다. 초기 공개 시연은 이 기술이 어디까지 왔는지를 보여주었다. 다음번 위대한 기술혁명이 곧 도래할 거라는 낙관론의 급증과 함께, 시간이 지나자 가장 어려운 부분이 여전히 해결되지 않고 있다는 사실 또한 분명해졌다. 근본적인 문제는 자율주행 자체가 아니었다. 가상이 아닌 실제로 인간이 운전하는 교통 상황이라는 예측 불가한 상황 속에서 높은 안전 수준을 유지하는 일이었다.

한번 생각해보자. 여러분이 운전을 하는 대부분의 시간에 자신의 신체적 능력이나 운전 기술을 최대한으로 활용하지는 않는다. 운전이라는 행위의 가장 중요한 문제는 대부분의 주행이 너무 뻔하고 예측 가능하다는 점이다. 간간이 동물이 길을 건너거나, 앞 트럭에서 건초더미가 떨어진다거나, 빨간 신호에도 움직이는 산만한 운전자로 인해 예상치 못한 상황이 갑자기 나타나는 경우가 있는데, 이런 상황에서는 안전하게 운전하기 위한 기술과 경험, 침착성이 필요하다.

이런 상황을 가리켜 '돌발 상황'이라고 한다. 이 상황은 단일 행위자로부터 일어날 수도 있고, 행위자들과 상황의 복잡한 상호작용에 의해 발생할 수도 있다. 이렇게 나타나는 순전한 무작위성은 자율주행차의 개발을 매우 어렵게 한다. 이러한 상황은 무작위로 나타나기 때문에 이 상황을 겪지 않고 수천 킬로미터를 운전할 수도 있다. 하지만 본질적으로 이 상황은 무작위로 발생하는 사건이므로 이 상황을 해결하기 위해 인공지능 시스템을 설계하는 일은 너무나 어렵다. 이 같은 '롱테일 리스크'는 자율주행 시스템이 '완벽'에 가까워질수록 남아 있는 '돌발 상황'을 예측하고 해결하기가 어려워짐을 뜻한다.

테슬라가 '완전자율주행' 옵션을 처음 판매하기 시작했던 2016년에 자율주행 기술은 대대적인 홍보의 정점에 있었다. 2018년 3월 조슈아 브라운 사건과 우버의 자율주행 시험 차량이 보행자와 충돌했던 치명적인 사고가 발생한 이후, 자율주행차에 대한 대중의 인식은 부정적으로 바뀌었다. 한편 자율주행차 개발자들은 '돌발 상황' 문제를 훨씬 더 심각하게 받아들이기 시작했다. 안전성이 중요하지 않은 소프트웨어업계에서 혁신을 발전시켰던 실리콘밸리의 '빠르게 실행하고 규칙을 깨라'는 신조는 생과 사를 결정하는 자율주행차 시스템의 개발에 어울리지 않은 듯 보였다.

운전자 보조 시스템용으로 설계된 센서 세트의 사용은 실리콘밸리의 '최소 기능 제품(완전한 제품 출시 전에 최소 실행 가능한 형태로 출시하여 고객들의 반응을 살펴보도록 만드는 제품)' 패러다임의 궁극적인 사례로 떠올랐다. 미완성된 자율주행 시스템이 감당할 수 없는 상황에 부딪힐 때마다 소프트웨어를 단순히 업데이트하려는 계획은 수많은 사람이 사망하는 상황을 포함하게 될 것이라고 가정해야만 한다. 자율주행차 개발이라는 과제는 자동차가 '자율주행'을 할 수 있다는 점을 대중들에게 단순히 납득시켜야 하는 일이 아니다. 이론적으로 액셀에 벽돌을 얹은 정도의 조그만 하드웨어로 달성해낼 수 있는 일이 아닌 것이다. 그보다는 자동차 스스로가 안전하게 운전할 수 있도록 만드는 것이 중요하다.

이러한 현실이 충분히 이해되자, 자율주행에 걸었던 기대가 점점 사그라들었다. 2018년 여름, 시장조사 및 컨설팅회사인 가트너Gartner는 최근 '하이프 사이클Hype Cycle(과대광고주기. '기술이나 제품의 출시', '기대 거품의 정점', '환멸의 계곡'의 단계로 이어지는 관심주기)'에 대한 분석을 내놓았다. 여기서 자율주행 기술은 '기대 거품의 정점'을 지나 '환멸의 계곡' 단계에 접어들고 있는 것으로 나타났다.

갈수록 완전한 자율성을 갖추겠다던 레벨5 차량의 전반적인 목표가 사라지고 '제한된 지리상 위치나 특정 지역에서만' 작동하는 레벨4 자율주행차의 목표와 유사해지고 있었다. 자율주행차의 사용 설계 영역을 완전히 지도로 그려진 특정 지역으로 제한하고 그 위치에서 발견된 조건에 맞게 시스템을 최적화함으로써 돌발 상황의 가능한 범위를 관리할 수 있는 수준으로 줄여나가는 것이다.

2016년 대대적인 홍보에서 물러남으로써 테슬라는 반대로 곤란한 상황에 고립되었다. 테슬라보다 훨씬 더 정교한 센서와 컴퓨팅 시스템을 개발하는 회사들이 레벨5 단계는 환상이라 말한 반면, 테슬라는 레벨5 시스템을 위한 예약금을 계속해서 받고 있었다. 웨이모가 2018년 말 애리조나주 피닉스 교외 지역에서 최초로 자율주행 서비스를 개시하던 때, CEO 존 크라프치크John Krafcik는 자율주행차가 모든 위치와 기상 조건에서 제대로 작동하지 않을 수 있으며, 자율주행차가 보편화되기까지는 "생각보다 더 오랜 시간"이 걸릴 수 있다고 공개적으로 인정했다. 최고의 기술을 갖춘 자율주행 개발자들 대부분이 사석에서 이와 동일한 이야기를 몇 년 동안 계속해왔다. 오직 테슬라만이 아무것도 바뀐 게 없는 것처럼 기존의 입장을 고집했고, 2018년 10월 별다른 설명 없이 완전자율주행을 '옵션 선택에서 삭제'했다.

하지만 전직 오토파일럿 엔지니어가 내게 말했던 것처럼, "당시 테슬라가 뭘 할 수 있었겠나?" 만약 오토파일럿이 안전하지 않거나, 완전한 자율주행이 결코 가능하지 않다는 사실을 인정했다면, 막대한 법적 책임과 엄청난 주가 하락으로 이어졌을 것이다. 완전자율주행의 경우 소비자들은 처음부터 자신이 지불한 옵션에 대한 인도일이 정해져 있지 않음을, 그리고 만약 규제 당국이 이를 승인하지 않는다면 절대 인도받을 수 없다는 사실을 알고 있었다. 수많은 테슬라 소유주들에게 있어 이는 단순히 테슬라의 기술력을 신임하고 있다는 표현일 뿐 아니라, 이 회사의 이익에 도움을 줄 수 있는 방법이었다.

테슬라의 자율주행 기술 이야기를 여러 방면에서 살펴보면, 테슬라의 과대망상과 그러한 인식을 바탕으로 한 전략이 어떻게 무너지기 시작했는지 알 수 있다. 테슬라는 임시방편적으로 자율주행 기술을 만들어내기 위해 오토파일럿을 개발했고, 그 결과 모빌아이와의 관계가 끝나게 되는 치명타를 입었다. 테슬라는 모빌아이가 구현한 오토파일럿 기능을 구현하지 못했기 때문에 하드웨어 교체로 자율주행의 선두주자가 될 것임을 약속해야 했다. 그 후 다른 모든 자율주행 기술회사들이 자율주행차의 홍보가 과장된 것임을 인정했지만, 지나치게 낙관적인 약속으로 이미 돈을 챙겼던 테슬라는 기존에 주장했던 입장을 끝까지 고수해야만 했다.

무엇보다도 좋지 않았던 점은 완전한 자율주행이 테슬라의 핵심 자산 중 하나, 즉 일론 머스크를 향한 팬들의 믿음에 부정적인 영향을 미치고 있었다는 점이다. 테슬라에 관한 거의 모든 비판들은 테슬라가 제공했던 몇 가지 독특한 장점에 의해 상쇄될 수 있었다. 즉, 테슬라 자동차를 신뢰할 수 없고 제품의 품질은 형편없었을지 몰라도 테슬라 자동차는 멋있게 잘나갔다. 배터리 교환과 태양광 슈퍼차저에 대한 약속이 이행되지 않았을지 몰라도, 테슬라는 여전히 최고의 충전 인프라를 보유하고 있었다. 테슬라는 수익이 나지 않는 회사였을지 몰라도, 투자는 폭발적으로 증가했다. 완전한 자율주행과 관련해 테슬라 팬들이 할 수 있었던 일은, 머스크에 대한 이들의 믿음이 보상받을 수 없을 거라는 증거들이 쌓인다 해도, 이 믿음이 보상받기를 바라는 것이었다.

한편 테슬라는 제조와 서비스라는 자동차회사가 갖춰야 하는 역량이 부족했음에도 불구하고 다른 자동차회사들보다 높은 시장평가를 받았다. 테슬라가 이러한 평가를 받았던 것은 테슬라를 평가하는 기준이 그 어느 때보다 자율주행 기술에 초점이 맞춰졌음을 의미했다. 테슬라의 약속을 믿는 사람들은 테슬라가 가장 주목받는 신차를 제공하는 유일한 자동차회사일 뿐 아니라, 모빌리티 분야의 잠재적 파괴자가 될 것이라고 생각했다. 반면 테슬라의 약속을 믿지 않는 사람들은 테슬라가 자금을 모으려고 또 뻔뻔하게 도저히 구현할 수 없는 기능을 만들겠다고 허세를 부리는지, 그것이 정말 가치가 있는 일인지 의문을 가지기 시작했다. 그리고 일단 이러한 의문을 갖기 시작하면 또 다른 의문이 끝없이 이어졌다.

모빌리티 기술의 선두에 서기 위한 테슬라의 자율주행 전략에도 역시 엄청난 비용이 투입되었음이 밝혀졌다. 테슬라를 시작했을 때 가장 중요한 아이디어는 단순히 석유에서 전기로 구동장치를 전환하는 일이었다. 하지만 창업 10년 만에 스마트폰 기반의 차량 공유 서비스와 자율주행 기술까지 등장했다. 그러면서 테슬라는 모빌리티산업의 선두주자라는 이미지를 유지하기 위해 이 두 가지 아이디어를 모두 채택하려고 애썼다. 하지만 테슬라는 이미 전통적인 자동차산업에 갇혀 있었기 때문에 이 아이디어들을 채택하는 일은 단지 타협에 지나지 않았다. 전기 구동장치와 같이 지속적으로 혁신이 필요한 일과 달리, 진정 파괴적인 잠재력을 가진 기술을 기반으로 하는 기업들은 깨끗하게 비어 있는 종이 한 장에서 시작되어야만 했기 때문이다.

2016년 테슬라가 완전한 자율주행을 발표했던 시점만큼 이 함정에 대해 잘 보여주는 것은 없다. 당시 테슬라는 모델S와 모델X의 판매 증가를 위해 할인율을 조절하느라 애쓰고 있었다. 머스크가 월스트리트의 회의론자들에게 엄청난 수익이 날 거라고 밝힌 것처럼 2016년 3분기 할인으로 사상 최대의 매출과 이익이 이어지자, 테슬라는 시장의 기대치를 재설정해야 했다. 테슬라는 새로운 오토파일럿 하드웨어가 '완전한 자율주행'이 가능할 거라고 발표함으로써 부유한 고객층의 재구매를 이끌어내 수요에 문제가 되지 않는 선에서 가격 할인을 접을 수 있었다.

레벨5 수준의 자율주행이라는 약속을 통해 새로운 고급 차량을 판매한 것은 기술 전환의 전형적인 역설이라 할 수 있다. 설사 테슬라가 어떻게든 자사의 모든 차량을 진정한 자율주행차로 만들겠다는 머스크의 약속을 실현한다 해도, 이 차량은 최고급 자동차로 제작될 것이다. 즉, 개인 소유자를 위해 엄청난 가속도와 매력적인 디자인을 갖춘 차로 설계되는 것이다. 반면 로보택시는 지속적이고 반복적인 활용을 위해 튼튼한 외장과 함께 효율적으로 작동하는 저렴한 자동차로 설계될 것이었다.

테슬라라는 브랜드가 매력적인 이유는 이 두 가지 콘셉트를 동시에 갖고 있기 때문이다. 즉, 테슬라는 매력적인 고급 자동차 부티크인 동시에 모빌리티 분야의 최첨단기술을 가진 선두주자라는 것이다. 우리는 새로운 기술 공간에서 '퍼스트 무버'가 근본적으로 유리하다고 생각하기 쉽지만, 테슬라는 시대를 앞서가는 축복과 저주가 사람들의 기대와 생각에 맞춰서 신기술을 개발해야 함을 뜻한다는 것을 보여줬다. 그러나 시간이 흐르면서 이러한 신기술의 진정한 가능성이 드러나자, 테슬

라는 점점 전통적인 자동차산업과 최첨단기술의 모빌리티 분야 사이에

서 교착 상태에 빠진 것처럼 보였다.

14 ≡
기계를 만드는 기계

"여러분은 3~6개월 안에 소규모 팀과 함께 제품의 데모 버전을 만들 수 있습니다. 그러나 기계를 만드는 기계를 만들어내는 것은 최소 수백 배에서 수천 배 많은 자원이 필요하고 그만큼 어려움을 겪게 되겠지요. 저는 불과 두세 달 전에 이런 사실을 완전히 깨달았습니다."

2016년 5월 31일, 일론 머스크

"제 생각에 모델S와 모델X는 비평가들로부터 세계에서 가장 진보한 자동차로 평가받고 있기에, 그런 관점에서 지금까지 테슬라가 잘해왔다고 봅니다." 머스크는 2016년 1분기 테슬라의 결산을 발표하면서 애널리스트들과 기자들에게 이렇게 말했다. 모델3를 공개하자마자 테슬라가 내놓은 가장 중요한 차인 모델3

의 예약 주문이 수십만 건으로 늘면서 테슬라의 주가 또한 치솟았다.

모델3의 전례 없는 예약 물량에 힘입어 머스크는 액셀을 힘껏 밟고 더 나아가고 싶었다. 머스크가 말했던 것처럼 테슬라의 자동차는 디자인과 기술적 측면에서 환영을 받았지만, 모델X의 오랜 지연과 품질 문제로 인해 회사의 이미지는 손상된 상태였다. 머스크는 제조업체로서 테슬라의 약한 이미지를 강화시키기 위해 그가 테슬라의 '전략적으로 가장 큰 변화'라고 칭했던 일을 시작하려고 했다.

그는 "앞으로 우리가 달성해야 하는 가장 중요한 일은 자동차 제조업계의 선두주자가 되는 것입니다. 테슬라는 자동차 제조업을 매우 중요하게 생각하고 있습니다"라고 말했다. 최근 머스크의 리더십 스타일에서 보이기 시작한 패턴에 따르면, 이 목표를 달성하려는 그의 계획은 숨 막힐 만큼 야심찬 도전을 그의 팀에 불어넣어야만 했다. 그 당시만해도 아직 프로토타입 형태로만 존재했던 모델3는 계획보다 2년 앞선 2018년까지 50만 대를 생산할 예정이었다. 지금껏 포드의 모델T 이후로 그 어떤 자동차회사도 이렇게 빠른 생산을 계획한 적이 없었다.

이처럼 역사적인 과업을 달성하기 위해 테슬라는 모델S와 모델X를 제작하면서 보였던 관행을 깨고 있었다. 머스크는 모델3가 "생산을 위한 설계 단계"로 향할 거라고 말했다. "모델3를 매우 강력한 버전으로 만들기 위해 불필요한 요소가 들어가 있지는 않은지 상당히 엄격하게 확인하는 중입니다." 그가 설명했다. "또한 설계 엔지니어링과 제조 엔지니어링, 생산 사이에 보다 촘촘한 피드백 루프를 갖춰 제조 과정이 쉬워지고, 제조와 관련한 위험성이 낮지 않은 한 모델3의 그 어떤 요소도 승인될 수 없습니다."

잠시 동안은 머스크가 '그 일을 해내기' 시작한 것 같았다. 테슬라가 자동차 설계 및 엔지니어링에 뛰어난 기업이라는 사실은 부인할 수 없지만, 제조에 집중하지 못했기 때문에 이러한 장점이 계속해서 희석되어왔다. 모델3의 높은 생산량과 낮은 수익률은 지금처럼 테슬라가 품질을 관리하지 않는다면 큰 위협이 될 것이었다. 머스크는 테슬라를 제조 분야의 '리더'로 만들고 싶다는 포부를 밝힘으로써 불가능한 것을 얻으려 했을지 모르겠다. 하지만 테슬라의 팬들은 모델3의 성능이 최소한 모델X의 성능보다 개선되었기를 바랐다.

모델3에 대한 머스크의 열망이 집중되면서, 테슬라가 여전히 자만심에 빠져 있음이 분명해졌다. 머스크는 실적발표 후 3개월 내에 테슬라 디자이너들이 생산 버전을 최종 확정하기를 원했고, 생산은 불과 12개월 후에 시작되기를 기대했다. 이 계획에 따르면 모델3는 연간 50만 대를 생산하고 25%의 매출총이익을 얻는 데 18개월이 넘지 않을 것이었다. 머스크는 2020년까지 매년 80만 대에서 100만 대의 모델3의 생산을 기대했다.

머스크는 분기별 실적발표에서 이러한 새로운 계획을 발표하기 전까지 생산 담당 임원들과 이에 대한 논의조차 하지 않았다. 이때까지의 계획은 테슬라가 전형적으로 보였던 태도였다. 즉, 상당히 야심찬 계획이었지만, 해당 팀이 한계에 이를 때까지 밀고 나간다면 이론적으로는 가능했다. 테슬라 생산팀은 이와 같은 도전에 항상 대비해왔으나 머스크가 훨씬 더 야심찬 계획을 이들에게 공개적으로 알렸을 때, 이들의 사기는 떨어졌다. "불가능이란 별개의 문제입니다." 전직 테슬라 생산 담당 임원이 다른 이들이 말했던 바를 되뇌면서 내게 이렇게 말했다. "저희는 불가능에 익숙해져 있었어요. 그런데 이번 계획은 완전히 다른 거였죠."

제어가 되지 않는 머스크의 야망과 기술 낙관주의, 물리학적 분석 원칙 등으로 머스크는 테슬라 안팎의 제조업 전문가들을 종종 곤혹스럽게 만들곤 했다. 머스크는 거듭된 공개 논평에서도 생산 과정의 주요 개선 분야로 생산 속도와 용적 밀도를 꼽았다. 그는 이 문제를 해결함에 있어 빽빽하게 들어찬 로봇들이 아주 빠르게 움직여 사람이 따라잡을 수 없을 정도로 움직이는 공장을 상상했다. 즉, 그가 톱시크릿 마스터플랜 파트2에서 언급하게 될 '기계를 만드는 기계'를 상상한 것이다. 그는 계속된 애널리스트들과의 통화에서 "보행기를 밀고 다니는 할머니도 가장 빠른 생산라인의 스피드를 능가할 수 있겠다"면서 자동차업계의 느린 조립라인 속도에 대해 조롱했다.

이 목표를 달성하기 위해 머스크는 생산 과정에서 모델3의 생산 시스템을 계속해서 개선할 것을 요구했다. 2017년 모델3의 생산이 시작되었을 때, 조립라인의 '버전0.0'은 업계 표준과 대략적으로 비슷해질 것이었다. 1년 후 '버전1.0'은 더 발전된 자동화와 빠른 속도로 등장하게 될 예정이었고, '버전3.0'에서 머스크는 이전에 보았던 것과는 다른 공장을 구상했다. 마지막 버전이 나올 즈음에는 테슬라의 생산로봇이 알아챌 수 없을 정도로 빠르게 움직이고, 오직 공기 마찰에 의한 제약만 받을 거라고 예측했다. 완전히 자동화된 미래의 공장에서 인간의 역할은 로봇의 유지관리를 맡는 것으로 그 역할이 강등될 것이다.

점점 더 커져가는 머스크의 생산 속도와 밀도에 대한 집착으로, 모든 회의는 개선된 자동화에 대한 목표로 이어졌다. 하지만 테슬라에서 일하면서 수많은 제조공정의 어려움을 기꺼이 헤쳐나갔던 임직원들은 머스크의 설명할 수 없는 집착에 점점 더 환멸을 느끼기 시작했다. 머스크는 지루해 보이는 토요타의 철학을 테슬라의 문화에 주입시키지 말라고 했다. 그보다는 테슬라의 자동차 디자인이 엔지니어링 기술 능력을 끌어올릴 수 있도록 하는 일종의 비약적인 발전을 모색하고 있는 것처럼 보였다. 문제는 머스크의 주장이 일리가 있건 없건 간에 그 누구도 머스크에게 그것이 "틀렸다"고 말할 수 없었다는 것이다.

머스크가 왜 그토록 속도와 밀도에 신경을 썼는지는 아무도 알 수 없다. 모든 자동차산업이 따르고 있는 토요타 생산 시스템(다른 형태의 제조업도 마찬가지로 이 방식을 따른다)은 모든 형태의 낭비를 줄이는 것을 핵심적인 가치로 강조하고 있다. 그 결과 자동차 공장은 작업공정을 표준화하고, 작업자가 결함을 발견할 수 있도록 하며, 폐기물과 부품재고를 줄이면서 공급업체가 적시에 부품을 납품할 수 있도록 시간 조정을 할 수 있게 한다. 게다가 산업용 기계의 가격은 상당히 비싸기 때문에, 매년 자동차 생산 시스템 전체를 교체하겠다는 계획은 자본의 비효율성을 심화시키는 일이었다.

한편, 테슬라가 배터리팩 생산뿐 아니라 공급업체인 파나소닉의 셀 제조를 위해 네바다주 리노 외곽에 짓고 있던 '기가팩토리'는 머스크의 과장된 태도의 위험성을 보여주고 있었다. 이 공장의 목적은 마치 머스크의 엄청난 야망을 보여주기 위한 것처럼 보였지만 계획된 규모의 일부만 완성된 상황에서도 도로 인프라와 노동 및 주택시장에 부담이 가해지고 있었다. 또한 숙련공의 부족과 테슬라와 파라소닉의 기업 문화 충돌, 정전 사태, 품질 문제는 테슬라의 자동화 문제가 생겨나기 이전부터 앞으로 발생할 문제를 예견하고 있었다.

외부에서 봤을 때 모델3의 생산 전략은 마치 재앙을 준비하는 레시피처럼 보였다. 공격적인 자세를 취한 상태에서 생산 개시까지 시간은 불과 12개월이라는 기간밖에 남아 있지 않았다. 따라서 테슬라의 품질 개선 가능성을 크게 기대할 수 없었다. 머스크의 말대로 생산 속도가 빨라지면 결함이 생길 위험이 커질 뿐이었다. 그뿐 아니라 미숙련 근로자들이 결함을 잡아내기 이전에 수많은 자동차가 만들어질 수 있다는 위험도 생겨났다. 그리고 만약 단 한 곳의 공급업체라도 모델3의 폭발적인 생산 속도를 따라가지 못한다면, 테슬라는 생산을 서두르는 동안 엄청난 현금을 날리게 될 수도 있었다.

이런 목표를 달성하기 위해서는 머스크가 모델3 제작에 '최고의 인재'를 고용하는 일 이상이 필요했다. 이 일에는 수많은 사람들의 노력을 조직화하고 머스크가 요구하는 전례 없는 일정을 맞추면서도 일정한 품질을 유지할 수 있는 제조공정 문화가 필요했다. 수년간 테슬라를 괴롭혀왔던 모델S의 손잡이, 씰과 같은 품질 문제가 테슬라 포럼에 아직도 회자되고 있는 것을 볼 때, 현재의 제조공정 문화는 여전히 수준 이하의 품질을 막을 수 없는 것이 분명했다. 테슬라가 허름한 창고의 스타트업 정신에서 시작해 기존 자동차회사와 품질을 경쟁할 수 있을 때까지는 수년의 시간이 걸릴지도 모른다.

테슬라의 제조 능력을 의심하는 데는 충분한 근거가 있었다. 테슬라가 모델3 생산라인을 만들기 위해 계약했던 산업용 기계업체의 직원은(그를 '탐'이라고 하자) "테슬라는 자신들이 원하는 바가 무엇인지 알게 되자 혼란스러워 했다"고 설명했다. 탐은 프로젝트의 예산을 담당했기 때문에 테슬라 프로젝트의 다양한 부분에 대해 알 수 있었다. 그는 테슬라와 기존 자동차회사들과의 차이가 놀라울 정도라고 말한다.

보복에 대한 두려움으로 익명을 요구한 탐은 모델3 프로젝트의 혼돈은 이 제품이 겪었던 수많은 변화들에 모두 반영되어 있다고 말했다. 테슬라는 발주서에 서명하기 전에 이 프로젝트의 발주서를 다섯 차례나 수정한 뒤, 추가로 네 차례나 더 수정했다. 그가 일하던 업체는 테슬라의 일정을 맞춰줄 수 있었지만, 탐은 테슬라가 어떻게 자신의 약속을 지킬 수 있을지 알 수가 없었다. 탐에 따르면, 머스크가 말도 안 되는 마감일을 정해놓음으로써 '엔지니어들이 아직 승인되지 않은 설계 작업을 하도록 압력'을 받고 있었다고 한다.

머스크가 투자자들에게 모델3가 "생산을 위한 설계 단계"로 향하고 있으며, "설계 엔지니어링과 제조 엔지니어링 및 생산 사이에 보다 촘촘한 피드백 루프를 갖추고 있다"고 약속했음에도 불구하고 설계와 생산공정 사이의 조율은 제대로 되고 있지 않았다. 테슬라의 엔지니어들과 공급업체들은 머스크의 지적에 따르기 위해서 최선을 다했지만, 이 모든 문제를 해결할 시간 자체가 충분하지가 않았다.

이렇게 혼란스러운 상태는 생산공정 직원들의 이직으로 보다 악화되었다. 탐이 일했던 업체는 테슬라가 모델S와 모델X를 통합했던 두 번째 생산라인을 개발하는 일에 도움을 주었다. 모델X의 문제에도 불구하고 시간이 지남에 따라 이들의 작업 관계에는 실질적인 개선이 있었다고 한다. 하지만 머스크가 모델3 플랜을 빠르게 진행시키기 시작하면서 직원들 상당수가 좌절감에 빠진 채로 회사를 그만두었다. 이들은 수년간 테슬라에서 일해왔기에 일에 대해 전반적으로 잘 알고 있는 이들이었다. "저희는 원점에서부터 다시 시작했습니다." 탐은 이렇게 기억했다.

테슬라는 자사의 트레이드마크인 호화로운 프리몬트 공장에서 모델3 생산의 시작을 알렸다. 인도를 기다리고 있는 차량들이 연이어 줄을 서 있는 자리에서 임직원들은 회사의 성과를 극찬하고 있었다. 언제나 그래왔듯 머스크가 모델3를 몰고 무대에 올랐다. 그는 뜻밖의 예고를 전하기에 앞서, 차량의 특징과 기능에 대해 설명하면서 이 차를 소개했다.

"앞으로 6개월에서 9개월 동안, 저희에게 주어진 가장 큰 과제는 어떻게 엄청난 수의 자동차를 만들어낼 것인가 하는 점입니다"라고 머스크가 밝혔다. 그는 잠시 멈춘 다음 몇 차례 계속해서 말을 하려다가, 이렇게 불쑥 말하고는 웃어버렸다. "솔직하게 말씀드리자면, 저희는 이제 곧 생산 지옥에 빠지게 될 겁니다." 여전히 혼자 웃으며 머스크는 과장된 몸짓으로 자신이 농담을 하는 거라고 표현했다. "환영합니다, 여러분." 관중들이 그를 따라 웃기 시작하자 이들을 향해 말했다. "생산 지옥에 오신 것을요."

　2017년 초 머스크는 투자자들에게 테슬라가 7월에 생산을 개시하고, 8월에는 2,000대까지 생산량을 늘리고, 9월까지는 주당 4,000대를 달성하겠다고 말했다. 행사 이후 이미 생산이 진행 중인 것으로 되어 있던 테슬라는 2분기 투자자들에게 보내는 서한에서 이 목표를 다시 되돌려 수정했다. "지금까지 준비된 상황을 보았을 때, 3분기에 1,500대 조금 넘게 생산이 가능할 거라고 확신하고, 2017년 말까지 주당 5,000대 생산을 달성할 수 있을 것으로 봅니다." 개정된 서한에는 이렇게 적혀 있었다. "또한 2018년 적절한 시점에 모델3의 생산량을 주당 1만 대로 늘릴 계획입니다."

　테슬라는 해당 분기에 불과 260대의 모델3를 제작했다고 발표하면서 목표는 극적으로 줄어들었다. 그럼에도 "모델3의 생산이나 공급망에 근본적으로 문제가 없다는 사실을 강조하는 것이 중요합니다." 테슬라는 성명을 통해 이렇게 밝혔다. "저희는 해결해나가야 하는 문제들에 대해 잘 알고 있으며 제조상 장애가 되는 문제들을 단기적으로 해결할 자신이 있습니다."

　테슬라가 이 상황을 통제하고 있다고 주장했음에도, 상황이 그 누가 상상했던 것보다 더 심각하다는 기사가 조금씩 흘러나오기 시작했다. 〈월스트리트저널〉은 '9월 초까지만 해도 모델3 차체의 주요 부분들은 손으로 치기만 해도 엇나갔다'면서 '51구역'이라는 프리몬트 공장의 예비 구역에 자동화 기계가 설치되어 있음에도 불구하고 작업자들이 직접 차체를 용접하고 있다고 보도했다. 테슬라는 항상 그래왔듯 기자들이 오보를 통해 저널리즘의 경계를 넘으면서 '무자비하게 테슬라를 공격'한다며 〈월스트리트저널〉을 맹비난하는 성명을 발표했다. 하지만 기사의 주장을 구체적으로 반박하지는 않았다.

밝혀진 대로 테슬라는 자동차를 대량생산할 준비를 갖추지 못한 상태에서 대중적인 자동차를 생산한다고 발표를 했다. 단지 대중을 위한 쇼였던 것이다. "일론이 첫 번째 생산 차량이라고 했던 그 검은색 모델 3 말이죠? 그건 완전히 거짓말이었어요." 테슬라의 전 직원이 내게 이렇게 말했다. "제가 그 공장의 작은 동굴 같은 곳(51구역)에서 사람들이 그 차를 만드는 걸 봤어요. 그리고 머스크가 그 차를 타고 그곳을 떠났죠."

또 다른 직원은 행사장 무대 앞에 줄지어 선 차들에 대해 사실을 내게 확인시켜주었다. "만약 그 차들을 실제로 시험주행해볼 수 있었다면… 그 차들 중 단 몇 대만이 주행이 가능한 차량이었습니다." 그가 이렇게 설명했다. "왜냐하면 첫 번째 차량 그룹은 말 그대로 모든 부품을 시험주행해보기 위한 것이었기 때문입니다. 모두가 콘셉트카 형태의 시험주행 중이던 차였어요. 일단 차량을 제작하고 모든 부품이 잘 돌아가고 제대로 작동하면, 모든 부품을 10만 개 단위로 주문하게 됩니다."

이는 자동차업계에서 '프로토타입'이라고 부르는 것으로, 생산 장비 및 부품, 차량 자체를 테스트하기 위해 제한된 수의 차량만을 제조하는 것을 말한다. 실제 자동차의 생산은 공정 프로세스가 완전히 검증될 때까지 시작되지 않는다. 때문에 설계가 확정되기 이전에 생산의 시작을 알리는 일은 자동차업계 내에서 생각할 수조차 없는 일이지만, 테슬라의 고객들이 이해심 많은 이들인데다 테슬라가 지속적으로 일정을 번복해온 탓에 이런 일이 생겼던 것 같다.

머스크는 애널리스트들에게 "초기 생산 차량은 완전히 인증된 자동차로 교통부 승인과 환경보호국 승인을 받았다"면서, "어떤 식으로든 프로토타입이 아니다"고 말했다. 하지만 증거는 설계가 완전히 완성되지 않았음을 암시했다. 이듬해 1월, 테슬라는 '테슬라의 높은 성능과 내구성 기준에 맞는' 개선된 버전이 개발되었기 때문에 모델3 구동장치를 모두 교체해야 한다는 기술 서비스 공고를 공지했다. 테슬라는 자사의 표준과 맞지 않는 구동장치를 가지고 생산을 시작했음이 분명했다. 이렇게 되면 조립라인을 떠난 자동차를 다시 상당 부분 수리해야 하기 때문에 이런 결정을 내리는 일은 흔하지 않다.

직원들에 따르면, 모델3의 초기 생산은 "그저 악몽이었다." 부품 결함부터 통합 불량에 이르기까지 문제점은 다양했다. 예를 들면 충전 포트의 결함, 연결 포트가 잘못된 실내등, 프렁크frunk(자동차 앞쪽의 트렁크 공간) 단차 등의 증상이 있었다. 그러나 아마도 가장 큰 문제점은 테슬라가 다른 어느 회사보다 잘 만들었어야 할 배터리팩 문제였다.

'생산 지옥'은 기가팩토리를 강타했다. 야심차게 만들었던 자동화된 배터리팩 생산라인이 작동하지 않자 테슬라는 파나소닉 직원들을 배터리를 수작업으로 생산하는 일에 동원시켰다. 프리몬트로 향하는 배터리팩 출하가 매우 느린 속도로 이어졌다. 한 직원은 이렇게 회상했다. "한 팔레트에 열 개의 배터리가 들어가는 팔레트 다섯 개를 싣기로 한 컨테이너 화물트럭에 단 두 개의 팔레트만 실려 왔어요. 게다가 여기에 실린 모든 배터리가 완벽한 상태가 아니었습니다. 도대체 우리가 어떻게 해야 했을까요? 그런 식으로 몇 개월이 지났어요." 기가팩토리에서 생산된 배터리 품질 문제는 〈비즈니스인사이더〉와 〈CNBC〉, 〈블룸버그〉의 기사에서 확인되었다. 이 기사들은 조직 내 혼란과 낭비, 수작업 의존, 높은 폐기물 비율, 네바다 공장 전체에 걸쳐 있는 수많은 문제들에 대한 의혹까지 제기했다.

테슬라가 생산 마감일을 놓쳐버리자 일정을 맞추려고 허둥지둥 대던 태도는 더 많은 문제를 야기할 뿐이었다. 한 전 직원에 따르면 '생산 지옥'의 압박이 심해지면서 교육 및 유지보수 절차를 생략했다고 한다. 결국 이로써 공장은 안전성을 갖추지 못한데다 낭비가 심해진 곳이 되어버렸고, 이는 기존 자동차회사들에서는 거의 찾아볼 수 없는 문제들로 이어졌다.

　유지보수를 줄인 일은 특히 페인트 공장에 매우 큰 타격을 입혔다. 차체를 페인트 공정으로 운반하는 스키드를 제대로 청소하지 않아 모델S의 차체가 도색 탱크에 빠져버리는 일이 생겼다. 이 때문에 직원들이 30만 리터의 페인트가 채워진 탱크를 완전히 비울 때까지 8시간이나 가동이 중단되었다. 누미 공장 시절부터 썼던 컨베이어는 정비 직원이 상사에게 문제가 있다는 보고를 하자마자 갑자기 멈추었고, 이 컨베이어에서 680킬로그램짜리 배터리 트레이가 떨어지고 말았다.

　2017년부터 2018년 상반기 사이에 공장의 도장 부문에서 최소 4건의 화재가 잇따라 발생했다. 로봇이 페인트 색을 바꿀 때 시스템이 과도한 양의 색소를 호퍼에 분사했고, 이 호퍼에 페인트가 가득 쌓여 결국 페인트가 스프레이 암으로 새버렸다. 이와 동시에 차량을 이동시키던 스트랩에서 불꽃이 튀기 시작하더니 스프레이 암 바로 뒤에 있던 페인트에서 불이 나기 시작했다. 불길은 스프레이 암 여기저기로 번졌고 스프레이를 화염방사기로 만들었다. "말 그대로 불기둥이 공중에서 날아다니고, 페인트는 여기저기 뿌려졌죠. 그 페인트에 불이 붙고 차가 검게 타버렸어요." 도장 부문에서 일했던 전 직원은 이렇게 회상한다.

　말썽이 많았던 모델X의 생산 시기에 그랬던 것처럼 모델3의 '생산 지옥'이 닥치자, 머스크는 프리몬트 공장에서 자동차를 조립하면서 며

칠을 보냈고 회의실 근처 소파나 매트리스에서 잠을 청했다. 비록 그의 이런 헌신적인 태도가 그를 개인적으로 회사의 문제를 해결하는 사람이라 상상하던 팬들 사이에서는 인기가 있었지만, 직원들 대부분은 그가 없을 때보다 그와 함께 일할 때 훨씬 더 많은 스트레스를 받았다.

"그 스스로 이렇게 말합니다. 자신은 제조업자가 아니라 엔지니어이자 혁신가라고요." 테슬라의 전 관리자가 이렇게 말한다. "머스크와 이 공장의 문제는 그가 경영관리팀에게만 압박을 가하고 있다는 점입니다. 장애가 되는 문제를 겪고 있는 '관리자' 대부분이 머스크에게 이 사실에 대해 말하지 않기 때문에 진짜 문제가 어디에 있는지 머스크는 잘 알지 못합니다. 따라서 그가 그 자리에 함께 있으면 직원들에게 반감을 불러일으키기만 할 뿐이죠. 머스크가 그 자리에 있다고 해서 자기 자신이나 회사, 주주들에게 유익한 것이 아닙니다."

심지어 머스크 자신도 함께 일하는 것 자체를 즐기는 것 같지 않았다. 머스크는 문제가 많던 모델X를 출시할 당시 관리자에게 이렇게 말했다. "보라보라섬에서 여배우랑 한참 즐기고 있을 시간에 이렇게 작업이나 지켜보고 있는 거라고."

테슬라는 결국 1년 가까운 시간 동안 '생산 지옥'에 빠져 있다가 마감 일정이 얼마 남지 않은 2018년 여름, 주당 5,000대의 모델3를 생산하겠다는 목표를 달성했다. 머스크의 계획은 이 시점에서 첫 번째 생산 시스템의 자동화 업그레이드를 하는 것이었지만, 테슬라는 목표를 달성하기 위해 사실상 자동화 수준을 낮춰야만 했다. 테슬라는 두 개의 완전히 새로운 모델3 조립라인을 만들었다. 기존의 조립라인은 회사가 작업할 수 있는 양보다 더 많은 자동화로 인해 마비되었고, 두 번째 조립라인은 프리몬트 내부에 자동화가 덜 된 형태로 만들어졌다. 그리고 세 번째 라인은 공장 바깥에 거대한 천막 같은 구조로 만들어졌다.

테슬라가 모델3로 '아이폰 모멘트'를 누리던 그 기세등등함은 이 차를 생산하던 첫해에 거의 사라졌다. 노조의 표적이 된 근로자의 부상과 임원 교체로 테슬라 내부가 혼란스러워졌기 때문이다. 품질 문제는 처음부터 발생했는데, 초기에 이 차를 구입한 차주들이 서비스 게시판에 서스펜션 조인트의 균열, 배터리 브리더, 프론트윈도우 조절장치, 터치스크린, 고전압 컨트롤러 등의 문제에 대해 알렸다. 테슬라의 이전 자동차들에서 발생했던 또 다른 품질 문제가 이번에도 나타났는데, 패널 단차, 일정하지 않게 마무리된 씰, 흠이 있는 도장, 유리 깨짐 현상, 구동장치 고장 등과 같은 것이었다.

테슬라가 주당 5,000대 생산이라는 목표를 달성했을 때쯤, 서비스 센터는 사람들로 북적였다. 캘리포니아와 노르웨이 같이 테슬라 구매자가 많은 지역에서는 수리 지연과 부품 부족으로 서비스를 기다리는 줄이 길게 늘어서고 있다는 기사가 났다. 테슬라는 이 위기를 해결하기 위해 부품 유통센터와 콜센터 신설, 차체 수리 네트워크 시범운영, 모바일 수리 서비스 확대 등의 조치를 취했지만 테슬라 내부에서 혼란이 일고 있다는 이야기만 확산되고 있었다.

2018년 여름이 되자 테슬라는 2013년 '기적' 당시 직면했던 상황과 그리 다르지 않은 일련의 상황에 직면했다. 모델3는 디자인과 엔지니어링으로 극찬을 받았지만 테슬라의 느린 생산 속도와 제조 품질, 서비스의 문제로 3분기까지 20%의 예약이 취소되면서 소비자들을 불안하게 만들었다. 가장 중요했던 점은 모델3에게 대단히 중요했던 3만 5,000달러의 '기본 모델'이 2019년 이전까지는 인도되지 못할 거라는 점이었다. 7,500달러의 연방 세액 공제는 곧 끝나게 될 예정이었다. 머스크의 마스터플랜 중심에서 대량 주문서를 찍어냈던 모델3의 꿈은 이제 테슬라의 손이 닿지 않은 곳으로 가는듯했다.

모델3의 생산이 1년 만에 비극으로 이어지는 모습은 과거의 상황과 매우 비슷했다. 이론적으로 테슬라에게는 전 세계의 수요가 있었지만, 예정된 시간에 맞춰 높은 품질의 자동차를 약속했던 저렴한 가격에 인도할 수 없었다. 한편 중복된 설비투자와 노동집약적인 제조로 인한 현금 지출로 테슬라는 지속적으로 재정 상황의 위협을 받고 있었다.

이와 같은 일련의 상황으로 인해 테슬라는 몇 번이나 파산의 위기를 넘겼지만, 여전히 동일한 함정에 빠지는 것을 피할 수 없었다. 과거와의 주요한 차이점은 이렇다. 과거에는 머스크가 제조공정에 대한 이해가 부족한 상태에서 세운 비전이 위기를 초래했다면, 지금은 실제 생산 과정에서 발생하는 어려움을 겪고 있다는 것이었다. 결국 테슬라는 과거로부터 교훈을 얻지 못한 채로 스스로 초래한 상처 속에서 거대한 약속을 묻어둘 방법을 찾고 있었다.

15

제국의 역습

"여러분이 하는 일이 파괴적인 변화를 가져올지 그렇지 않을지에 대해
생각해볼 가치가 있다고 봅니다. 만약 여러분이 하는 일이 단지
양적인 증가만 낳는 일이라고 한다면, 그 일은 중대한 일이 될 것 같지
않습니다. 이전과는 비교할 수 없는 정도로 좋은 결과가 나타나야 합니다."

2013년 3월 9일, 일론 머스크

　　　　　　　　　1933년, 프랑스 자동차회사 시트로
엥은 지금까지 만들어진 자동차 가운데에서 가장 혁명적인 차를 공개
했다. 트락시옹아방Traction Avant이라는 이 특별한 차는 현대 자동차의 대
부분을 규정하는 세 가지 특징, 즉 모노코크, 전륜구동 그리고 완전히
독립된 서스펜션을 만들어냈다. 트락시옹아방은 어떤 자동차보다 가볍

고, 차체가 낮았으며, 효율적이었다. 이 차는 75만 대가 팔리면서 한동안 시트로엥이라는 브랜드를 자동차의 대명사로 만들어주었다.

트락시옹아방을 만들어낸 앙드레 시트로엥이 21세기에 살았다면 실리콘밸리를 마치 자기 집처럼 편하게 여겼을 것이다. 그는 혁신에 대한 안목을 가진 사람이었다. 그는 시트로엥의 더블 쉐브론 로고를 탄생시킨 헤링본 기어와 같은 새로운 엔지니어링 솔루션을 빠르게 파악했을 뿐 아니라 마케팅에도 천부적인 재능을 지닌 사람이었다. 그는 에펠탑을 세계 최고의 광고판으로 만들었고, 시트로엥 광고를 장난감차 버전으로 만들어서 '아기가 처음 발음하는 단어가 엄마, 아빠 다음으로 시트로엥'이 되도록 했다.

하지만 트락시옹아방이 보여준 혁신과 앙드레 시트로엥이 주도한 대담한 광고 캠페인에도 불구하고, 트락시옹아방은 혁신과 과대광고가 실행 능력을 갖추지 못한 위험한 조합임을 보여주었다. 자동차 개발과 거대한 새 공장 건설로 시트로엥의 현금은 모두 소진되었고, 수익을 창출하기 위해 자동차 생산 과정을 서두르면서 브레이크와 변속기에 문제가 발생했다. 결국 시트로엥이 파산하고 창업자가 무일푼이 되고 나서야 이런 문제들이 해결되었고, 트락시옹아방의 판매 또한 아주 잘 되었다.

시트로엥은 미쉐린에 인수된 이후에도 수십 년 동안 모노코크와 전륜구동 차량의 대표주자로 남게 되었다. 하지만 시장의 경쟁이 치열해지고 다른 기업들이 시트로엥의 주요 혁신을 채택하면서 시트로엥의 '선구자'로서의 지위는 무너져버렸다. 오늘날 시트로엥은 전륜구동의 모노코크 차량을 공급하는 수많은 업체 중 하나일 뿐이다.

자동차산업의 역사를 보면 이와 같은 패턴은 계속 되풀이되고 있다. 시트로엥 이전에 헨리 포드의 이동식 조립라인은 자동차시장 전체가 이 시스템을 채택하기 전까지 수십 년 동안 포드에 산업 전반의 지배권을 쥐도록 해주었다. 하지만 다수의 기업이 이 시스템을 채택하면서 경쟁적 우위를 점할 수 없게 되었다. 보다 최근에는 GM이 보여준 커넥티드카 텔레매틱스 혁신^{OnStar}과 포드의 인포테인먼트 시스템의 음성인식 기술^{SYNC}은 지속적으로 경쟁우위를 점하는 데 실패했다. 자동차업계에서의 혁신은 한때 경쟁우위를 점하다가 업계 전반적인 설비로 빠르게 전환된다.

자동차업계에서의 거의 모든 혁신은 '파괴적 혁신'이라기보다 '지속적 혁신'으로 알려져 있기 때문에 이러한 패턴은 매우 규칙적으로 반복된다.

'파괴적 혁신'이라는 개념은 하버드대 경영대학원 석좌교수 클레이튼 크리스텐슨^{Clayton Christensen}이 주창한 개념이다. 그는 지속적 혁신이란 '주류 시장의 소비자들이 이미 잘 쓰고 있는 기존 제품이나 서비스를 지속적으로 개선하는 것'이라고 정의했다. 이는 실제로 자동차산업의 진화 과정을 잘 설명해준다. 반면 '파괴적 혁신'은 '새로운 종류의 제품이나 서비스로 기존 시장을 파괴하고 완전히 새로운 시장을 창출하는 것'을 의미한다.

비록 테슬라가 '파괴적 혁신기업'으로 널리 알려져 있지만, 테슬라가 주로 혁신하는 부분들은 사실 지속 가능한 다양성의 영역이다. 전기자동차는 배기가스를 줄이고, 연료비를 절감하며, 가속력을 향상시켜 소비자의 경험을 개선할 수 있다. 하지만 자동차의 탄생부터 존재해온 소비자의 가치를 근본적으로 바꾸지는 못한다. 이러한 사실은 지난 세기에 걸쳐 자동차의 효율성과 배출량을 꾸준히 개선해온 그 어느 기술보다 전기자동차를 '파괴적'인 것으로 만들지 않는다. 전기차 기술은 대부분 어느 한 자동차회사가 지속적으로 기술적 우위를 지니지 않고 자동차산업 전반에 널리 보급되어왔다.

테슬라의 대단한 아이러니 가운데 하나는 사실상 이 회사가 자동차산업 전반을 강타할 진정한 파괴적 혁신, 즉 자율주행 공유 전기차라는 개념을 활용할 기회를 거의 놓쳤을 때조차 파괴적 혁신기업으로 인식되었다는 점이다. 자동차를 소유하는 대신 자율주행 전기차의 공유로 대체하는 온디맨드식 접근 모델로 테슬라는 자동차의 소비 패턴은 물론 자동차산업의 근간을 교란시킬 수 있는 잠재력을 분명히 갖고 있었다. 머스크가 테슬라의 마스터플랜 파트2에서 새로운 자율주행 패러다임에 맞추기 위해 자동차의 개인 소유 모델을 어색하게 변형시킨 일은 테슬라가 자동차산업을 파괴할 역사적인 기회를 얼마나 가까이에서 놓친 것인지를 잘 보여준다.

테슬라가 이와 같은 기회를 진정으로 주도하기 위해서는 성능과 디자인, 명성과 같은 기존의 브랜드 핵심 가치에서 벗어나 온디맨드 중심의 회사로 재창조되었어야 했다. 하지만 테슬라는 명백한 성공을 거두었던 분야, 즉 성능과 디자인으로 기존 고객들을 만족시키는 전기차를 만드는 일을 계속함으로써 테슬라의 혁신이 파괴적이기보다는 지속적이라는 사실을 증명했다.

테슬라 신화의 가장 근본적인 부분 중 하나는 기존 자동차회사들이 전기차를 만들 수도 없고 만들지도 않을 거라는 믿음이다. 이 이론은 클레이튼 크리스텐슨이 '혁신가의 딜레마'라고 칭했던 해석에 크게 의존하고 있다. 혁신가의 딜레마는 기존 기술과 비즈니스 모델에 대한 투자가 '기존' 기업들이 혁신에 대응해 새로운 사업을 시작할 능력을 떨어뜨림을 시사한다.

클레이튼 크리스텐슨과 공저자들은 '이노베이션 킬러: 재정적 구조가 어떻게 새로운 일을 할 수 있는 능력을 파괴하는가'라는 제목의 논문을 통해 이 딜레마에 대해 이렇게 설명한다.

기존 기업의 경영진은 새로운 브랜드를 만들고 새로운 판매 및 유통 채널을 개발하는 일에 많은 비용이 들어간다고 불만을 갖는다. 따라서 이들은 기존 브랜드와 사업구조를 활용한 방법을 찾는다. 이와 반대로 시장에 처음 진입하는 기업은 새로운 것을 만들어낸다. 기존 기업에게 문제는 도전자보다 더 많은 비용을 쓸 수 없다는 사실이 아니라, 전체 비용과 한계비용이라는 옵션 중에 하나를 선택해야 하는 딜레마를 피할 수 없다는 점이다. 우리는 업계를 선도하는 기존의 기업들이 고정비용과 매몰비용의 원칙을 잘못 적용하고, 미래의 성공을 위해 과거에 만들어놓은 자산과 능력에 의존해왔음을 반복해서 확인해왔다. 이들은 그렇게 함으로써 도전자와 공격자들이 수익성 있는 것으로 판단하는 것에 동일한 투자를 하지 못하는 것이다.

이러한 논리는 기존 자동차회사에게도 적용되었다. 이 회사들은 기존의 구조와 역량에 신기술을 적용시켜야 한다는 입장인 데 반해, 테슬라는 신기술과 새로운 가능성을 스스로 만들어낼 수 있었다. 쉽게 말하자면, 이러한 관점은 테슬라가 배터리와 전기차를 기반으로 신사업을 창출해내기 위해서는 내연기관을 기반으로 하는 기존의 자동차사업과 절충하거나 이를 파괴할 필요가 없었다는 관점이다. 테슬라의 시가총액이 생산량과 이익이 감소세로 돌아선 기존 자동차회사들과 비슷해지거나 웃돌면서 이 같은 논리는 거품 낀 평가의 정당성을 입증하기 위한 변명으로 계속되었다.

하지만 기존 자동차회사들이 테슬라 같이 무일푼에서 시작한 스타트업만큼 공격적으로 전기자동차에 대한 투자를 하지 않으리라 생각했던 것은 단지 생각뿐이었다. 이러한 믿음은 혁신가의 딜레마에 대해 일반적으로 이해하고 있는 바와 일치했을지는 모르나, 자동차산업의 현장에서는 사실과 일치하지 않았다.

분명 그 누구도 닛산에 새로운 기술과 제품 개발을 하지 못하도록 막아야 한다고 말한 적이 없었다. 닛산은 제1차 오일쇼크에 대한 대응으로 최초의 전기자동차인 타마Tama를 만들었고 전기차 기술 개발을 멈추지 않았다. 비록 배터리 기술이 정체되면서 전기차 개발에 제한이 있었지만, 닛산은 1991년 니켈-카드뮴과 같은 새로운 화학물질을 사용한 최초의 자동차업체이기도 했다. 테슬라가 로드스터를 처음으로 인도하기 10년 전에 리튬이온 형태의 배터리를 탑재한 닛산의 전기차는 도로 위를 달리고 있었다.

테슬라가 연간 2만 대 속도로 모델S를 생산하기 위해 노력하고 있던 2011년 쯤, 닛산은 전기차에 대한 폭넓은 경험을 보다 야심찬 프로그램에 활용하고 있었다. 당시 르노-닛산 얼라이언스 회장 카를로스 곤

Carlos Ghosn은 두 회사가 2013년부터 매년 50만 대의 전기자동차와 이를 구동하는 데 필요한 배터리를 생산할 수 있는 제조업체에 55억 달러 이상을 공동투자하도록 지시했다. 닛산의 리프Leaf와 르노의 조에Zoe 같은 1세대 전기차가 3만 달러 이하의 판매가로 시작하면서, 닛산은 테슬라가 모델3에 대한 작업을 시작하기 몇 년 전부터 이미 머스크의 마스터 플랜을 앞지르고 있었다.

모델S가 테슬라를 누구나 아는 이름으로 만들어주기 몇 년 전에 전기자동차에 이 정도로 투자하는 것은 엄청난 도박이었다. 특히 미래 기술에 투자하기보다 고전하던 자동차회사를 냉철한 수완으로 호전시키는 것으로 잘 알려졌던 '원가 절감자' CEO가 이런 투자를 할 것이라고는 아무도 예상할 수 없었다. 하지만 2008년 유가 폭등 이후 곤 회장은 2020년까지 신차시장의 10%가 순수 전기차가 될 것으로 보았고, 르노-닛산 얼라이언스가 이러한 변화에 대응할 준비를 하기 바랐다.

곤 회장은 부유층 구매자들이 막대한 초기비용을 부담하도록 하는 테슬라의 전략을 따르기보다 일반 대중을 대상으로 대량판매하는 전략에 바로 뛰어들기를 원했다. 이처럼 공격적인 전략은 그가 〈와이어드〉를 통해 설명했던 것처럼 '혁신가의 딜레마'가 주요한 요인이 되지 않는다는 사실을 보여주었다.

"생산 측면에서 규모를 확장하지 못하면 경쟁이 어렵다는 것은 업계의 모두가 잘 알고 있습니다." 곤 회장은 이렇게 이어갔다. "저희는 가능한 한 빨리 50만 대의 자동차를 제작해 배터리비용을 절감할 수 있기를 바라면서 자사의 내연기관 차량과의 경쟁부터 시작하려 합니다. 만약 규모 확장을 하지 못한다면 상황은 매우 어렵게 됩니다."

전기자동차가 내연기관 차량과 가격경쟁을 할 수 있는 생산량을 목표로 삼음으로써, 곤 회장은 고성장할 거라고 자신이 기대하는 전기자동차산업에서 주도적인 자리를 차지하기 위해 핵심 사업을 접겠다고 위협하기까지 했다. 일단 대량생산을 위한 투자가 이루어지자, 곤 회장은 일에 완전히 전념했다. 상장기업들은 기존의 오래된 상품을 지키기 위해 웬만해서 새로운 상품에 수십억 달러를 투자하지 않는다. 이에 반해 곤 회장은 자동차업체들이 기존 사업에서 제약을 받기는커녕 본질적으로 위험을 회피할 필요가 없다는 사실을 단번에 입증해 보였다.

당시 기사들은 결국 머스크에게 돌아간 전기자동차 전도사 자리를 그 당시 곤 회장이 쉽게 차지할 수 있었음을 보여준다. 〈와이어드〉는 그를 '영리한 선지자이거나 제정신이 아니라고' 말했고 '광신에 가까운 열정을 지니고 있다'고 했다. 분명히 곤이 머스크보다 전기차에 대한 확신을 더 크게 가지고 있었고, 이러한 사실 때문에 르노-닛산 얼라이언스는 테슬라가 지금까지 만들어온 것보다 저렴한 전기차를 대중들에게 보급했다. 하지만 르노-닛산 얼라이언스가 그 후로 5년 동안 더 저렴한 가격에 더 많은 전기차를 내놓았음에도, 전기자동차 챔피언의 자리는 머스크와 테슬라에게 돌아갔다.

이렇게 된 데는 설명할 수 있는 이야기가 가득하다. 머스크와 테슬라는 실리콘밸리의 첨단기술 파괴자라는 이미지로부터 이익을 얻었음이 분명하다. 애플이 블랙베리와 노키아에 영향을 미쳤던 것과 같이 테슬라는 기존 자동차회사들에게 영향을 줄 준비가 되어 있다면서 테슬라를 실리콘밸리의 스타트업으로 포지셔닝했다. 또한 머스크는 문화적인 힘을 잘 다루는 능력을 가지고 있었다. 그는 환경주의보다 더 강력하게 테슬라에 명성을 부여해줄 유명인들을 고객으로 삼았다. 머스크의 거대한 야망은 자동차가 기술적인 정체를 겪고 있다는 인식과 완벽하게 맞아떨어졌고, 그의 끊임없는 약속은 모델S가 혁명의 시작에 불과하다는 믿음을 심어주었다.

이 모두를 하나로 묶으면 테슬라의 자동차는 매력적인 스타일을 가진 럭셔리카로 수백 킬로미터를 달려 지구상 그 어떤 자동차와도 경쟁이 가능한 차가 된다는 사실이다. 이와 대조적으로 닛산의 리프는 그리 대단하지 않은 가속력을 지녔고 주행 범위가 제한되어 있었으며 평범한 스타일을 지닌 대중적인 해치백이었다. 곤 회장은 배기가스가 전혀 없는 자동차를 운전하고 싶다는 대중의 말을 곧이곧대로 받아들여 경쟁력 있으면서도 가격이 저렴한 차를 만들었지만, 결국 재미없는 자동차를 만든 것이다.

　나중에 밝혀졌지만, 저렴한 전기차에 대한 시장의 수요는 곤 회장이 상상했던 것보다 훨씬 낮았다. 르노-닛산 얼라이언스는 곤 회장이 구상한대로 연간 50만 대의 전기차를 판매하지 못했다. 비록 판매량이 같은 기간 테슬라가 판매한 자동차의 두 배였지만, 르노-닛산 얼라이언스가 투자한 생산 범위를 충분하게 활용하지 못한 결과였다. 21세기 전기차라는 가장 큰 도박은 자동차업계의 가장 큰 실패 중 하나였다.

　같은 기간 닛산-르노의 비참한 실패와 테슬라의 엄청난 성공과의 차이는 자동차시장에 중요한 교훈을 남겼다. 즉, 테슬라에 프리미엄 전기자동차라는 지위를 부여해준 강력한 수요는 보다 저렴한 순수 전기차의 수요로 이어지지 않는다는 것이었다. 모델S는 페라리 옆에 프리우스를 주차해놓던 할리우드에서 실리콘밸리에 이르는 부유한 지역에서 고급품시장을 공략했다. 하지만 다른 전기차는 모델S와 같은 주행거리와 성능을 보여줄 강력한 배터리가 없었기에 그 매력을 잃었다. 단지 멋져 보이고 싶어서 지구를 구하겠다는 의도를 내보이는 것도 좋지만, 싸구려 해치백을 몰고 나타나면 그 매력이 훨씬 반감되기 때문이다.

　이는 테슬라가 더 저렴한 전기차를 판매하겠다는 머스크의 마스터플랜을 왜 포기했는지 설명하는 데 도움이 된다. 테슬라가 로드스터의 절반 가격으로 2세대 차량을 출시하겠다고 약속한 결과로 출시된

40kWh 모델S에 대한 수요는 매우 느리게 나타났고, 사상 최초의 '보다 저렴한' 테슬라는 단종되고 말았다. 테슬라는 모델X를 더 저렴하거나 수익성 있게 만들기보다는 슈퍼카 스타일의 팔콘윙 도어와 더 높은 가격대로 화려한 첨단기술의 명성을 더 완강히 밀어붙였다.

모델3의 예약이 엄청나게 몰렸다는 사실은 일반 대중의 전기자동차에 대한 수요가 실재함을 시사하지만, 저렴한 가격의 다른 전기자동차의 수요가 적은 것을 보면 또 다른 요인이 작용하고 있음을 알 수 있다. 프리미엄 브랜드들이 대중시장으로 옮겨갈 때마다 신제품에 대한 초기 수요는 항상 강세를 보인다. 그 이유는 소비자들은 신제품이 이 브랜드의 고급 제품과 근본적으로는 동일할 거라고 생각하기 때문이다. 만약 벤틀리나 페라리가 2만 달러짜리 패밀리 세단을 내놓는다면, 이와 비슷한 가격의 혼다나 토요타 차량보다 더 나은 차일 거라고 생각할 것이다. 왜냐하면 해당 브랜드에 대한 인식이 다른 차보다 10배나 더 비싼 가격에 의해 정의되기 때문이다.

이 구매자들이 깨닫지 못하는 것은 바로 세상에 공짜란 없다는 사실이다. 리프를 만들어냈던 것과 동일하게 극심한 비용의 압박은 다른 저렴한 전기자동차 생산에도 반드시 적용될 것이다. 특히 차량비용의 상당 부분이 배터리에 들어가는 전기차의 경우, 저렴한 모델을 만들기 위해서는 부품과 기능과 같은 다른 부분에서 비용을 상당히 절충해야만 한다. 만약 출퇴근으로 대략 160킬로미터를 운전하는 구매자들이 리프를 사고 싶어 하지 않는다면, 비슷한 가격대의 차량은 이와 비슷한 주행거리 또는 훨씬 더 검소한 내부 인테리어를 약속할 것이다.

모델3 구매자들이 이 차를 사는 것은 프리미엄 브랜드의 자동차를 상대적으로 저렴한 가격에 소유할 수 있는 기회이기 때문이다. 이러한 점은 모델3가 환불 가능한 예약을 받던 시기에 구매자들은 이 자동차에 대해 거의 아무것도 알지 못했다는 사실에서 확인된다. 이들은 다른 제품과의 비교도 전혀 하지 않았지만, 지금까지는 너무 비싸서 사지 못했던 이들이 사랑하고 열망하는 브랜드의 제품을 살 수 있는 기회였기 때문이다.

모델3로부터 얻을 수 있는 교훈은 테슬라가 고급차의 성공을 대중 시장까지 연결시켰다는 것이 아니라 사람들이 열망하는 브랜드를 구축하는 일에 엄청난 성공을 이뤄냈다는 점이다. 지금까지 테슬라의 성공은 머스크의 마스터플랜 전체를 실현했다기보다 첫 번째 단계를 검증했을 뿐이다. 즉, 테슬라는 비싸고 사고 싶은 자동차를 판매함으로써 전기차에 대한 인식을 바꿨다. 최고급 자동차를 구매하는 부유층 사이에서는 미래형 전기자동차에 대한 수요가 과소평가되었으나, 테슬라의 매력적인 제품과 계속되는 대대적인 광고로 강력한 브랜드가 구축되어 새로운 시장을 만들어냈다.

테슬라의 브랜드 파워가 점점 확실해지면서 최고급 자동차업계는 테슬라가 발견한 기회에 대해 면밀히 들여다보기 시작했다. 최고급 전기자동차시장은 비록 작지만 새로운 잠재력이 존재했다. 테슬라와 경쟁함으로써 얻을 수 있는 잠재적인 수익보다 더 중요한 것은 테슬라가 선점한 미래주의와 명성을 되찾을 기회였다. 이는 프리미엄 자동차 브랜드들이 반격을 가하는 계기가 되었다.

프리미엄 자동차 브랜드들은 테슬라가 할 수 있었던 모든 것을 자신들도 할 수 있다고 증명하는 제품을 하나둘씩 발표하기 시작했다. 강력한 성능에 장거리 주행이 가능한 전기구동장치와 세련된 스타일링, 첨단기술의 디테일을 갖춘 새로운 세대의 최고급 전기자동차는 그들의 목표가 누구인지 숨기지 않았다. 소규모 라인업으로 돈을 벌 수 있음을 증명해야 했던 테슬라와 달리 새로운 경쟁업체들은 고마진의 프리미엄 자동차와 SUV 판매로 손실을 감당할 수 있었다.

프리미엄 브랜드들은 자신들이 소위 '테슬라 킬러'라 불리는 것이 경쟁이 치열한 럭셔리시장에서 우위를 점하는 방법으로 보았다. 재규어는 테슬라의 상대적으로 약한 고리였던 모델X를 공략하기 위해 2018년까지 아이페이스I-PACE라는 크로스오버 전기차를 생산하기 위해 서둘렀던 가장 공격적인 기업 중 하나였다.

'스케이트보드' 스타일의 플랫폼부터 시작해 처음부터 끝까지 전기자동차로 설계된 아이페이스는 유기적인 곡선을 지닌 재규어의 디자인 스타일에 테슬라 같은 디테일, 즉 셀프 프리젠팅, 대형 디스플레이, 시속 350킬로미터 범위에서 빠른 가속이 가능한 구동장치 등을 병합시켰다. 재규어는 새로운 생산시설 투자나 테슬라를 괴롭혀온 제조 및 품질 문제를 피하면서 시장에 자동차를 내놓으려고 했다. 이를 위해 세계적인 자동차 부품업체 마그나슈타이어Magna Steyr와 계약해 아이페이스를 제작했다.

아우디 역시 크로스오버 전기차로 모델X를 직접적으로 겨냥했다. e-트론 콰트로quattro라는 SUV는 아우디의 유명한 4륜 구동 기술을 활용한 최고 수준의 토크 벡터링Torque-vectoring 기능으로 지속적인 접지력을 높여준다. 480킬로미터가 넘는 주행범위와 4.6초의 제로백, 테슬라 슈퍼차저의 속도에 필적하는 고속 충전 기능을 갖추고 있다. 이 차는 아우디에게 단지 여러 자동차 중 일부에 불과했다.

그리고 폭스바겐그룹은 거기서 멈추지 않았다. 아우디의 모델X 대항마에 이어 한 쌍의 세단이 모델S와 대결할 예정이었다. 바로 아우디의 e-트론 GT와 포르쉐가 제작한 자매 모델로 처음에 '미션E'라는 코드명이 붙었다가 이후 '타이칸Taycan'으로 이름 붙여진 차가 바로 그 대결의 주인공이었다. 새롭게 만들어진 전기자동차 플랫폼을 공유한 두 세단은 아우디의 경우 더 고급스러운 이미지를 주고, 포르쉐의 경우 더 나은 주행 성능을 제공함으로써 테슬라의 가장 유명한 모델과 같은 범주로 묶이기를 바랐다.

테슬라의 가장 빠른 모델S P100D의 가속도에 필적하지는 못했지만, 포르쉐는 독일의 유명한 뉘르부르크링 서킷을 과열 없이 돌 수 있는 스포츠 세단을 개발했다. 테슬라가 그렇게 했듯 짧고 빠른 주행 이후 배터리를 보호하기 위해 전력 제한 '림프 모드'로 전환함으로써 테슬라를 능가하는 것을 목표로 삼았다. 포르쉐는 BMW와 함께 충전 속도에서 테슬라를 앞서기 위해 테슬라의 145kW 슈퍼차저보다 빠르게 유럽에서는 450kW, 미국에서는 350kW 급속충전기를 출시하기로 했다. (테슬라는 250kW급으로 업그레이드할 계획이었다.)

여러 대의 고성능 프리미엄 전기차를 단일 플랫폼을 개발함으로써 폭스바겐그룹은 아우디와 포르쉐 간에 개발비를 나눌 뿐 아니라 다른 브랜드의 최고급 버전까지 전기차로 추가할 수 있는 가능성을 열어놓았다. 2017년에는 벤틀리가 처음으로 전기 콘셉트카를 선보였다. 아우디, 포르쉐와 동일한 플랫폼을 기반으로 크루저 컨트롤 기능의 가능성을 암시했다. 심지어 이탈리아 디자인 감각을 입혀 레이싱에서 테슬라와 직접 경쟁할 수 있는 초고성능의 람보르기니 플랫폼의 소문도 있었다. 폭스바겐그룹은 단 하나의 전기차 플랫폼으로 테슬라의 모든 제품과 경쟁할 수 있었다. 아우디의 첨단기술과 미니멀리즘, 포르쉐의 주행

성능, 벤틀리의 맞춤형 럭셔리, 람보르기니의 초고성능과 디자인으로 모든 소비자를 만족시킬 수 있었다.

폭스바겐만이 테슬라의 유일한 경쟁자가 아니었다. 다임러는 2023년까지 전기차 배터리에 230억 달러를 투자할 예정이고, 스마트 시티 라인업을 100% 전기차로 전환했다. 또한 최근 선보인 자체모듈식 전기차 플랫폼을 활용해 새로운 전기차 브랜드 'EQ'로 10종의 전기자동차를 출시하고 있다. BMW는 2025년까지 12종의 전기자동차를 생산하겠다는 계획을 세웠다. 고급 전기차 세단을 판매할 계획인 현대자동차의 제네시스 G80을 포함해 2021년까지 전 세계 거의 모든 고급 자동차 브랜드들이 최고급 전기차의 쇄도에 합류할 예정이다.

전기차를 준비하는 럭셔리 브랜드들이 테슬라의 성공에서 영감을 얻었다는 데는 의심의 여지가 없다. 하지만 궁극적으로는 유럽과 중국에서 강화된 규제가 새로운 투자의 상당 부분을 불러일으키고 있다. 그리고 다소 아이러니한 반전은, 가장 야심찬 전기차 계획은 최악의 환경 스캔들로 불리는 '디젤 게이트'로 인해 촉발되었다는 사실이다.

폭스바겐그룹은 배출가스 규제에 대한 부정행위로 규제 당국과 일반 대중들에게 전 세계적으로 격렬한 비난을 받았다. 이에 대응하여 폭스바겐그룹은 그룹 내 럭셔리 브랜드들이 테슬라와의 대결을 하도록 하여 일론 머스크와의 전기차 전쟁에서 앞서나갔다. 새로운 소형 전기차 플랫폼은 테슬라의 2세대 모델3와 모델Y를 겨냥해 보다 저렴한 가격의 장거리 전기차를 만들어줄 것이다. 폭스바겐의 유연한 모듈형 구성과 광범위한 전략에 따라 개발된 'MEB^Modular Electric Drive Matrix' 플랫폼은 세 가지 새로운 전기차, 즉 컴팩트 해치백과 컴팩트 크로스오버, 폭스바겐의 상징인 밴을 뒷받침할 것이다. 2025년까지 폭스바겐그룹은 4개의 MEB 플랫폼을 통해 최소 27종의 모델을 내놓을 계획이며, 가격은 최대 2만 유로로 연간 300만 건의 판매실적을 낼 예정이다.

테슬라가 개척해온 최고급 전기차시장에 기존 프리미엄 브랜드가 몰리고 있다면, 테슬라가 대수롭지 않은 시장이라고 무시했던 중국에서는 저렴한 전기차에 대한 수요가 빠르게 증가하고 있었다. 중국 정부는 수십 년 동안 자국의 자동차산업을 발전시키기 위해 애써왔다. 중국은 성장하고 있는 거대한 자국 자동차시장에 진입하려는 해외의 거대기업들에게 중국 자동차회사와의 합작투자를 요구했다. 대기오염이 심각한 중국은 전기차에 대한 추가 인센티브를 제공하는 한편, 자국 내 산업이 새로운 전기자동차사업에 대한 통제권을 유지할 수 있도록 하는 추가 규정을 만들었다.

이와 같은 제휴로 기술과 노하우를 기존 업체들이 옮겨오면서 중국 자동차회사의 발전은 가속화되어왔다. 하지만 이 업체들은 가장 유망한 시장 가운데 하나인 중국에서 효과적으로 테슬라를 뒤처지게 만들었다.

테슬라는 독립적이면서도 강력한 행보로 자신의 브랜드나 기술적 우위를 약화시킬지도 모르는 합작회사의 기회를 멀리했다. 중국에서 전기차를 생산하기 위해서는 중국 파트너와 합작회사를 설립해야 했을 뿐 아니라, 새로운 중국 브랜드로 판매하고 중국에서 생산된 배터리를 이용해 자동차를 작동시켜야 했을 것이다.

수년 동안 테슬라는 중국의 규제에 굴복하는 대신 높은 관세를 내야 했으며, 이로 인해 중국에서의 판매는 중국 내 젊은 부유층이 구입하는 소량으로 제한되었다. 2018년이 되자 중국 전기차시장이 미국보다 약 3배 커지면서 세계 최대의 전기차시장에서 테슬라의 역할은 제한될 수밖에 없었다. 그러다 중국이 규제를 완화하면서 테슬라에게도 기회가 찾아왔다. 중국이 외국의 자동차회사들에게 합작 파트너 없이도 공장을 건설할 수 있도록 허용한 것이다.

테슬라가 상하이 인근 자유무역지대에 공장을 지으려고 한다는 소문이 수년 전부터 나돌고 있었고, 테슬라는 규제 완화와 함께 50만 대의 차량 생산 계획을 발표했다. 하지만 테슬라가 미국에서 제작한 모델 3의 가격을 약속했던 3만 5,000달러까지 낮추기 위해 애썼는데, 중국 생산 차량은 더욱 심각한 가격 문제에 직면하게 될 것이었다. 중국에서 제일 잘 팔리는 전기차의 가격이 2만 5,000달러가 채 되지 않았기 때문이다.

비록 중국의 자동차회사들이 자동차와 경쟁할 수 있는 다양한 전기차를 생산했지만, 중국에서 전기차가 폭발적인 반응을 얻게 된 것은 자동차보다 훨씬 더 작고 가격이 저렴한, 심지어 자동차로 분류되지도 않는 초소형 전기차 때문이었다. 2017년 중국에서 약 77만 대의 전기차가 판매된 데 반해, 초소형 전기차는 175만 대가 팔리면서 호황을 누렸다. 충돌 테스트뿐 아니라 운전면허까지 면제되는 이 초소형 전기차는 일반적으로 1,000달러 미만의 가격이면 살 수 있었다.

이러한 초소형 전기차의 영향력은 미국에서 테슬라의 성공을 받쳐주고 있는 전제 자체에 대한 급진적인 도전을 나타낸다. 테슬라는 전기차가 작고 안전하지 않은 '골프 카트'가 되어야 한다는 가정을 뒤집기 위해 만들어진 차다. 자동차 중심의 국가인 미국에서 안전하고, 강력하며, 장거리 주행이 가능한 전기자동차로서의 테슬라의 성공은 프리미엄 전기차 부문에 시동을 걸었다.

하지만 미국 이외의 나라에서는 테슬라와 정반대되는 개념이 전기차 혁명의 토대가 되어주었다. 이들 나라에서는 구축된 환경이 미국처럼 차에 대한 가치를 크게 중요하게 생각하지 않는 편이었고, 개발도상국의 경우 3만 달러의 차량은 대중이 접근할 수 있는 차와는 거리가 멀었다. 심지어 미국에서도 전기스쿠터와 전기자전거와 같은 '마이크로 모빌리티'가 유행하고 있었다. 전기자동차는 미국인의 기준에 맞춰 장거리 주행, 전기구동장치와 자율주행 기술이라는 강력한 두 차례의 혁신 이후 좀 더 작은 형태로 변화하는 것 같았다. 모빌리티 기술 혁명의 첨단을 자처한 테슬라의 사명은 개인 소유의 내연기관 자동차를 전기 구동장치 자동차로 대체하는 것이었다. 하지만 역사는 진보에 대해 다른 비전을 가지고 있는 것으로 보인다.

단순히 석유에서 전기로 전환하는 것이 아니라 자동차 자체가 다양한 형태로 꽃 피우고 있다. 5억만 년 전 다양한 동물이 갑자기 출현한 '캄브리아기 대폭발'처럼 등장한 스마트폰 앱으로 접근 가능한 다양한 모빌리티 수단들은 사람들이 크고 값비싼 자동차를 소유해야 한다는 전제를 깨뜨리고 있다. 이제 우리는 앱을 실행해서 누군가의 차를 빌려 탈 것인지, 버스나 셔틀을 탈 것인지, 전기스쿠터나 전기자전거를 탈지, 아니면 트럭이나 SUV, 여행용 자동차를 임시로 빌릴 것인지 선택할 수 있다.

이러한 새로운 모빌리티 패러다임은 자연스럽게 자동차 소유권을 대체한다. 즉, 우리는 이제 어떻게 이동할 것인가에 대해 보다 민감해지고 있다. 미국인들은 하루에 80킬로미터도 채 안 되는 거리를 운전하고, 여행에서 대부분은 단지 몇 킬로미터만 이동한다. 그렇기 때문에 많은 개인 소유 차량들이 온디맨드 모빌리티로 대체될 가능성이 매우 커 보인다. 아직 자동차를 구입하지 않은 사람들은 이제 테슬라 자동차보다 일상적인 사용 패턴에 훨씬 더 최적화된 차량을 선택할 것이다.

이와 같은 스마트폰 기반의 온디맨드 마이크로 모빌리티와 공유 차량으로의 전환은 모빌리티 기술의 진정한 파괴적 혁신이다. 당연한 사실이지만, 1달러를 내고 전기스쿠터를 타는 것이 10만 달러짜리 모델S를 타는 것보다 훨씬 더 빠르고 저렴하게 샌프란시스코 시내를 돌아볼 수 있다는 점은 생각해볼 가치가 있다.

테슬라가 해왔던 것처럼 더 나은 자동차를 만들기보다, 새로운 모빌리티회사들은 개인 소유의 자동차에 대한 필요를 뒤엎는 차량과 플랫폼을 만들고 있는 중이다. 경제학적이고 환경적이며 심지어 도시 개발과 교통 혼잡의 측면에서 이와 같은 파괴적인 혁신의 장점은 석유자동차에서 전기자동차로의 변화를 훨씬 더 능가하게 될 것이다.

테슬라는 기술 분야의 초점이 모빌리티에 맞춰지도록 하는 데 중요한 역할을 해왔다. 테슬라는 현재 전기차를 개발하는 수많은 기업가들에게 영감을 주었지만, 이들로 인해 테슬라는 벌써 구식인 것처럼 보이고 있기도 하다. 하지만 테슬라와 같은 선구자가 없었다면, 오늘날 우리가 마주하고 있는 새로운 모빌리티의 개념과 기술의 급격한 발달을 목격할 수 없었을 것이다. 게다가 이러한 신기술과 소비자 행동 패턴이 꾸준히 유지됨에 따라 테슬라와 같은 최고급 전기자동차에 대한 관심은 수십 년간 지속될 것으로 보인다.

시트로엥과 마찬가지로 테슬라는 엄청나게 인기를 끈 제품을 만들어 대중들에게 미래를 엿볼 수 있도록 해주었다. 하지만 동시에 궁극적으로 그 인기를 뒤처지게 만들 혁신을 촉발시키기도 한 것이다. 시트로엥의 기술적 우위는 이를 따랐던 모든 이들이 지불해야 하는 '사용료'가 되었고, 진정한 경쟁적 우위는 토요타와 같은 회사들에게 돌아갔다. 이들의 실용주의가 시트로엥의 비전을 받아들임으로써 흥미로움보다는 유용한 모빌리티 제품으로 다듬어졌기 때문이다.

시트로엥이 21세기 자동차시장을 지배하지 않았다고 해서 시트로엥의 영향력이나 획기적인 혁신을 폄하할 수는 없다. 하지만 이러한 점은 혁신가가 종종 과도적인 인물이 된다는 중요한 포인트를 잘 짚어준다고 볼 수 있다. 일단 이 혁신가의 비전이 알려지면, 종종 덜 공상적이며 위험에 내성이 생긴 회사들이 그 비전을 보다 접근 가능하고 실용적인 형태로 변환시킨다.

바로 이것이 테슬라의 운명이 될 것 같아 보인다. 역사적으로 볼 때 현재 테슬라의 위치는 안전해 보이지만, 테슬라는 보다 경험 많고 실용적인 자동차회사들로부터 공격을 받고 있다. 이와 동시에 자동차밖에는 다른 생각을 하지 않는 새로운 혁신 기업들로 인해 테슬라의 미래는 혼란에 빠져 있는 상태다.

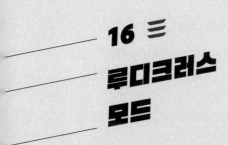

16

루디크러스
모드

"솔린드라 경영진은 지나치게 낙관적이었다고 봅니다.

이들은 지난 몇 달간 사실보다 더 나은 상황인 것처럼 대처했습니다.

하지만 그렇지 않았다면, 이 회사 CEO가 '우리가 살아남을지

확신할 수 없습니다'라고 말하자마자 곧바로 파산하는 모습을

보였을 것입니다. 여러분도 아시다시피, 사람들이 솔린드라의 일을

과하게 해석하는 것 같습니다."

2011년 9월 29일, 일론 머스크

일론 머스크가 거대한 은색 세미트
럭과 함께 등장해 무대 중앙에서 두 팔을 벌린 채 인사를 건네자 관중들
은 열광했다. "이제 이 트럭을 감상하실 시간을 잠시 드리겠습니다." 이

순간을 담아내고자 여기저기 머리 위로 들려 있는 스마트폰 사이로 승리의 환호가 들려왔다. 머스크는 두 대의 프로토타입 세미트럭을 자랑하기 위해 옆으로 비켜섰다.

근로자 계층에 어울리는 트럭은 아니었지만 테슬라 차량답게 날렵하고 미래지향적인 모습이었다. 머스크의 야망으로 가득 찬 미래지향적인 외관에서부터 미니멀한 터치스크린, 엄청난 가속도를 위해 계획된 100% 태양광 '메가차저' 네트워크에 이르기까지 테슬라의 '세미트럭'은 장거리 운행이 준비되었다는 가정하에 제작되었다. 이 차는 머스크가 핵폭발에도 견딜 수 있다고 말했던 앞 유리창과 잭나이프로도 떼어낼 수 없다고 주장한 오토파일럿의 자체 버전까지 갖추고 있었다.

세미트럭의 생산이 2년 이내에 시작될 것이란 발표를 한 뒤, 머스크는 관중들에게 감사를 표하고 인사했다. 직원 중 한 명이 트럭에 기어를 넣으려고 안간힘 쓰는 모습이 보이자 잠시 어색한 순간이 있었고, 결국 머스크가 악수를 나누며 군중 앞을 지나가자 트럭은 방향을 다른 쪽으로 틀었다. 그러다 갑자기, 조명과 음악이 바뀌더니 프레젠테이션이 끝나지 않았음을 알렸다. 스티브 잡스의 프레젠테이션처럼 테슬라는 팬들에게 보여줄 '또 하나의 무언가'가 있었던 것이다. 무대는 다시 기대감으로 가득 찼다.

멈춰 선 트럭 한 대의 뒷부분에서 경사로가 내려왔고, 천둥같이 울리던 음악 소리가 점점 더 커지기 시작하더니 빨간색 스포츠카 한 대가 등장했다. 테슬라의 수석 디자이너인 프란츠 폴 홀츠하우젠은 테슬라의 차세대 '로드스터' 위로 불끈 쥔 주먹을 들어올렸다. 4인승 쿠페로 제작된 테슬라의 최신 로드스터는 2초대의 제로백과 시속 400킬로미터가 넘는 최고 속도, 1,000킬로미터에 가까운 주행거리를 제공했으며, 기본 옵션은 20만 달러부터 시작했다. 머스크는 지나친 열정에 흠뻑 젖어서 말했다. 신차의 가격이 "약간 이상하게 들리긴 하지만… 정말입니다."

이 자리에 모인 관중들이 세미트럭을 보고 열광했다면, 차세대 로드스터가 깜짝 공개되자 행사장은 지붕이 날아갈 정도로 들썩거렸다. 관중들이 흥분한 상태로 몸을 흔들면서 점점 더 광분하자 "이 차의 핵심은 가솔린 차량에 결정적인 패배를 날리는 것입니다"라며 머스크가 설명했다. 프레젠테이션이 끝나자, 머스크는 관중들에게 그가 가장 최근 만들어낸 제품을 가까이에서 보도록 했다. "와주셔서 감사합니다." 그와 로드스터가 열광적인 팬들에게 둘러싸이자 그는 이렇게 소리쳤다.

이번 행사에서는 테슬라가 지금껏 보여주었던 것과는 사뭇 다른 퍼포먼스가 펼쳐졌다. 머스크의 쇼맨십이 테슬라의 성공에 있어 점점 더 중요한 부분이 되어가고 있었지만, 이전에는 테슬라가 이번 행사처럼 팬들을 완전히 놀라게 만든 적은 없었다. 차세대 로드스터는 머스크의 두 번째 마스터플랜에서 언급조차 되지 않았고, 그 누구도 로드스터가 이 정도로 극단적인 가격과 성능으로 돌아올 거라고 예상하지 못했다. 세미트럭과 로드스터에 대한 머스크의 드라마틱한 공개는 기업으로서 테슬라가 어디로 향하고 있는지에 대한 온갖 선입견을 말끔히 지워버렸고, 충격적인 퍼포먼스를 통해 합리적인 분석을 일시적으로 무력화시켰다.

머스크가 만들어낸 열광의 타이밍은 이보다 더 좋을 수 없었다. 모델3 생산 개시를 발표한 이후 4개월 동안 테슬라는 첫 양산형 자동차를 1,000대도 채 생산해내지 못했었다. 테슬라와 협력업체의 소식통을 인용한 기사들로 모델3의 생산이 혼돈과 혼란의 상태에 빠져 있고 비현실적인 기대감에 쌓여 있다는 소식이 언론을 중심으로 한창 떠돌 때였다.

테슬라가 대중시장을 공략하기 위한 분투와 차세대 최고급 제품의 홍보 사이의 단절성 때문에 테슬라의 행보는 이상하게 공허해 보였다. 테슬라는 지난 10년 동안 프로토타입과 홍보에 주로 의존해왔기 때문에, 모델3는 2006년부터 약속해왔던 대중적인 전기차 생산을 증명할 수 있는 기회였다. 하지만 '생산 지옥'에 빠진 것을 자각했을 때, 테슬라의 대답은 더 화려하고 더 미래에 생산될 프로토타입을 두 배로 늘리는 것이었다. 이것은 마치 테슬라가 자신을 패러디하는 모습 같았다.

이 세미트럭은 테슬라가 만들었던 자동차나 테슬라가 목표로 했던 시장과 관련이 없는 제품군으로 테슬라의 집중력 부족을 보여준다. 만약 테슬라가 그들의 단점인 가격과 신뢰성 문제를 스타일과 성능으로 보완하려고 했다면, 과연 비용과 작업 시간을 가장 중요하게 생각하는 트럭기사들에게 증명되지 않은 세미트럭을 어떻게 팔려고 했던 걸까? 매력적인 레이싱용 트럭은 제멋대로 자란 아이와 같은 머스크의 개인 브랜드와 잘 어울릴지도 모르겠다. 하지만 테슬라가 마침내 성장하여 진정한 자동차회사가 되어가고 있다는 인식과는 심하게 부딪쳤다.

가뜩이나 세미트럭은 전기차시장에서 유망해 보이는 분야가 아니었다. 제한된 주행거리에 긴 충전 시간, 무거운 배터리에 높은 가격은 무거운 물건을 장거리로 운송해 돈을 버는 트럭과 근본적으로 잘 맞지 않았다. 한편 테슬라는 자신의 기술을 상업적 용도에 맞춰 훨씬 적합하게 사용할 기회를 놓치고 있었다. 배기가스 제한이 있어도 도시에서 사용할 수 있는 단거리 배달 차량 같은 기회 말이다. 도시에서 환경오염을 없애는 일은 환경보호 및 공중보건 차원에서 테슬라라는 브랜드에 상당한 이점을 가져다줄 수 있다. 차세대 로드스터를 터무니없이 낙관적인 가격과 사양으로 제안하거나, 세미트럭 전기차를 실행 가능한 제안처럼 보이기 위해 만든 충전 네트워크가 없이도 이 일은 가능했다.

예상 밖의 일이었지만, 차세대 로드스터는 테슬라의 본모습대로 고성능을 끌어냈기에 적어도 테슬라의 브랜드 및 기술 역량과 잘 들어맞는 차였다. 차세대 로드스터의 놀라운 성능은 그 즉시 새로운 밈^{meme}을 만들어내도록 했다. 각각의 사양은 점점 더 터무니없는 대상들과 비교되기 시작했다. 로드스터를 부가티 치론^{Chiron}과 비교했던 것을 시작으로, 이 밈은 '테슬라 로드스터 vs 1996 토요타 프레비아^{Previa}', '테슬라 로드스터 vs 라이트닝 맥퀸(디즈니 애니메이션 〈카^{Cars}〉에 등장하는 차)', '테슬라 로드스터 vs 바나나'와 같이 빠르게 옮겨갔다. 테슬라는 사진의 수를 늘리기 위해 100kWh 배터리팩 두 개를 각각의 이미지 위에 샌드위치처럼 나란히 얹어놓았고, 호리호리한 오리지널 로드스터와 비교했을 때 근육을 가진 야수 같은 자동차 모양으로 만들었다.

모델3의 제작이 순조롭게 진행되었더라면, 실용적이며 대중적인 전기차를 수십만 대 생산했음에도 전기자동차의 한계를 향한 도전을 결코 멈추지 않겠다는 테슬라의 의도를 차세대 로드스터를 통해 드러내 보이려고 했을 것이다. 하지만 드러난 정황은 대중시장을 겨냥한 자동차회사가 되려는 노력과 동시에 최고급 자동차회사의 자리를 유지하려는 열망이 양면적으로 반영된 것으로 보인다. 머스크는 로드스터의 새로운 성능을 줄줄이 설명하면서 기쁜 모습을 드러냈지만, 이 발표를 하는 내내 여전히 의문이 남았다. 테슬라는 이미 전기자동차가 자동차와의 경주에서 승리할 수 있음을 반복해서 증명하지 않았던가?

머스크가 이 차의 가격을 발표했을 때, 이 의문점에 대한 잠재적인 답을 하나 얻을 수 있었다. 새로운 로드스터는 20만 달러에서 시작해 예약을 하려면 5만 달러가 필요했다. 그리고 만약 그날 밤 5,000달러를 지불한다면 프로토타입을 처음으로 타게 될 사람 중 하나가 될 것이었다. 하지만 이는 기본 옵션 모델이었다. 여느 때와 마찬가지로 '파운더스 에디션'도 출시될 예정이었다. 1,000대의 한정판 가운데 한 대를 예약하기 위해서는 10일 이내에 25만 달러 전액을 지불해야 했다. 만약 테슬라가 '파운더스 에디션' 로드스터를 모두 판매하게 된다면, 이는 테슬라가 주식상장으로 모았던 자금보다 더 많은 돈을 끌어 모을 수 있게 해 줄 것이었다.

비록 무이자로 수천만 달러를 모으고, 모델3를 애타게 기다리던 팬 커뮤니티에 활력을 불어넣었으며, 굉장한 출시 이벤트를 펼쳤음에도 불구하고 세미트럭과 로드스터는 테슬라의 주가를 끌어올리지 못했다. 반면 몇 주 뒤 테슬라가 인공지능 프로세싱 칩을 개발 중이라고 머스크가 밝히자 주가는 잠시 상승했다. 이는 투자자들이 세미트럭과 로드스터로 예치금을 마련하는 것보다 자율주행 기술의 잠재력을 보고 투자했음을 시사한다.

증시 상황이 좋지 않았음에도 테슬라 이사회는 2018년 1월 머스크에게 새로운 10년 보상계획을 제시했다. 일론 머스크는 테슬라 시가총액과 매출 목표 달성 여부에 따라 12차례에 걸쳐 보상을 나눠 받게 된다. 머스크가 열두 번의 보상을 받기 위해서는 테슬라의 주가 상승을 이끌어야 했다. 우선 머스크는 테슬라의 시가총액이 1,000억 달러에 도달하면 보상 총액의 12분의 1을 받게 된다. 이후 테슬라의 시가총액이 6,500억 달러가 될 때까지 500억 달러가 증가할 때마다 약속된 보상액을 받게 될 것이었다. 하지만 테슬라가 수익성 부족으로 지속적인 비판을 받아왔음에도 불구하고 머스크의 '운용 목표'에는 매출과 세전영업이익의 증가만이 포함되어 있었다. 이 두 가지는 모두 기업의 진정한 수익성이나 현금흐름을 평가하기에는 부족함이 있었다.

이번 보상계획은 사실상 머스크에게 큰 재정적 인센티브를 준 것이다. 즉, 그가 최대 주주인 주식의 가치를 높이도록 엔진을 달아준 것이었다. 만약 이 보상계획이 성공한다면 머스크는 테슬라를 애플, 아마존, 구글 이상의 가치를 지닌 기업으로 만들게 된다. 이 시나리오에서 머스크의 개인 자산은 최대 550억 달러까지 늘어나게 되며, 이는 보상계획 제안 당시 테슬라의 시가총액보다 약간 적은 금액이었을 뿐이고, 당시 130억 달러의 지분을 4배 이상 늘리는 금액이다.

너무 엄청난 금액이기 때문에 믿기 어렵지만, 이 보상계획의 정말 놀라운 부분은 주가 상승을 주요 목표로 잡고 주가 상승에 지나치게 치중하고 있다는 점이다. 머스크는 이미 과감한 비전과 대담한 약속들로 주가를 끌어올리는 데 재주가 있음이 증명되었지만, 지속 가능한 사업을 구축하는 일은 잘 해내지 못하고 있었다. 테슬라는 여전히 생존에 필요한 자금을 시장에 의존하고 있었다. 그 때문에 근본적으로 불안정한 상태에 있다는 점을 감안해보면, 이사회는 머스크에게 건전한 운영 기반을 구축하는 데 더 집중하도록 설득한 것일지도 모른다.

테슬라 이사회는 자동차산업의 가장 근간이 되는 진실을 간과하는 것처럼 보인다. 어려운 시기에 생존할 수 있는 능력은 좋은 시기에 성장하는 능력만큼 중요하다. 머스크는 종종 이 사실에 대해 지적하기를 좋아했는데, 테슬라와 포드는 미국의 자동차회사 중 유일하게 파산의 경험이 없는 회사였기 때문이다. 가장 최근의 경기침체를 겪으면서도 포드가 살아남은 것은 성장이나 주가를 극대화시켰기 때문이 아니라 경기침체가 닥치기 전에 힘든 결정을 내려야 함을 알았기 때문이다. 2006년과 같은 포드의 극적인 구조조정 결정은 투자자들이 좋아하지 않았는데, 구조조정에 단기적으로 들어가는 비용(포드는 2006년에 120억 달러의 손실을 입었다) 때문이다. 하지만 이 과정을 통해 포드는 힘든 시기를 견뎌냈고 튼튼한 기반 위에서 회사를 재건하여 다시 성장할 수 있었다.

머스크의 새로운 보상계획은 세미트럭과 로드스터 이벤트가 남긴 인상을 반영한 것 같았다. 즉, 테슬라는 실행 난제가 가중되는 동안 방향이 불분명한 과장된 홍보를 하고 있었던 것이다. 머스크의 마스터플랜은 모델3를 테슬라 미션의 가장 중요한 부분으로 만들었지만, '생산 지옥'이 계속해서 진행되는 동안 머스크는 자신의 두 번째 마스터플랜에 포함되지도 않았던 차세대 로드스터의 예약금을 받으려는 행사를 우선시했다. 머스크는 예정된 일정을 못 맞추고 있는 모델3의 예약금 수십만 달러와 3만 5,000명의 직원을 둔 자동차회사가 아닌 초기 투자금을 구하고 있는 스타트업인 것처럼 테슬라를 이끌고 있었다.

물론, 머스크가 불가능해 보이는 약속을 이행할 수 있다는 믿음에 테슬라가 운명을 걸었던 것은 지금까지는 좋은 결과를 나타냈음이 분명하다. 대부분 머스크의 개인적인 능력에 기반을 둔 테슬라에 대한 평가는 수십 년의 경험과 훨씬 더 큰 규모와 수익을 보유한 기존의 자동차회사와 어깨를 나란히 만들었다. 하지만 시간이 갈수록 머스크가 테슬라나 자동차사업과는 전혀 무관한 본인 잘못에 의한 실수로 인해 기한을 넘긴 경우가 많아지면서 사태는 악화되었다.

머스크의 지나친 야망과 엉뚱한 농담은 늘 그가 해왔던 일이었기에 언제부터 농담의 선을 넘기 시작했는지 말하기는 어렵다. 하지만 2017년까지 틀림없는 신호가 여러 번 존재했다. 예를 들면 그가 졸피뎀과 알코올을 혼합한 약물의 힘을 빌려 트윗을 올렸다고 주장했으며, 그가 분명 어떤 부분에서는 조울증을 앓고 있기 때문에 사람들을 놀라게 했을 수 있다고 인정했던 경우다. 머스크의 야심찬 스타트업이 점점 더 늘어나면서 그는 과장된 홍보에 더욱 빠져드는 것 같았다. 여기에는 보링컴 퍼니Boring Company의 하이퍼루프Hyperloop, 뉴럴링크Neuralink의 '뇌-컴퓨터 인터페이스', 오픈에이아이OpenAI의 '인공지능 시스템'을 홍보하기 위한 노력 등이 포함된다.

갈수록 심해지는 그의 변덕스러운 행동은 2018년에 보다 주목을 끌게 되었다. 트위터에서 기자, 애널리스트, 비평가와의 논쟁이 고조되자, 결국 애널리스트와 언론에 대한 전면적인 공격으로 이어진 것이다. 머스크는 1분기 실적발표에서 테슬라의 유보자금에 대한 애널리스트의 짧은 질문을 "지루하고 바보 같은 질문은 별로 좋지 않군요"라고 잘라내면서, '소액투자자'를 대표하던 유튜버의 질문을 대신 받았다.

불과 몇 주 뒤, 프리몬트 공장에서 발생한 산업재해에 대한 기사로 기분이 상했던 그는 "진실을 주장하면서 거짓말을 보기 좋게 꾸며내 알리는 거대미디어의 고결한 척하는 위선과 맞서 싸우기 위해" 기자들과 그들이 쓰는 기사의 정확성을 평가하는 웹사이트를 준비하고 있다고 말했다.

이러한 그의 감정 분출로 인해 언론에서 상당한 소동이 벌어졌지만, 이 일들은 앞으로 일어날 일의 서막에 불과했을 뿐이었다. 그해 여름, 머스크는 태국의 어느 동굴에 갇힌 유소년 축구팀의 구조를 돕기 위해 구조용 소형 잠수함을 개발했다고 알렸다. 당시 구조 작업을 이끌었던 잠수사 중 한 명이 머스크의 개입을 두고 홍보 활동이라고 일축하면서 구조 임무에는 전혀 쓸모가 없다고 말하자, 머스크는 그 잠수부를 '소아성애자'라고 부르는 트윗을 연달아 올렸고, 태국에 사는 외국인이 의심스럽다는 표현을 했다.

머스크는 결국 사과했지만, 몇 주 만에 〈버즈피드BuzzFeed〉 기자 라이언 맥Ryan Mac에게 분노와 모욕적 언사가 담긴 이메일을 보내 비난을 반복했다. 이로써 그 잠수부는 영국과 미국에서 명예훼손 소송을 제기했다. 테슬라의 주가는 하락했고, 가장 충성스러운 투자자들마저 얼마 전까지 테슬라의 독특한 마케팅 역량으로 자리하고 있었던 그의 트위터에 대해 우려를 표시했다. 그의 회사들이 엄청난 약속을 이행하기 위해 고군분투하는 동안 비평가들의 명예를 훼손하는 머스크의 공격은 계속되었다. 이러한 패턴은 그를 이타적인 선구자라고 보기보다 비판에 민감한 이기적인 선전꾼으로 보이도록 만들었다.

몇 달 동안 언론에 대한 적대감을 그대로 드러낸 머스크는 그해 여름 최악의 상황을 불러왔다. 2018년 8월 7일, 자신의 트위터를 통해 "테슬라를 주당 420달러에 비상장회사로 만드는 것을 검토하고 있습니다. 자금은 이미 확보된 상태입니다"라고 전한 것이다. 고공행진을 하는 테슬라 주가의 하락을 기대하는 공매도 투자 세력이 테슬라에 대한 오보 전쟁을 일으키고 있다고 생각한 머스크는 사우디아라비아 국부펀드와 함께 테슬라의 비상장회사 전환을 논의하고 있다고 밝힌 것이다. 사우디아라비아 국부펀드가 테슬라 지분의 5%를 매입했다는 소식이 전해진 이날, 머스크의 트윗은 테슬라 주가를 치솟게 만들었고 공매도 세력에게 막대한 손실을 입혔다.

하지만 테슬라가 공시의무와 논란으로부터 자유로워지기 위해 비상장회사로 전환하려던 이 계약의 구체적인 내용이 실현되지 못하면서 기대는 곧 의심으로 바뀌었다. 신뢰가 무너지자 머스크가 그해 여름 내내 약속했던 '숏스퀴즈Short Squeeze(공매도 투자자들이 숏 포지션 커버를 위해 실물 주식을 매수하는 것. 실물 주식이 부족하면 주가 급등으로 이어진다)'의 가능성도 커졌고, 테슬라의 주가는 가파르게 상승했던 것처럼 빠른 속도로 떨어지기 시작했다. 머스크의 트윗이 나온 지 일주일 만에 〈뉴욕타임스〉는 증권거래위원회가 그의 트윗이 주가 조작에 해당할 가능성에 대해 조사하기 위해 테슬라를 소환했다고 보도했다.

9월 마지막 주까지 증권거래위원회는 머스크가 2년간 테슬라 회장직에서 물러나고 1,000만 달러의 민사상 벌금을 부과하는 합의안을 제시하면서 그를 고발할 준비를 하고 있었다. 〈뉴욕타임스〉에 따르면 당초 머스크는 이러한 제안을 받아들이기로 했지만, 갑작스럽게 이 제안을 거절하면서 만약 이사회가 자신의 결정을 지지하지 않거나 '자신의 청렴함을 인정'하지 않는다면 회사를 완전히 그만두겠다고 위협했다. 곧이어 이사회는 머스크가 테슬라를 '한 세기 동안 가장 성공적인 미국의 자동차회사'로 이끈 공로를 인정하는 공동 성명을 발표했다. 다음 날 증권거래위원회는 머스크가 허위 및 오해의 소지가 있는 진술을 했다고 비난하면서 공개적으로 소송을 제기했으며, 그가 상장회사의 임원이나 이사로 재직할 수 없도록 하겠다고 밝혔다.

하루 동안 테슬라 주가가 폭락하는 모습을 보고, 실리콘밸리의 친구인 마크 큐반Mark Cuban으로부터 합의를 재고해보라는 촉구 전화 한 통을 받은 뒤에야 머스크는 마지못해 증권거래위원회가 제시했던 조건보다 나쁜 조건으로 합의를 보았다. 머스크는 3년간 테슬라 회장직을 수행할 수 없게 되었고, 머스크와 테슬라에 각각 2,000만 달러의 벌금이 부과되었다. 테슬라 이사회에 두 명의 새로운 사외이사가 투입되며, 머스크와 투자자 및 대중들과의 소통을 감독할 위원회가 설립될 것이었다. 머스크가 받은 징계는 놀라울 정도로 가벼웠지만, 머스크가 이 문제에 대해 변덕스럽게 대처했던 것과 더불어 이후 트윗을 통해 증권거래위원회를 '공매도 강화 위원회'라고 조롱한 일은 그의 리더십에 대한 신뢰를 흔들어놓았다.

한때 테슬라의 주요 자산이었던 머스크의 트위터가 이제는 회사의 골칫거리가 되고 말았다. 비판적 취재에 대한 도발, 왜곡, 비난과 함께 테슬라의 이미지와 주가를 주기적으로 끌어올렸던 석유업계와 공매도 세력의 음모론은 이제 정반대의 영향을 미치고 있었다. 머스크를 둘러싼 논란이 테슬라의 사명을 퇴색시켰고, 이타적인 영웅의 모습을 지지했던 팬들은 이제 그의 행동에 대해 해명과 사과를 요구하기 시작했다.

머스크의 변덕스러운 행동은 그것이 알려지기 이전부터 테슬라 내부에서 문제를 일으키고 있었다. 테슬라의 이직률은 오랫동안 자동차 업계 평균보다 높았지만, 2018년 1월부터 9월 사이에 최고위급 임원 41명이 회사를 떠나면서 이탈은 가속화되었다. 주요 업무를 담당하던 팀의 대부분이 경쟁업체로 이직하기도 했는데, 이는 직원들이 머스크의 통제력을 따르는 대신 임원진을 따랐기 때문이다.

머스크가 증권거래위원회와 합의를 보자 수개월 동안 그를 둘러싼 언론의 보도가 줄어들기 시작했다. 테슬라는 그 어느 때보다 거셌던 논란에서 벗어나는 듯했다. 모델3가 마침내 '생산 지옥'에서 빠져나오면서 테슬라는 3분기 3억 1,200만 달러의 수익을 기록했다. 머스크는 '향후 모든 분기'에 플러스 수익과 현금유동성을 예상했다. 그는 4분기 1억 3,900만 달러의 수익으로 약속을 지키면서 2018년을 마감했다.

테슬라는 그 떠들썩했던 한 해 동안 24만 5,240대의 차량을 인도했고, 이는 그전까지 판매되었던 전체 차량의 수와 비슷했다. 모델3를 만들기 위해 45억 달러의 현금이 투입되었고 머스크의 생산 계획에 잡혀 있던 연간 50만 대 규모의 생산량까지는 아직 절반도 미치지 못했지만, 이 성과는 그 어떤 자동차회사의 입장에서도 인상적인 것이었다.

테슬라가 연속 분기 수익을 올리고, 앞으로도 수익을 계속 예상하는 것은 마침내 테슬라가 지속 가능한 성장의 기반을 마련했다는 점을 시사했다.

하지만 이러한 예상은 오래가지 않았다. 테슬라가 2018년 하반기에 보여줬던 성과를 유지하는 것이 힘들다는 사실이 금세 분명해졌기 때문이다. 테슬라의 모델3 주문은 좋은 상태를 유지하고 있었고, 대기자 명단에 있는 고객들에게 더 비싼 모델3 버전을 인도하고 있었다. 그러나 새해를 맞이하면서 테슬라가 수요를 계속 유지할 수 있을지에 대한 의문이 제기되었다. 이 같은 의문은 그해 연말부터 7,500달러의 연방세액 공제가 단계적으로 줄면서 촉발되었다. 세액 공제는 1월에 절반으로 줄고, 6개월 후에는 다시 절반으로 줄어들게 된다.

머스크는 모델3의 수요가 계속될 것이라고 예상했지만, 테슬라가 취하는 조치들을 보면 그의 말과는 달랐다. 테슬라는 판매량 유지를 목표로 1월에 모델3 가격을 2,000달러 인하한 데 이어 2월에도 1,100달러를 추가 인하했다. 애널리스트들은 "모델3에 대한 미국 내 수요는 이제 대부분 빠진 상태이고, 테슬라는 팔리지 않은 모델3 재고 6,800대를 아직 처리하는 중"이라고 밝혔다. 테슬라는 북미 지역에서 가격을 인하했을 뿐 아니라 유럽과 중국에도 모델3 인도를 시작했다.

그런 뒤 2월 말 테슬라는 선정된 언론사들과의 통화에서 머스크의 마스터플랜을 완성하기 위한 마지막 단계를 밟고 있다고 발표했다. 테슬라는 오랫동안 기다려왔던 3만 5,000달러의 기본 모델 주문을 받기 시작할 예정이었다. 분명 이 일은 머스크가 첫 번째 마스터플랜에서 제시했던 비전을 성취해낸, 엄청난 업적이 되었어야 했다. 하지만 큰 성공의 소식은 머스크가 3만 5,000달러라는 가격에 대한 약속을 이행하기 위해 취했던 조치들에 의해 가려지고 말았다. 이 가격대를 맞추기 위해 테슬라는 300개 이상의 대리점 중 다수의 대리점을 닫고 판매를 온라인으로 전환했다. 대신 시운전 차량 부족을 해결하기 위해 7일간 시승 이후 환불이 가능한 정책을 내놓았다.

이 놀라운 소식은 테슬라가 새로운 대리점을 연다는 소식을 트위터에 공개한지 불과 한 달 만에 나온 것이었다. 그리고 머스크가 언론을 통해 이 소식을 알리기까지 대부분의 직원들은 이 주요한 전략적 결정에 대해 전혀 알지 못하고 있었다. 이러한 움직임은 테슬라가 모델3 수요의 흐름을 계속 맞춰나갈 필요가 있으며, 생산과 공급망 부분의 비용 절감이 이루어지지 않았음을 시사했다. 대리점이라는 공간을 없애면 테슬라에게 필요한 비용 절감 효과를 얻을 수 있었지만, 그렇다 해도 임대차 계약비용만 절감할 수 있을 뿐이었다.

이러한 보도가 난 뒤, 테슬라는 다시 단 10%의 대리점만 문을 닫고 나머지 20%는 평가를 받게 될 거라고 이야기했다. 이 소식은 모델3 기본 모델의 인도가 테슬라에 의해 막판에 취소되었다는 보도와 모델3 기본 모델을 받기 위해 3년을 기다린 고객들에게 연락해 고사양 버전의 차를 판매하려 했다는 보도에 연이어 나왔다. 그때까지 테슬라의 웹사이트에서는 기본 모델을 찾아볼 수 없었다. 표면상으로는 수요가 적었기 때문이었지만, 실상은 모델S를 5만 달러에 팔겠다는 목표로 인해 그와 같은 운명을 맞이한 것으로 보인다.

연속 분기 이익은 테슬라에 대한 낙관론을 만들어냈지만, 테슬라의 파격적인 가격 인하와 정리해고, 대리점 폐쇄 계획으로 이 낙관론은 몇 달 만에 사라졌다. 만약 테슬라가 높은 가격대의 모델3 수요를 계속 유지하지 못하거나 3만 5,000달러의 기본 모델을 수익성 있게 만들지 못한다면, 테슬라는 두 가지 어려운 선택 사이에 놓이게 된다. 즉, 가격을 높게 유지하는 대신 판매량을 줄여 지금까지 테슬라의 주식 가치를 뒷받침해온 '고성장 신화'가 위험에 빠지거나, 생산과 공급 과정에서 충분한 비용 절감을 이룰 때까지 분기 손실의 상황으로 되돌아가는 것이다.

이는 정확히 완성차업체들이 수년 전부터 미리 예상하고 계획하는 일종의 딜레마다. 이를 피하기 위해 완성차업체들은 세부적인 시장조사를 통해 가능하면 수요와 가장 비슷하게 신차의 트림과 사양을 조정한다. 시장이 감당할 수 있는 수준을 넘어서는 차량을 생산하는 일은 자동차업계에서 가장 두려운 결과를 가져온다. 시장은 회사가 가격을 낮추도록 강요하고, 그 결과 회사는 비용을 절감하여 수요를 더 감소시킬 수 있다. 이렇게 계속되는 부정적인 피드백 루프는 2008년 GM과 크라이슬러를 포함해 많은 자동차회사들이 결국 막다른 길로 향하도록 했다. 모델3의 엄청난 선주문은 머스크를 자극해서 '생산 지옥'을 만든 야심찬 생산 계획으로 몰아넣었다. 이제는 동일한 선주문이 수요를 과대평가하도록 만드는 것처럼 보였다.

로드스터와 세미트럭, 크로스오버 모델Y를 개발하는 데 수십억 달러가 들었고, 연간 50만 대의 생산량을 달성하기 위한 상하이 공장 건설은 테슬라의 수익에 대한 압박을 가중시켰다. 과거의 테슬라는 이러한 프로젝트 자금을 대기 위해 자본조달이나 주식시장으로 돌아갔겠지만, 테슬라는 그렇게 할 계획이 없다고 주장했다. 신차 3종의 생산이 점점 가까워지고 있는 가운데, 이 자동차들이 어디에서 만들어질 것이며, 테슬라가 또 다른 자본조달 없이 어떻게 이 차들의 개발비용을 마련할 계획인지에 대한 답은 내놓지 않고 있다.

이런 와중에 거듭된 가격 인하와 정리해고, 대리점 폐쇄는 머스크의 리더십에 대한 의문을 낳았다. 미래지향적인 선구자라는 평판을 갖고 있음에도 머스크는 주 단위로 테슬라의 업무를 보면서 일단 모든 결과가 파악되면 즉시 철회되어버릴 결정을 충동적으로 발표하는 듯 보였다. 증권거래위원회는 머스크가 합의한 사항을 위반했다는 혐의와

'자금 확보' 실패를 이유로 테슬라가 채용한 법률 자문을 갑작스럽게 해임했다는 사안으로 머스크를 다시 법정으로 끌어들였다. 테슬라를 둘러싼 혼란과 위기감이 변덕스러운 CEO를 통해 다시 한 번 흘러나오는 듯했다.

트위터에서는 테슬라 지지자들과 테슬라 회의론자들 사이의 대립이 격화되었으며, 각기 다른 곡해로 또 다른 해석에 대한 대립을 불러일으켰다. 양측 모두가 자신들의 관점에서 꼼짝도 하지 않는 상황에서, 양측이 동의하는 것으로 보이는 유일한 내용은 바로 회의론자의 계정인 @TeslaCharts가 날카롭게 요약해 올렸던 글이었다. "일론 머스크는 이기기 위해서라면 무엇이든 할 것이다. 그게 무슨 일이건 간에."

실제로 테슬라의 역사는 같은 패턴으로 귀결되는 경우가 많다. 테슬라는 자동차업계의 잔인할 만큼 어려운 문제점 중 하나와 마주치게 되고, 머스크는 팬들에게 영웅적인 인상을 남기면서 결국 해결책을 만들어낸다. 가장 힘든 상황을 헤쳐나갈 수 있는 머스크의 능력은 다른 자동차회사라면 살아남지 못할 어려움 속에서도 테슬라를 꿋꿋하게 지켜왔다. 하지만 머스크가 아무리 다양한 현금 조달 방법을 찾아내거나 놀라운 분기별 성과를 낼 방법을 찾아낸다 해도, 이와 같은 해결책은 테슬라를 진정으로 지속 가능한 상태로 만들어내지는 못했다.

17

가장 중요한 것은
무엇인가

"만약 비디오게임 개발에 관심이 있다면 테슬라에 지원을 고려해보세요.

우리는 중앙 터치스크린과 스마트폰, 자동차를 통합한

아주 재미있는 게임을 만들고 싶습니다."

2018년 8월 2일, 일론 머스크

다른 자동차들의 경우 대부분 자그마한 계기판이 달려 있는 반면, 테슬라 자동차의 내부에는 커다란 터치스크린이 달려 있다. 특히 모델S와 모델X에는 17인치, 모델3에는 15인치나 되는 터치스크린이 달려 있다. 테슬라가 모델S를 처음 선보였을 때만 해도, 누구도 양산차 계기판에서 이만한 크기의 스크린을 본 적이 없었다. 바로 이 터치스크린은 테슬라를 단순히 친환경 자동차 브랜드가 아닌, 첨단기술 브랜드로 자리매김하는 데 있어 매우 중요한 역할을 했다.

테슬라가 독특한 문화 현상으로 발전해나가면서, 이 커다란 스크린은 단순한 스크린 이상으로 여겨지게 되었다. 터치스크린은 자동차산업에 접근하는 테슬라의 방식에 장점과 단점을 구체화시키는 상징이 되어준다. 그리고 왜 테슬라에 대한 의견이 양극화되는지, 그 이유를 설명하는 데 도움을 준다.

첫눈에도 테슬라의 커다란 스크린은 테슬라라는 브랜드가 미적 차원의 디자인을 중시한다는 점을 알아보게 해준다. 이 스크린 자체가 자동차 못지않은 기기이며, 테슬라가 자동차 제조회사 못지않은 첨단기술기업이라는 사실을 알려준다. 비록 이 스크린이 눈을 사로잡지만, 전체적으로 미적인 효과를 내는 것은 눈에 보이지 않는 부분인 버튼과 노브이다. 그 어떤 다른 자동차들과 비교해봐도 테슬라의 깔끔한 터치스크린 인터페이스는 마치 블랙베리와 노키아가 주도하던 휴대폰시장에 등장한 아이폰 같은 인상을 준다.

심지어 사용자 인터페이스 역시 스마트폰을 떠올리게 하는데, 메뉴와 기능이 마치 애플리케이션처럼 스크린에 배열되어 있다. 터치스크린은 스마트폰처럼 속도가 빠르고 그래픽 또한 풍부하다. 테슬라 차량에 잠시 있어보면, 단순한 기능을 갖춘 전형적인 자동차용 계기판은 과거의 유물 같다는 느낌을 받게 한다.

하드웨어의 제약이 없는 테슬라의 인터페이스는 사용자 경험을 조정하고 개선할 수 있는 범위가 훨씬 넓다. 무선 업데이트를 통해 사용자 인터페이스를 수정하고 새로운 기능을 추가할 수도 있다. 터치스크린과 소프트웨어라는 무한한 디지털 공간은 테슬라가 이제 막 탐험을 시작한 새로운 가능성의 지평을 열어준다.

이러한 유연성은 테슬라를 다른 자동차와 전혀 다른 성격의 차로 만들어주는데, 예를 들어 '이스터에그' 같은 기능이 가능하다. 디지털 장난감 같은 기능은 내비게이션 화면을 화성 표면으로 바꿔주거나, 화면에 나오는 자동차를 산타의 썰매처럼 보이게 만들어준다. 또한 중앙 스크린을 이용해 그림을 그릴 수도 있고, 예전에 유행했던 클래식 아케이드게임을 할 수도 있다. 다소 모순적으로 보이지만 이러한 이스터에그는 자동차가 할 수 있는 일과 자동차회사와 고객과의 관계의 경계를 허무는 역할을 한다.

이러한 스크린 지원 기능은 자동차 자체의 실용성과는 거리가 있지만 테슬라의 매력을 높이는 이유가 된다. 테슬라의 팬들에게 이스터에그의 기발함은 자동차 안에서 처음 접하는 것으로 테슬라라는 브랜드의 친밀도를 높여주었다. 한편, 진지한 개발자들에게 테슬라는 자동차보다 소프트웨어 중심적이고 컴퓨터와 비슷하다는 점에서 어떤 자동차보다 친밀하고 매력적으로 느끼게 해줬다.

100년이 넘은 회사와 브랜드들로 가득한 자동차산업에서 그 어느 때보다 독창성을 갖기 어려운 시기에 이와 같은 기발함은 뚜렷한 장점이 되었다. 과거에는 소비자들이 매력적이고, 저렴하며, 신뢰할 수 있는 자동차를 고르기 위해 다방면으로 알아봐야 했지만, 이제는 경쟁적인 벤치마킹으로 모든 자동차들의 성능이 비슷해지고 있다. 따라서 자동차 구매자들이 직면하는 가장 어려운 과제는 불량품을 피하는 것이 아니라 눈에 띄는 자동차를 고르는 일이 되었다. 테슬라의 터치스크린과 이것이 투영하는 브랜드 이미지는 이 차를 살 여유가 있는 사람들에게 해결책을 마련해주었다.

또한 테슬라 터치스크린의 독창성은 지금까지 논의되어본 적 없는 다음과 같은 질문을 던졌다. 만약 테슬라의 터치스크린이 매우 뛰어난 것이고, 경쟁이 치열한 자동차회사들이 동일한 기능을 갖도록 노력한다면, 테슬라의 터치스크린과 경쟁하는 자동차회사는 어디인가? 그리고 왜 다른 자동차회사들은 모델S 출시 이후 17인치 터치스크린을 제공하지 않는 것일까?

진부한 대답을 하나 내놓자면, 테슬라는 실리콘밸리의 파괴자이고 따라서 테슬라는 느릿하게 움직이는 자동차산업의 공룡들보다 기술적으로 더 발전했기 때문이다. 하지만 이렇게 무의미한 이야기 넘어서를 바라볼 수 있는 사람은 완전히 다른 관점으로 테슬라를 바라본다.

이 질문에 대한 열쇠는 일론 머스크가 애슐리 반스에게 모델S를 특별하게 만든 17인치 터치스크린에 대해 이야기한 것에서 찾을 수 있다. "처음 터치스크린에 대해 이야기했을 때, 직원들은 '자동차 부품 공급망에는 터치스크린 제조사가 단 한 곳도 없습니다'라고 말했죠." 그는 반스의 책에서 이렇게 설명했다. "제가 말했죠. '알아요. 빌어먹을 차에 터치스크린을 장착한 적이 없으니까요.'" 하지만 머스크는 노트북 스크린이 충격과 열 그리고 다른 조건들을 견뎌낼 만큼 튼튼하기 때문에 자동차 내부 조건에 맞춰 제작하는 것이 어렵지 않을 것이라 생각했다. 하지만 반스는 이렇게 언급한다.

테슬라의 엔지니어들은 노트북 공급업체를 만나본 뒤 사무실로 돌아와 컴퓨터의 온도 및 진동 부하 기준이 자동차 표준에 미치지 않는다고 보고했다. 아시아의 공급업체들도 컴퓨터 분야 말고 자동차 분야를 찾아봐야 한다고 거듭 주장했다. 머스크는 상황을 좀 더 자세히 살펴본 후 노트북 스크린이 온도 변화를 포함해 더 까다로운 자동차 조건에서 테스트를 거친 적이 없음을 발견했다. 그리고 테슬라가 직접 테스트해보자 스크린은 정상적으로 작동했다.

테슬라가 자동차에 사용할 수 있는 자격을 부여했을 때 스크린에 어떤 테스트를 했는지는 분명하지 않다. 하지만 모델S와 모델X에 사용된 초기 사양 스크린이 '자동차 등급' 기준에 미치지 못했던 산업용 스크린이었다는 점은 분명하다. 테슬라는 대형 유리창 바로 아래 위치한 대시보드에 자동차용으로 설계되지 않은 스크린을 장착했다. 게다가 스크린 뒤쪽으로는 히터 코어가 가득 자리하고 있었다. 인포테인먼트와 오토파일럿을 작동한 스크린에서 발생하는 열은 (유리창을 통한 태양 복사열의 영향을 제외해도) 최대 80도에 달했다.

아나나 다를까, 테슬라 소유주들은 만성적인 열과부하를 암시하는 17인치 터치스크린 문제를 강력히 주장했다. 2015년까지 생산된 테슬라 차량에서는 스크린 접착제가 고온에서 녹아내리면서 결국 차량 내부로 흘러내렸다. 이 문제가 해결되자마자, 소유주들은 2016년 이후 생산된 테슬라 차량에서 화면 가장자리에 노란색 띠가 만들어졌다고 보고했는데, 이 문제도 과열과 관련된 것임이 틀림없었다.

아이러니하게도 이 노란색 띠 문제는 테슬라 차량이 스마트폰과 마찬가지라는 또 다른 의미이기도 했다. 애플의 아이폰과 같은 기기에서도 여러 가지 종류의 노란색 띠 문제가 보고되기 때문이다. 하지만 수백 달러짜리 스마트폰과 비교해 수십만 달러에 달하는 자동차는 품질에 대한 기대치가 더 높았기 때문에 중대한 문제가 되었다. 테슬라에게 있어 이러한 문제는 고객만족도에 악영향을 줄 뿐만 아니라 테슬라의 얼마 되지 않는 영업이익에도 큰 타격을 줬다.

일단 스마트폰을 닮은 자동차의 놀라운 요소를 넘어서서, 스마트폰이 가지고 있는 여러 가지 문제점들을 생각해보면 이 모든 아이디어들이 덜 매력적으로 다가온다. 한편으로 새로운 기능과 꾸준한 소프트웨어 업데이트는 자동차의 명백한 개선처럼 보이지만, 다른 한편으로는 자동차를 사소한 버그나 결함에 취약한 스마트폰처럼 만들 수도 있다. 웹사이트가 다운되거나 휴대폰을 재부팅하는 일은 큰 문제가 아닐 수 있지만, 만약 운전 중인 차량의 컴퓨터가 다운되거나 재부팅된다면 어떤 일이 벌어지게 될까?

'최소 기능 제품'을 출시한 이후 업데이트를 통해 개선하는 것은 안전이 가장 중요한 문제가 아닌 소프트웨어와 스마트폰에서는 문제가 되지 않을 수 있다. 하지만 자동차회사들이 새로운 기술과 부품을 사용하기 위해 몇 년이라는 시간 동안 검증을 하는 이유는 자동차가 근본적으로 안전을 가장 중요하게 생각하는 시스템이기 때문이다. 전 세계 도로에서는 매년 125만 명 정도가 사망한다. 이 같은 수치만 생각해봐도 자동차회사들이 왜 고객을 태우고 신제품 '베타 서비스'를 시행하지 않는지를 쉽게 이해할 수 있다.

운전의 내재적 위험은 자동차회사들이 자동차를 스마트폰처럼 보이기 위해 버튼과 노브를 완전히 감추지 않은 이유이기도 하다. 스마트폰과 다르게 자동차의 제어장치를 실제로 보지 않고 조작하는 것은 생사를 갈라놓는 문제가 될 수도 있다. 버튼과 노브를 없애면 자동차회사들은 비용을 절약하고 자동차를 스마트폰처럼 멋지게 만들 수 있을 것이다. 하지만 대부분의 자동차회사들은 운전자가 도로에서 눈을 떼도록 만드는 인터페이스를 위험을 감수할 정도로 중요한 장점으로 생각하지 않는다.

자동차를 스마트폰처럼 만든다는 것은 이론상으로 매력적인 것처럼 보이지만, 자동차는 스마트폰이 아니라는 불편한 진실과 계속해서 충돌하고 있다. 이제 사람들은 대부분 자동차가 스마트폰이 하는 것과 동일한 일을 할 필요가 없다거나, 그렇게 하기를 바라지 않는다는 의견에 동의할 것이다. 자동차를 스마트폰으로 만드는 것이 말이 되지 않는다면, 테슬라는 왜 이렇게까지 성공하고 있는 걸까?

우리는 역사에서 그 답을 찾을 수 있다. 1920년대 자동차는 유선형 특급열차에 영향을 받았고, 1950년대 자동차는 전투기의 꼬리날개와 흡입구에 영향을 받았다. 이와 같은 이유로 오늘날 사람들은 스마트폰에 영향을 받은 테슬라에 반응을 보이고 있다. 제품의 이미지를 첨단기술의 상징성과 비교한 논리에 맞추면서 테슬라는 자신들의 자동차 이미지를 우리 삶의 거의 모든 부분에서 변혁을 가져온 스마트폰과 결부시키고 있다.

이러한 트렌드가 제기하는 문제는 바로 자동차 '코스프레'가 우리를 어디까지 데려가도록 내버려둘 것인가 하는 점이다. 우리는 단지 겉모습에 불과한 테일핀이나 실제 제트동력 자동차를 개발하려고 필요 이상의 돈을 들여 새로운 기술에 지나치게 집착하고 있는 것은 아닐까? 이 아이디어들이 실제로 구현되기에는 너무 문제가 많다는 것을 인정할 때까지 이러한 집착을 보이는 것은 아닐까?

스마트폰이 제공한 기술이 자동차를 변화시키고 있으며, 앞으로도 계속해서 자동차의 새로운 대안을 만들어낼 것이라는 데는 의심의 여지가 없다. 그러나 기술을 위한 기술과 실생활에 적용되는 기술 사이에는 상당한 차이가 존재한다. 과연 테슬라는 이러한 문제를 정말 해결하고 있는 것일까? 아니면 회사 전체가 차량 내부의 커다란 스크린 같은 존재가 된 것일까?

이에 대한 답은 전적으로 테슬라의 터치스크린처럼 다양한 관점에서 상당한 영감을 불러일으키는 인물인 일론 머스크를 바라보는 여러분의 견해에 달려 있다. 머스크의 팬들에게 있어서 그는 그 어느 때보다도 영웅적인 인물이 존재하지 않던 시기에 나타난 보기 드문 이타적인 천재다. 반대로 그를 비판하는 사람들에게는 환경주의를 이용해 자동차를 팔고 보조금을 받으며 비판은 요리조리 피하는 인물이다. 만약 여러분이 둘 중에서 하나를 믿는다면, 앞으로도 마음이 바뀔 가능성이 별로 없을 것이다.

하지만 테슬라가 환경에 미친 영향은 객관적으로 평가하는 것이 가능하다. 테슬라는 테슬라의 전기차가 총 400만 톤의 탄소 배출을 줄였다고 주장한다. 이 수치는 테슬라의 슈퍼차저가 여전히 탄소를 배출할 때도 모든 테슬라 전기차가 탄소를 전혀 배출하지 않는다는 가정에 근거했다는 점을 고려하면 과장된 면이 있다. 하지만 이 또한 전 세계에서 2018년에만 약 370억 톤의 탄소를 배출했다는 점을 감안하면 보잘 것 없이 적은 양이다.

그러나 환경적인 대의를 지닌 테슬라 이미지의 진짜 문제는 그 효율과 비용의 문제다. 400만 톤의 탄소 감축을 달성하기 위해 테슬라는 민간 및 공공시장에서 190억 달러의 자금을 조달해야만 했다. 이는 탄소 1톤을 줄이는 데 4,750달러를 들인 것이다. 이는 '탄소의 사회적 비용'인 1톤당 417달러보다 훨씬 높다. 또한 모든 형태의 탄소 감축을 놀랄만한 비용처럼 보이도록 만든다. 예를 들면 화력발전소의 탄소포집(1톤당 600달러), 원자력발전소 건설(1톤당 59달러), 주택단열지원 프로그램(1톤당 350달러).

한마디로 테슬라가 정부의 탄소 감축 프로그램이었다면 비용 편익 기준에서 변명의 여지가 없었을 것이다. 그리고 테슬라의 프로그램이 190억 달러를 상환할 수 있는 충분한 이윤과 합리적인 수익을 창출해내지 않는 한, 민간투자의 정당성도 마찬가지로 해결되지 않을 것이다.

테슬라에 대한 투자는 수익성이 입증된 자율주행 기술에 대한 장기적 투자라고 볼 수도 있지만, 그렇다 해도 테슬라가 누리고 있는 엄청난 재정적 지원과 정서적 지원에 대해서는 충분하게 설명하지 못한다.

테슬라의 신화를 뒷받침해주는 증거가 점점 더 철저한 검토를 거치면서 테슬라의 팬들은 논란이 많은 리더에 대한 감정적인 애착을 더욱 강화하고 있다. 테슬라에 대한 그들의 사랑, 테슬라가 구현하는 기술적 진보에 대한 믿음, 존경할만한 영웅의 필요성 그리고 유명인사로서의 모습 모두가 테슬라와 머스크에 대한 그들의 믿음을 보호해주는 것들이다. 머스크의 가장 큰 매력이 어떤 역경이든지 감수해내는 그의 의지이기 때문에, 아무리 정당한 비판이나 역경이 가해져도 그의 팬들이 그를 더욱 사랑하게 되는 것은 놀랍지 않다.

동시에, 테슬라는 테슬라의 추종자는 아니지만 단지 가장 멋진 차를 원하는 고객들과 씨름해야 하는 상황이 점점 더 늘어나고 있다. 이들이 지불한 비용에 따른 높은 기대감은 테슬라의 품질 및 서비스와 충돌하기 때문에 이들은 광적인 팬들이 보여줬던 관용을 보여주지 않는다. 테슬라의 팬들은 바위처럼 견고할지 모르겠지만, 팬들이 예전처럼 늘어나는 것 같지는 않다.

테슬라는 디자인, 성능, 이미지 차원에서 상당한 매력을 지니고 있다. 하지만 테슬라는 보다 대중적인 시장으로 그 매력을 넓혀가기 위해 애쓰고 있다. 이 시점에서 테슬라의 가장 큰 위협은 수많은 자동차회사를 사라지도록 만들었던 경기침체다. 테슬라는 2008년에 자동차 제조 공정을 제대로 진행하지 못했음에도 불구하고 간신히 살아남았다. 만약 또 다른 경기침체가 다가온다면 재정적인 성과보다는 테슬라의 이타적인 사명에 투자해온 사람들에게는 엄청난 압력이 될 것이다.

만약 테슬라가 다음번 경기침체에서 살아남는다면, 자동차회사로서의 근본적인 테스트를 통과하게 될 것이다. 만약 여기서 살아남지 못한다면, 테슬라는 살아남은 자동차회사들에게 매수될지도 모른다. 테슬라의 미래는 계속해서 '완전한 자율주행 기술'에 대한 과감한 베팅으로 귀결되고 있다. 만약 테슬라가 로보택시처럼 차량 소유주들(그리고 테슬라)에게 건강한 현금유동성을 제공하겠다는 약속을 이행한다면, 이 기술은 이론적으로 상당한 수요를 창출할 수 있다. 테슬라가 자율주행 기술에 대해 계속해서 전념하고 있는 것은 시장의 평가에 걸맞은 수익을 얻기 위한 최후의 시도처럼 보인다.

이처럼 강력한 브랜드를 구축한 테슬라가 살아남을 수 있는 한 가지 방법은, 바로 머스크의 첫 번째 마스터플랜을 뒤로 하고 큰 이윤을 낼 수 있는 소량의 럭셔리 차량에 전념하는 것이다. 이 전략으로 실패할 경우, 테슬라는 자사를 매각하거나 기존 업체와 협력해 생산 품질 및 서비스 공간을 개선해나갈 수도 있다. 이 두 가지 방법을 택한다 해도 테슬라가 전기차 도입을 가속화하겠다는 임무를 이미 완수했다는 사실을 깎아내릴 수는 없을 것이다. 하지만 이 두 가지 방법 모두는 머스크의 비전과 리더십에 한계가 있다는 것을 인정하는 일이 될 것이다.

이런 일이 아직까지 일어나지 않았다는 사실은, 무엇보다도 테슬라가 머스크를 숭배하기 위해 존재한다는 계속해서 쌓이는 증거를 하나 더하는 것이다. 2006년 〈뉴욕타임스〉 기사에서 자신이 제외된 것에 대해 처음으로 불만을 토로한 이후 테슬라의 정체성에서 머스크 역할은 점점 커져갔다. 증권거래위원회가 머스크를 사기 혐의로 고발한 이후에도 머스크는 '자신의 청렴함을 인정'하지 않으면 회사를 그만두겠다고 협박했고 이사회가 이를 받아들였을 때, 테슬라는 더 이상 돌아올 수 없는 지점에 도달했던 것으로 보인다.

점점 더 예측 불가능해지는 머스크를 고려해보면, 그의 다음 행보가 어떻게 될 것인지 예상할 수는 없다. 단 한 가지 확실한 점은 바로 이것이다. 테슬라에는 더 이상 머스크와 무관한 정체성이 존재하지 않기 때문에, 머스크 스스로가 빠져 들어간 모험 속으로 테슬라 또한 질질 끌려가게 될 것이다. 일단 루디크러스 모드를 선택하면 되돌아갈 수 없는 것과 마찬가지다.

감사의 글

이 책은 정비직부터 이사진에 걸친 전현직 테슬라 내부자들이 개인적이며 직업적인 위험을 감수하면서까지 자신들의 경험에 대해 털어놓지 않았더라면 출간될 수 없었을 것이다. 또한 이들을 내게 소개해준 친구와 동료들의 공로도 있었다. 혹시 모를 보복이나 앙갚음을 겪게 되지 않도록 이들 중 그 누구의 이름도 언급하지 않겠지만, 이들 자신은 알고 있을 것이다. 여러분들에게 끝없는 감사를 표한다.

참고문헌

1장

[Tesla Model 3 reveal event livestream]: https://youtu.be/LBuTEIFMOvA

it is being produced at a rate of more than five thousand units per week: Tom Randall and Dean Halford. "Tesla Model 3 Tracker." Bloomberg, latest update February 14, 2019. https://www.bloomberg.com/graphics/2018-tesla-tracker/

Yet, it's taken about $4.5 billion in fresh capital: Alexandria Sage. "Tesla raises $1.46 billion in stock sale." Reuters, May 19, 2016. https://www.reuters.com/article/us-teslaoffering/tesla-raises-1-46-billion-in-stock-sale-ifr-idUSKCN0YB08W; Rishika Sadam. "Tesla raises $1.2 billion, 20 percent more than planned." Reuters, March 17, 2017. https://www.reuters.com/article/us-tesla-offering-idUSKBN16O1NH; Evelyn Chang. "Tesla's first junk bond offering is a hit, but now Elon Musk must deliver." CNBC, August 11, 2017. https://www.cnbc.com/2017/08/11/tesla-debt-offering-raised-to-1-point-8-billion-300-millionmore-than-planned-on-high-demand.html

demand for all but the cheapest versions: Alexandria Sage. "Exclusive: Tesla's delivery team gutted in recent job cuts-sources." Reuters, February 8, 2019. https://www.reuters.com/article/us-tesla-demand/teslas-delivery-team-gutted-in-recent-job-cutssources-idUSKCN1PY00J

deliveries were down by more than thirty percent: Tesla Motors press release. "Tesla Q1 2019 Vehicle Production&Deliveries." April 3, 2019. https://ir.tesla.com/news-releases/newsrelease-details/tesla-q1-2019-vehicle-production-deliveries

an automaker needed to produce on the order of five million units per year just to survive: Edward Niedermeyer. "Sergio Marchionne is Insane." The Truth About Cars, May 4, 2009. https://www.thetruthaboutcars.com/2009/05/sergio-marchionne-is-insane/

Eight other states have adopted CARB's ZEV mandate: "California applauds multi-state coalition's releases new Zero-Emission Vehicle Action Plan." California Air Resources Board, June 20, 2018. https://ww2.arb.ca.gov/index.php/news/california-applauds-multi-state-coalitionsreleases-new-zero-emission-vehicle-action-plan

as the company's PR department has claimed: Charles Duhigg. "Dr. Elon & Mr. Musk: Life Inside Tesla's Production Hell." Wired, December 13, 2018. https://www.wired.com/story/elonmusk-tesla-life-inside-gigafactory/

2장

Eberhard and Tarpenning's initial business plan: Drake Baer. "Tesla: The Origin Story." Business Insider, November 11, 2014. https://www.businessinsider.com/tesla-the-origin-story-2014-10

The post, titled "The Secret Tesla Motors Master Plan (just between you and me)," https://www.tesla.com/blog/secret-tesla-motors-master-plan-just-between-you-and-me

which had dropped its lead-acid battery pack for an array of small cylindrical lithium-ion battery cells: Michael Shnayerson. "Quiet Thunder." Vanity Fair, May 2007. https://www.vanityfair.com/news/2007/05/tesla200705

According to Elon Musk, electric cars were what had first brought him to Silicon Valley: Elon Musk. "In the Beginning." Tesla Motors Blog(since deleted, accessed via web.archive.org) https://web.archive.org/web/20090624221445/http://www.teslamotors.com/blog2/?p=73

Errol, owned a 50 percent stake in a Zambian emerald mine: Phillip De Wet. "'We had so much money we couldn't even close our safe': Elon Musk's Dad tells BI about the family's insanely casual attitude to wealth." Business Insider, February 23, 2018.
https://www.businessinsider.com/elon-musks-dad-tells-bi-about-the-familys-casual-attitude-towealth-2018-2

having sold his first computer game at age twelve: Ashlee Vance. Elon Musk: Tesla, SpaceX, and the Quest for a Fantastic Future. New York: Ecco (HarperCollins), 2015.

"It's a million-dollar car": Elon Musk best videos. "Young Elon Musk featured in documentary about millionaires (1999)." YouTube video, October 24, 2015.
https://youtu.be/eb3pmifEZ44

Cocconi's bitter experience with the EV1 program: Michael Shnayerson The Car That Could: The Inside Story of GM's Revolutionary Electric Vehicle New York: Random House, 1996

Musk would say that his first meeting with Straubel "was really what ultimately led to Tesla as it is today": Darren Bryant. "Elon Musk recounts Tesla's history at 2016 shareholders meeting." YouTube video, January 10, 2017.
https://youtu.be/AKfiKvbqbQw

Afterward, Straubel emailed Musk: Elon Musk. "In the Beginning." Tesla Motors Blog(since deleted, accessed via web.archive.org).
https://web.archive.org/web/20090624221445/http://www.teslamotors.com/blog2/?p=73

"AC Propulsion shares your view": Ibid.

The fragile prototypes: Darren Bryant. "Elon Musk recounts Tesla's history at 2016 shareholders meeting." YouTube video, January 10, 2017.
https://youtu.be/AKfiKvbqbQw

he had sent an email(since published at Business Insider) to Tesla's de facto PR man, Mike Harrigan, saying that "the portrayal of my role to date has been incredibly insulting":

Drake Baer. "The Making of Tesla: Invention, Betrayal, and the Birth of the Roadster," Business Insider, November 11, 2014.
https://www.businessinsider.com/tesla-the-origin-story-2014-10

3장

"We had no idea what we were doing," Elon Musk told the crowd: Darren Bryant. "Elon Musk recounts Tesla's history at 2016 shareholders meeting." YouTube video, January 10, 2017.
https://youtu.be/AKfiKvbqbQw

hundreds of automakers had gone bankrupt: "List of defunct automobile manufacturers of the United States." Wikipedia.
https://en.wikipedia.org/wiki/List_of_defunct_automobile_manufacturers_of_the_United_States

"Tesla will build high-performance electric sports cars": Drake Baer. "The Making of Tesla: Invention, Betrayal, and the Birth of the Roadster." Business Insider, November 11, 2014.
https://www.businessinsider.com/tesla-the-origin-story-2014-10

To Eberhard and Tarpenning, who, in their initial feasibility study: Ashlee Vance. Elon Musk: Tesla, SpaceX, and the Quest for a Fantastic Future. New York: Ecco (HarperCollins), 2015.

Tesla would have to license the Elise's aluminum chassis and then reengineer it: Martin Eberhard. "Lotus Position." Tesla Motors Blog, July 25, 2006.
https://www.tesla.com/blog/lotusposition

according to Drake Baer, he was the only leading figure at Tesla not invited to Eberhard's final design Bake-Off: Drake Baer. "The Making of Tesla: Invention, Betrayal, and the Birth of the Roadster," Business Insider, November 11, 2014.
https://www.businessinsider.com/tesla-theorigin-story-2014-10

He would later take credit: Elon Musk. "In the Beginning." Tesla Motors Blog (since deleted, accessed via web.archive.org).
https://web.archive.org/web/20090624221445/

http://www.teslamotors.com/blog2/?p=73

either out of concern for his wife: Ashlee Vance.
Elon Musk: Tesla, SpaceX, and the Quest for a
Fantastic Future. Ecco, 2015.

or for taller customers: Martin Eberhard. "Lotus
Position." Tesla Motors Blog, July 25, 2006.
https://www.tesla.com/blog/lotus-position

the resulting car shared only 7 percent of its
parts: Darryl Siry. "Mythbusters Part 2: The Tesla
Roadster is not a Converted Lotus Elise." Tesla
Motors Blog, March 3, 2008.
https://www.tesla.com/blog/mythbusters-part-2-
tesla-roadster-not-converted-lotus-elise

Ultimately, Tesla would spend $140 million: Elon
Musk. "In the Beginning." Tesla Motors Blog (since
deleted, accessed via web.archive.org).
https://web.archive.org/web/20090624221445/
http://www.teslamotors.com/blog2/?p=73

sell for as little as $85,000 apiece: Matthew
Wald. "Zero to 60 in 4 Seconds, Totally From
Revving Batteries." New York Times, July 19, 2006.
https://www.nytimes.com/2006/07/19/
business/19electric.html

its bill of materials alone cost the company
$145,000: Chuck Squatriglia. "Tesla Finally Turns a
Profit," Wired (blog), August 7, 2009.
https://www.wired.com/2009/08/tesla-profit/

4장

"How to Be Silicon Valley": Paul Graham. "How to
Be Silicon Valley," PaulGraham.com, May 2006.
http://paulgraham.com/siliconvalley.html

As Tarpenning explained in Charles Morris's
history of the company: Charles Morris. Tesla
Motors: How Elon Musk and Company Made
Electric Cars Cool and Sparked the Next Tech
Revolution, excerpted in Charged Electric Vehicles
Magazine, September 7, 2014.
https://chargedevs.com/features/new-book-
excerpt-the-early-days-of-tesla/

This process started with the development of

a digital motor controller: Darren Bryant. "Elon
Musk recounts Tesla's history at 2016 shareholders
meeting." YouTube video, January 10, 2017.
https://youtu.be/AKfiKvbqbQw

Eberhard's original plan for Tesla: Drake Baer.
"The Making of Tesla: Invention, Betrayal, and the
Birth of the Roadster," Business Insider, November
11, 2014.
https://www.businessinsider.com/tesla-the-origin-
story-2014-10

Even when the car failed to work properly:
Darren Bryant. "Elon Musk recounts Tesla's history
at 2016 shareholders meeting." YouTube video,
January 10, 2017.
https://youtu.be/AKfiKvbqbQw

By October he was pushing Eberhard: Drake
Baer. "The Making of Tesla: Invention, Betrayal,
and the Birth of the Roadster." Business Insider,
November 11, 2014.
https://www.businessinsider.com/tesla-the-origin-
story-2014-10

Eberhard had told Tesla's new investors: Elon
Musk. "In the Beginning." Tesla Motors Blog(since
deleted, accessed via web.archive.org).
https://web.archive.org/web/20090624221445/
http://www.teslamotors.com/blog2/?p=73

On the day he took over as CEO: Ibid.

a presentation to CARB: Martin Eberhard.
"California ARB ZEV Symposium presentation,"
September 26, 2006.
https://www.arb.ca.gov/msprog/
zevprog/2006symposium/presentations/
eberhard.pdf

fundamental to Tesla's Series D funding pitch:
"Tesla Motors Secures $45 Million Series D
Investment Round Led by Technology Partners
and Elon Musk." Tesla Motors press release, May
11, 2007.
http://www.marketwired.com/press-release/tesla-
motors-secures-45-millionseries-d-investment-
round-led-technology-partners-elon-734724.htm

prompting Magna to sue for breach of contract:
Craig Rubens. "Tesla's Other Lawsuit: Transmission

Troubles." GigaOm, April 15, 2008.
https://gigaom.com/2008/04/15/teslas-
otherlawsuit-transmission-troubles/#more-1887

Straubel and his team would have to completely
redesign the remaining AC Propulsion
technology: Darren Bryant. "Elon Musk recounts
Tesla's history at 2016 shareholders meeting."
YouTube video, January 10, 2017.
https://youtu.be/AKfiKvbqbQw

Moore's Law came to Tesla's rescue: Brian
McCullough. "Transcript of interview with
cofounder of Tesla, Marc Tarpenning" Internet
History Podcast, May 15, 2016.
http://www.internethistorypodcast.com/2016/05/
co-founder-of-tesla-marc-tarpenning/

33 percent higher: JB Straubel. "An Engineering
Update on Powertrain 1.5." Tesla Motors Blog,
May 27, 2008.
https://www.tesla.com/blog/engineering-update-
powertrain-15

Musk's ouster of Eberhard had badly shaken
morale: Martin Eberhard. "Stealth Bloodbath."
Tesla Founders Blog(since deleted, accessed via
web.archive.org), January 10, 2008.
https://web.archive.org/web/20080115134414/
http://teslafounders.wordpress.com/2008/01/10/
stealth-bloodbath/

5장

technology analyst Horace Dediu points out:
Horace Dediu. "The Entrant's Guide To The
Automobile Industry." Asymco.com, February 23,
2015.
http://www.asymco.com/2015/02/23/the-
entrants-guide-to-the-automobile-industry/

Ohno began combining Deming's ideas: Takahiro
Fujimoto. The Evolution of a Manufacturing
System at Toyota. Oxford University Press, 1999.

According to longtime VP of Powertrain
Technology Jim Dunlay: Charles Fine, Loredana
Padurean, and Milo Werner. "The Tesla Roadster
(A): Accelerated Supply Chain Learning." MIT

Sloan Management Review, 14-157, July 24, 2014.
Accessed via Studylib.net.
https://studylib.net/doc/8714121/the-tesla-
roadster--a---accelerated-supply-chain-learning

The build quality of a contemporary Lotus
Evora: Dan Neil. "Ecstasy-to-drive Lotus Evora
leaves one question: Take a check?" Los Angeles
Times, January 22, 2010.
https://www.latimes.com/archives/la-xpm-2010-
jan-22-la-fi-neil22-2010jan22-story.html

the emphasis on speed-which would … won
out: Mark Donovan and James P. Womack. "The
Tesla Way vs. The Toyota Way." The Lean Post,
June 2, 2016.
https://www.lean.org/LeanPost/Posting.
cfm?LeanPostId=581

Musk extolling eighty-hour work weeks: Olivia
Rudgard. "Elon Musk: Workers Should Put In
100 Hours a Week to Change the World." The
Telegraph, November 27, 2018.
https://www.telegraph.co.uk/
technology/2018/11/27/elon-musk-workers-
should-put-80-hoursweek-change-world/

workers reporting twelve- to sixteen-hour
shifts: Tom Randall, Josh Eidelson, Dana Hull,
and John Lippert. "Hell for Elon Musk Is a Midsize
Sedan." Bloomberg Businessweek, July 12, 2018.
https://www.bloomberg.com/news/
features/2018-07-12/how-tesla-s-model-3-
becameelon-musk-s-version-of-hell

employees sleeping in the factory: Caroline
O'Donovan. "At Tesla's Factory, Building The
Car Of The Future Has Painful And Permanent
Consequences For Some Workers." BuzzFeed
News, February 4, 2018.
https://www.buzzfeednews.com/article/
carolineodonovan/teslafremont-factory-injuries

exhaustion- and Red Bull-fueled "Tesla stare":
Tom Randall, Josh Eidelson, Dana Hull, and John
Lippert. "Hell for Elon Musk Is a Midsize Sedan."
Bloomberg Businessweek, July 12, 2018.
https://www.bloomberg.com/news/
features/2018-07-12/how-tesla-s-model-3-
becameelon-musk-s-version-of-hell

Luxury and premium car brands like Ferrari and Land Rover: "2018 What Car? Reliability Survey" What Car? November 30, 2018. https://www.whatcar.com/news/2018-what-carreliability-survey/n17826

the actor gave a less than glowing review: Tom Junod. "George Clooney's Rules for Living." Esquire, November 11, 2013. https://www.esquire.com/news-politics/a25952/georgeclooney-interview-1213/

Musk struck back, sardonically tweeting: Elon Musk. Twitter, November 12, 2013. https://twitter.com/elonmusk/status/400411503742164992

Tesla announced its first recall ever: Jay Yarow. "Tesla Recalls More Than 75% Of Its Roadsters." Business Insider, May 28, 2009. https://www.businessinsider.com/tesla-recalls-345-roadsters-2009-5

Frank would not be the last person fired from Tesla: Susan Pulliam, Mike Ramsey, and Ianthe Jeanne Dugan. "Elon Musk Sets Ambitious Goals at Tesla-and Often Falls Short." Wall Street Journal, August 15, 2016. https://www.wsj.com/articles/elon-musk-sets-ambitious-goalsat-teslaand-often-falls-short-1471275436

would continue to trade off with the principles of successful manufacturing culture throughout the company's history: Jeffrey Liker. "Tesla vs. TPS: Seeking the Soul in the New Machine." Industry Week, March 7, 2018. https://www.industryweek.com/operations/tesla-vstps-seeking-soul-new-machine

6장

We need to get the company to cash flow-positive: Chris Paine. Revenge of the Electric Car, 2011.

leading to the departure of Tesla's VP of marketing: Owen Thomas. "Tesla's Motormouth Marketer Dodged Deposit Dilemma." Valleywag,

February 26, 2009. https://gawker.com/5160624%2Fteslas-motormouth-marketer-dodged-deposit-dilemma

Tesla had just $9 million in its bank accounts: Nichola Groom, Kevin Krolicki. "Tesla sees new financing, founder offers support." Reuters, October 30, 2009. https://www.reuters.com/article/autos-tesla/tesla-sees-new-financing-founder-offers-supportidUSN3130815920081031

Musk told the New York Times: Claire Cain Miller. "Musk Unplugged: Tesla C.E.O. Discusses Car Troubles." New York Times, October 24, 2008. https://bits.blogs.nytimes.com/2008/10/24/musk-unplugged-tesla-ceo-discusses-car-troubles/

when it put out a press release: Tesla Motors press release. "Tesla Motors Receives $40 Million Financing Commitment." November 3, 2008. http://ir.tesla.com/static-files/633611b0-e8d8-44da-83de-ebfd860ca7ea

and Reuters reported that the funding was "secured": Kevin Krolicki. "Tesla secures $40 million in convertible financing." Reuters, November 3, 2008. https://www.reuters.com/article/tesla-funding/tesla-secures-40-million-in-convertible-financingidUSN0331410320081103

repeating the Christmas Eve story: "Tesla and SpaceX-Elon Musk's industrial empire." 60 Minutes, original air date March 30, 2014. YouTube video. https://youtu.be/52x0ukhE2Vo; Sebastian Blanco. "Full text of Elon Musk's Paris COP21 speech." Autoblog.com. December 5, 2015. https://www.autoblog.com/2015/12/05/full-text-of-elon-musks-paris-cop21-speech/

Eberhard had testified: "Testimony of Martin Eberhard CEO and Cofounder of Tesla Motors Inc." Finance Committee of the United States Senate, May, 1, 2007. https://www.finance.senate.gov/imo/media/doc/050107testme.pdf

Tesla had obtained a contract to supply battery packs: Sam Abuelsamid. "Tesla offers up more

details on TH!NK battery deal." Autoblog, May 23rd, 2007.
https://www.autoblog.com/2007/05/23/tesla-offers-up-more-details-on-th-nk-battery-deal/

establish a new division for this business called "Tesla Energy Group": Martin Eberhard. "Introducing Tesla Energy Group." Tesla Motors Blog, May 22, 2007.
https://web.archive.org/web/20090814225814/http:/www.teslamotors.com/blog2/?p=50

A third version, published in Wired in 2010: Joshua Davis. "How Elon Musk Turned Tesla into the Car Company of the Future" Wired, September 27, 2010.
https://www.wired.com/2010/09/ff-tesla/

Musk would later call Daimler's investment: Darren Bryant. "Elon Musk recounts Tesla's history at 2016 shareholders meeting." YouTube video, January 10, 2017.
https://youtu.be/AKfiKvbqbQw

In one of the first emails to customers: Jason Calacanis. "Tesla Customer update…." Calacanis.com, January 17, 2009.
https://calacanis.com/2009/01/17/tesla-customer-update/

predictably fueled confusion and suspicion: Tesla Motors Club. "Tesla Increases Prices for Existing 2008 Orders." Teslamotorsclub.com, January 15, 2009.
https://teslamotorsclub.com/tmc/threads/tesla-increases-prices-for-existing-2008-orders.2199/

or pony up $6,700 to $9,350 more: Tom Saxton. "The New Tesla Prices." Saxton.org, January 17, 2009.
https://saxton.org/tom_saxton/2009/01/new-tesla-prices.html

Musk wrote another email: Tom Saxton. "Elon Musk Explains the Roadster Price Increase." Saxton.org, January 22, 2009.
https://saxton.org/tom_saxton/2009/01/price-increaseexplanation.html

In a February 11, 2009, email to customers: Matt Hardigree. "Tesla Model S Coming March 26, But Where's The DOE Funding?" Jalopnik, February 11, 2009.
https://jalopnik.com/teslamodel-s-coming-march-26-but-wheres-the-doe-fundi-5151712

the DOE did announce that Tesla was among the companies: "Obama Administration Awards First Three Auto Loans for Advanced Technologies to Ford Motor Company, Nissan Motors and Tesla Motors." US Department of Energy, June 23, 2009.
https://www.energy.gov/articles/obama-administration-awards-first-three-auto-loans-advancedtechnologies-ford-motor-company

wouldn't be signed for nearly another year: "Secretary Chu Announces Closing of $465 Million Loan to Tesla Motors." US Department of Energy, January 21, 2010.
https://www.energy.gov/articles/secretary-chu-announces-closing-465-million-loan-tesla-motors

the Department of Energy confirmed: Dan Strumpf. "Tesla expects to get $350M in government funds." San Mateo Daily Journal, February 12, 2009.
www.smdailyjournal.com/news/local/tesla-expects-to-get-m-in-governmentfunds/article_4cf14333-1e53-5351-a1bb-8f47ffff4b08.html

posted the email to its blog: Elon Musk. "Tesla Motors Update." Tesla Motors Blog, via web.archive.org.
https://web.archive.org/web/20090215045336/http://www.teslamotors.com/blog2/?p=70

in August 2009, Tesla proudly announced: Chuck Squatriglia. "Tesla Finally Turns a Profit." Wired, August 7, 2009.
https://www.wired.com/2009/08/tesla-profit/

in the company's official press release: "Tesla Motors Attains Profitability Milestone." Business Wire, August 7, 2009.
https://www.businesswire.com/news/home/20090807005516/en/Tesla-Motors-Attains-Profitability-Milestone

the company filed paperwork to go public: Tesla Motors. "Form S1 Registration Statement."

US Securities and Trade Commission, January 29, 2010.
https://www.sec.gov/Archives/edgar/data/1318605/000119312510017054/ds1.htm

in fact: Tesla Motors. "IPO Prospectus." US Securities and Trade Commission, June 28, 2010. https://www.sec.gov/Archives/edgar/data/1318605/000119312510149105/d424b4.htm

telling Bloomberg that Tesla: Ronald Frover. "To the Moon: Elon Musk's High-Powered Visions." Bloomberg Businessweek, September 11, 2009. www.bloomberg.com/news/articles/2009-09-11/to-the-moon-elon-musks-high-poweredvisionsbusinessweek-business-news-stock-market-and-financial-advice

Darryl Siry reported in Wired: "Tesla Subsidy Vanishing Amid Electric Car Boom." Wired, August 2, 2010. https://www.wired.com/2010/08/tesla-subsidy-vanishing-amid-electric-vehicleboom/

according to Vance: Ashlee Vance. Elon Musk: Tesla, SpaceX, and the Quest for a Fantastic Future. New York: Ecco (HarperCollins), 2015.

Musk drove a sleek, fastback silver-gray sedan: dougdirac. "Tesla Model S unveiling party-Part1." YouTube video, March 29, 2009. https://youtu.be/OFugGJZcFoE

During a test ride in the prototype that evening: dougdirac. "Ride in the Tesla Model S sedan." YouTube video, March 27, 2009. https://youtu.be/6-GSWzsTtts

Musk emphasized the car's affordability: Tesla Motors. "Tesla unveils world's first massproduced, highway-capable EV." Tesla Motors Blog, April 20, 2010. https://www.tesla.com/blog/tesla-unveils-world%E2%80%99s-first-mass-produced-highwaycapable-ev

leading to tentative headlines like: John Voelcker. "The Tesla Model S Won't Be Real Unless Elon Musk Has a Few Hundred Million to Spare." Green Car Reports, March 26, 2009.

https://www.greencarreports.com/news/1019686_the-tesla-model-s-wont-be-real-unless-elonmusk-has-a-few-hundred-million-to-spare

by using borrowed control stalks: Bozi Tatarevic. "The Parts the Tesla Model S Shares With Other Cars." Road & Track, February 6, 2018. https://www.roadandtrack.com/carculture/a16570798/tesla-model-s-parts-other-cars-have/

the mayor of Downey told the media: Michael Graham Richard. "Mayor of Downey, CA: Deal with Tesla for Model S Factory '99.9% done.'" Treehugger, November 25, 2009. https://www.treehugger.com/corporate-responsibility/mayor-of-downey-ca-deal-with-tesla-formodel-s-factory-999-done.html

was deeply worried that "big company disease" was eroding the automaker's competitive edge: Alex Taylor III. "Toyota's new man at the wheel." Fortune, June 26, 2009. http://archive.fortune.com/2009/06/23/autos/akio_toyoda_toyota_new_president.fortune/index.htm

in May of 2010: Poornima Gupta and Chang-Ran Kim. "Toyota gets Tesla stake, Tesla gets Toyota factory." Reuters, May 20, 2010. https://www.reuters.com/article/us-tesla-toyota/toyotagets-tesla-stake-tesla-gets-toyota-factory-idUSTRE64J70O20100521

Panasonic invested $30 million in Tesla: "Panasonic Invests $30M in Tesla." New Statesman America, November 5, 2010. https://www.newstatesman.com/energy-and-cleantech/2010/11/panasonic-battery-tesla

the two firms began to partner on the next generation of EV batteries: Poornima Gupta. "Tesla, Panasonic partner on electric car batteries." Reuters, January 7, 2010. https://www.reuters.com/article/tesla-panasonic/tesla-panasonic-partner-on-electric-car-batteriesidUSN0721766720100107

culminating in a 2014 commitment to build a massive joint plant: Tesla Motors Press Release. "Panasonic and Tesla Sign Agreement for the

Gigafactory." July 31, 2014.
https://ir.teslamotors.com/news-releases/
news-release-details/panasonic-and-tesla-
signagreement-gigafactory

Musk would repeatedly blame Eberhard. "In
the Beginning." Tesla Motors Blog (since deleted,
accessed via web.archive.org).
https://web.archive.org/web/20090624221445/
http://www.teslamotors.com/blog2/?p=73;
Claire Cain Miller, "Musk Unplugged: Tesla C.E.O.
Discusses Car Troubles." New York Times, October
24, 2008.
https://bits.blogs.nytimes.com/2008/10/24/
musk-unplugged-tesla-ceodiscusses-car-troubles/

Musk told a conference: Eliot Van Buskirk. "Tesla
Motors' Musk: Let Me Run Detroit." Wired, June
15, 2009.
https://www.wired.com/2009/06/elon-musk-on-
the-inevitability-of-the-evrunning-detroit-and-
firing-a-certain-someone/

7장

Musk fired back at the entire financial
establishment: sunnydays020388. "Elon Musk
Disses Jim Cramer live on CNBC." Youtube video,
June 29, 2010.
https://youtu.be/OJ40QRTC0RA

the high-tech investors that Tesla had targeted:
Ben Wojdyla. "Inside the Secret $178 Million Tesla
IPO Presentation." Jalopnik, June 22, 2010.
https://jalopnik.com/inside-the-secret-178-
million-tesla-ipo-presentation-5569882

By presenting Tesla as a "frickin' technology
velociraptor": Lindsay Riddell. "Beware the Tesla
velociraptor." San Francisco Business Times, June
23, 2010.
https://www.bizjournals.com/sanfrancisco/
blog/2010/06/beware_the_tesla_velociraptor.html

Revenue from the Roadster: Tesla Motors. "Form
10-K." US Securities and Exchange Commission,
February 28, 2011.
https://www.sec.gov/Archives/edgar/
data/1318605/000119312511054847/d10k.htm

the loan agreement included a number
of conditions: "Loan Arrangement and
Reimbursement Agreement between Tesla Motors,
Inc and United States Department of Energy." US
Securities and Exchange Commission, January 20,
2010.
https://www.sec.gov/Archives/edgar/
data/1318605/000119312510129878/dex1037.
htm; "First Amendment to Loan Arrangement and
Reimbursement Agreement." US Securities and
Exchange Commission, June 15, 2011.
https://www.sec.gov/Archives/edgar/
data/1318605/000119312512081990/
d279413dex1037a.htm; "Limited Waiver to
the Loan Arrangement and Reimbursement
Agreement." US Securities and Exchange
Commission, February 22, 2012.
https://www.sec.gov/Archives/edgar/
data/1318605/000119312512081990/
d279413dex1037b.htm; "Second Amendment
to the Loan Arrangement and Reimbursement
Agreement." US Securities and Exchange
Commission, June 20, 2012.
https://www.sec.gov/Archives/edgar/
data/1318605/000119312512332138/
d364775dex102.htm; "Second Limited Waiver
to the Loan Arrangement and Reimbursement
Agreement." US Securities and Exchange
Commission, September 24, 2012.
https://www.sec.gov/Archives/edgar/
data/1318605/000119312512402293/
d413621dex101.htm; "Third Amendment to
the Loan Arrangement and Reimbursement
Agreement." US Securities and Exchange
Commission, December 20, 2012.
https://www.sec.gov/Archives/edgar/
data/1318605/000119312513096241/
d452995dex1037d.htm; "Fourth Amendment
to the Loan Arrangement and Reimbursement
Agreement." US Securities and Exchange
Commission, March 1, 2013.
https://www.sec.gov/Archives/edgar/
data/1318605/000119312513096241/
d452995dex1037f.htm

officially delivered the first customer Model S:
Tesla Model S "Customer Delivery Event." YouTube
video, July 31, 2012.

https://youtu.be/SLio4A13Ric

reservations were not converting into sales as fast as Tesla needed them to: Ashlee Vance. Elon Musk: Tesla, SpaceX, and the Quest for a Fantastic Future. Ecco, 2015.

the company's annual automotive sales revenue: Tesla "Form 10-K." US Securities and Exchange Commission, January 31, 2013. https://www.sec.gov/Archives/edgar/data/1318605/000119312513096241/d452995d10k.htm

Tesla hiked the prices by $2,500: George Blankenship. "2013 Model S Price Increase." Tesla Motors Blog, November 29, 2012. https://www.tesla.com/blog/2013-model-s-priceincrease

Tesla told reservation holders: Jay Cole. "Tesla 60kWh Model S Deliveries Delayed To January-February, Entry Level Until March-April." InsideEVs, December 4, 2012. https://insideevs.com/tesla-60-kwh-model-s-deliveries-delayed-january-february-entry-leveluntil-march-april/

In quarterly calls with Wall Street analysts: "Q3 2012 Tesla Motors Inc Earnings Conference Call" via Bamsec (paid service). https://www.bamsec.com/transcripts/4928460; "Q4 2012 Tesla Motors Inc Earnings Conference Call" via Bamsec (paid service). https://www.bamsec.com/transcripts/5010443

poor body panel fit: Tesla Motors Club. "Body Panel Gap and Alignment Issues." Teslamotorsclub.com, December 29, 2012. https://teslamotorsclub.com/tmc/threads/body-panelgap-and-alignment-issues.12255/

creaks and rattles: Tesla Motors Club. "Model S Squeaks, Creaks, and Rattles." Teslamotorsclub.com, November 26, 2012. https://teslamotorsclub.com/tmc/threads/model-ssqueaks-creaks-and-rattles.12221/

missing software features: Tesla Motors Club. "Tesla Needs an Army of Developers!" Teslamotorsclub.com, December 12, 2012.

https://teslamotorsclub.com/tmc/threads/tesla-needsan-army-of-developers.11829/

Earlier in the year, Musk had said: John Voelcker. "Tesla Motors Won't Need More Money, Says CEO Musk" Green Car Reports, February 15, 2012. https://www.greencarreports.com/news/1073019_tesla-motors-wont-need-more-money-saysceo-musk

Musk published a blog post: Elon Musk. "An Update From Elon Musk" Tesla Motors Blog, October 3, 2012. https://www.tesla.com/blog/update-elon-musk

contacting reservation holders and asking them to take delivery as soon as possible: Jay Cole. "Tesla Works the System To Give $7,500 Federal Credit Christmas Present to Future Model S Owners … And Maybe Themselves." InsideEVs, December 17, 2012. https://insideevs.com/tesla-works-the-system-to-give-7500-federal-credit-christmas-present-tomodel-s-owners-and-maybe-themselves/

the fact that the IRS clearly states: Internal Revenue Service. About Form 8936, Qualified Plug-in Electric Drive Motor Vehicle Credit. https://www.irs.gov/forms-pubs/about-form-8936

Tesla sent an email to reservation holders in March: Alex Davies. "Tesla Asked Buyers To Pay for Cars Early to Make It Profitable for the Quarter." Business Insider, April 3, 2013. https://www.businessinsider.com/tesla-urged-buyers-to-pay-for-cars-early-make-it-profitable-2013-4

Musk claimed to not have been aware of this "overzealous" effort: Alex Davies. "Elon Musk: Asking Buyers To Pay For Cars Early To Make Tesla Profitable Was 'Overzealous.'" Business Insider, April 5, 2013. https://www.businessinsider.com/elon-musk-email-to-buyerswas-overzealous-2013-4

On the Q1 call: "Q1 2013 Tesla Motors Inc Earnings Conference Call" via Bamsec (paid service). https://www.bamsec.com/transcripts/5067540

there was a noticeable decrease in wait times for some customers: Bloomberg TV. "Exclusive: Tesla Urged Customers to Order to Make Q1 Targets." YouTube Video, April 3, 2013. https://youtu.be/SR_0iV2ta04

completely changed its reservation system: Tesla. "Form 10-Q." US Securities and Exchange Commission, April 30, 2013. https://www.sec.gov/Archives/edgar/data/1318605/000119312513212354/d511008d10q.htm

contemporary forum posts: Tesla Motors Club. "Cancelled My Reservation - Refund Timeline is Rediculous." Teslamotorsclub.com, March 7, 2013. https://teslamotorsclub.com/tmc/threads/cancelled-my-reservation-refund-timeline-isrediculous.14587/

Musk told Tesla's PR staff: Ashlee Vance. Elon Musk: Tesla, SpaceX, and the Quest for a Fantastic Future. New York: Ecco (HarperCollins), 2015.

an asterisk-laden lease plan: Adi Robertson. "New Tesla sales plan offers the Model S for $500 a month, but only after some extremely creative math (update)." The Verge, April 2, 2013. https://www.theverge.com/2013/4/2/4175196/new-tesla-sales-plan-knocks-down-model-s-pricewith-creative-math

the goal of making its Superchargers "zombie apocalypse-proof": Todd Woody. "Elon Musk: Buy a Tesla electric car and you'll survive the zombie apocalypse." Quartz, May 30, 2013. https://qz.com/89519/elon-musk-buy-a-tesla-electric-car-and-youll-survive-the-zombieapocalypse/

battery-swap system that would automatically recharge: Lance Whitney. "Tesla demos electric battery swap in just 90 seconds." CNET, June 21, 2013. https://www.cnet.com/news/tesla-demos-electric-battery-swap-in-just-90-seconds/

an "Autopilot" system that would be able to drive itself: Richard Waters and Henry Foy. "Tesla moves ahead of Google in race to build self-driving cars." Financial Times, September 17, 2013. https://www.ft.com/content/70d26288-1faf-11e3-8861-00144feab7de

prompting a statement from the regulator warning it not to overstate its ratings: Sean Hollister. "NHTSA tells Tesla there's no such thing as a 5.4-star crash rating." The Verge, November 23, 2013. https://www.theverge.com/2013/11/23/5135258/nhtsa-tesla-star-safetyadvertising-guidelines

Chart: Tesla's stock price and trading volume from IPO through 2014: "Tesla Inc." Morningstar. https://www.morningstar.com/stocks/xnas/tsla/quote.html

Chart: Tesla's monthly operating profit and loss from 2010 through 2014: Tesla Motors. DOE Compliance Certificates delivered pursuant to Loan Arrangement and Reimbursement Agreement of January 2010; financial statements April 16, 2010 through May 15, 2013. Obtained by FOIA request; Tesla Motors. "Tesla Motors, Inc. - First Quarter 2012 Shareholder Letter." Tesla.com, May 9, 2012. https://ir.tesla.com/static-files/417d6054-dcf5-405c-84ebcb90036cbacc; Tesla Motors. "Tesla Motors, Inc. - Second Quarter 2012 Shareholder Letter." Tesla.com, July 25, 2012. https://ir.tesla.com/static-files/f262168e-0398-49fa-8f33-48f60ed70422; Tesla Motors. "Tesla Motors, Inc. - Third Quarter 2012 Shareholder Letter." Tesla.com, November 5, 2012. https://ir.tesla.com/static-files/3ca8964c-c4e2-4274-b792-241436083431; Tesla Motors. "Tesla Motors, Inc. - Fourth Quarter & Full Year 2012 Shareholder Letter." Tesla.com, February 20, 2013. https://ir.tesla.com/static-files/6c8b6893-0564-4ffe-a2ac-30049f5bb248; Tesla Motors. "Tesla Motors, Inc. - First Quarter 2013 Shareholder Letter." Tesla.com, May 8, 2013. https://ir.tesla.com/static-files/26b677b6-a22c-4222-a3c6-4bb516bfdac8; Tesla Motors. "Tesla Motors, Inc. - Second Quarter 2013 Shareholder Letter." Tesla.com. August 7, 2013. https://ir.tesla.com/index.php/static-files/8a80aee7-ca20-4ff2-9d5b-e25aae776331; Tesla. "Tesla Motors, Inc. - Third Quarter 2013 Shareholder Letter." Tesla.

com. November 5, 2013. https://ir.tesla.com/
index.php/static-files/6496fc94-630f-41c7-96c6-
94d4cafe4e86; Tesla. "Tesla Motors, Inc. - Fourth
Quarter & Full Year 2013 Shareholder Letter."
Tesla.com, February 19, 2014. https://ir.tesla.
com/index.php/static-files/dcbd65a8-c7aa-
4538-8a81-49b1b1971a14. Tesla Motors. "Tesla
Motors, Inc. - First Quarter 2014 Shareholder
Letter." Tesla.com, May 7, 2014. https://ir.tesla.
com/static-files/a6276682-8422-4150-bb10-
c9d701220537; Tesla Motors. "Tesla Motors, Inc. -
Second Quarter 2014 Shareholder Letter." Tesla.
com, July 31, 2014. https://ir.tesla.com/static-
files/b818e6ca-a8ba-4189-8b5da64b90307917;
Tesla Motors. "Tesla Motors, Inc. - Third Quarter
2014 Shareholder Letter." Tesla.com, November
5, 2014. https://ir.tesla.com/static-files/53e161cf-
e04f-495c-9fa5-60dcd79231fd; Tesla Motors.
"Tesla Motors, Inc. - Fourth Quarter & Full Year
2014 Shareholder Letter." Tesla.com, February
11, 2015. https://ir.tesla.com/static-files/
be63b49ec7ff-4c02-a5ea-2545f60e5b79

Musk's share of Tesla had already exceeded
a billion dollars: "How Elon Musk Became A
Billionaire Twice Over." Forbes, March 12, 2012.
https://www.forbes.com/sites/
calebmelby/2012/03/12/how-elon-musk-
became-a-billionairetwice-over/

he was named Fortune's businessman of the
year: Marylin Adamo and Colleen Leahey. "2013's
Top People in Business." Fortune, November 21,
2013.
http://fortune.com/2013/11/21/2013s-top-
people-in-business/

the upside could have exceeded a billion
dollars: Scott Woolley. "Tesla Is Worse Than
Solyndra." Slate, May 29, 2013.
https://slate.com/business/2013/05/tesla-is-
worse-than-solyndra-how-the-u-s-government-
bungled-its-investment-in-the-car-company-and-
cost taxpayers atleast 1-billion.html

In an end-of-quarter announcement: Tesla.
"Tesla Mode S Sales Exceed Target." US Securities
and Exchange Commission, March 31, 2013.
https://www.sec.gov/Archives/edgar/
data/1318605/000119312513135229/
d514482dex991.htm

8장

even a drive-in restaurant: Fred Lambert. "Elon
Musk talks about building retro drive-in restaurant
at Tesla Supercharger with in-car digital menu."
Electrek, January 7, 2018.
https://electrek.co/2018/01/07/elon-musk-tesla-
retro-drive-in-restaurant-supercharger/

a music streaming service: Fred Lambert. "A first
look at Tesla's own music streaming service in the
works." Electrek, August 31, 2017.
https://electrek.co/2017/08/31/tesla-
musicstreaming-service/

an object lesson in the dangers of such
hyperbull online echo chambers: Joshua Kennon.
"Case Study: Read a Group of Stockholders Realize
in Real Time They've Lost Their Entire Life Savings
When GT Advanced Technologies Declares
Bankruptcy." joshuakennon.com, October 19,
2014.
https://www.joshuakennon.com/gt-advanced-
technologies-bankruptcy/

a thread on GTAT quickly developed a
consensus: The Contrarian Investor Forum. "GT
Advanced Technologies Inc. (GTAT)" forum.
thecontrarianinvestor.com, via web.archive.org,
March 4, 2014.
https://web.archive.org/web/20180325034632/
http://forum.thecontrarianinvestor.com/index.
php?threads/gt-advanced-technologies-inc-
gtat.69/

Electrek's distinct editorial focus on promoting
Tesla and defending it from criticism: Edward
Niedermeyer. "The Truth Behind Electrek's Shady
Alliance with Tesla." The Drive, June 29, 2018.
http://www.thedrive.com/tech/21838/the-truth-
behind-electreks-dark-alliancewith-tesla

promoted Tesla stock via StockTwits: Jon Jivan's
StockTwits profile.
https://stocktwits.com/jonjiv

written about Tesla's potential as an investment: Fred Lambert's Motley Fool profile. https://boards.fool.com/profile/FredericLambert/activity.aspx

in 2015, he was sued: Michael Balaban. "Saleen Is Suing a Guy On Reddit for Calling Them a Scam." Jalopnik, July 22, 2015. https://jalopnik.com/saleen-is-suing-a-guy-on-reddit-forcalling-them-a-scam-1719508130

Lambert eventually settled: Patrick George. "Saleen Settles Lawsuit With Redditor Who Called Them A Scam." Jalopnik, July 29, 2015. https://jalopnik.com/saleen-settles-case-withreddit-user-they-sued-for-call-1720904330

but not before soliciting financial support: Zach Shahan. "Help FredTesla." Gas2, July 22, 2015. http://gas2.org/2015/07/22/help-fredtesla/

Lambert wrote an Electrek piece defending the company: Fred Lambert. "AutoNation CEO goes after Tesla, compares company to a 'Ponzi scheme' and lies about cost." Electrek, April 11, 2017. https://electrek.co/2017/04/11/tesla-autonation-ceo-ponzi-scheme/

reported that Tesla's Investor Relations team was recommending that investors get their news: Charley Grant. "Investors who have met with IR in private told me they said to go to Reddit and Electrek for news instead of the mainstream media." Twitter, March 27, 2018. https://twitter.com/CGrantWSJ/status/978730569109594112

according to the California New Car Dealers Association: Katie Burke. "Tesla referral programs draw new round of complaints from Calif. dealers." Automotive News, September 8, 2017. https://www.autonews.com/article/20170908/OEM/170909790/tesla-referral-programsdraw-new-round-of-complaints-from-calif-dealers

criticism from other automotive media outlets: Katie Burke. "Electrek faces criticism for giving readers Tesla discount codes." Automotive News, October 4, 2017. https://www.autonews.com/article/20171004/MOBILITY/171009878/electrek-faces-criticismfor-giving-readers-tesla-discount-codes

Tesla did attempt to limit full-time referral shilling. Gene. "Tesla Referral Program crackdown: Musk to 'shut down' referral code abuse." Teslarati, May 24, 2017. https://www.teslarati.com/musk-shutdown-tesla-referral-program-misuse/

Musk taunted him by posting an image of Miley Cyrus: Mike Brown. "Elon Musk Responds to Controversy Over Tesla Critic 'Montana Skeptic.'" Inverse, July 26, 2018. https://www.inverse.com/article/47461-elon-musk-responds-to-controversy-over-tesla-criticmontana-skeptic

9장

"If you travel less than 350 miles per week": Elon Musk. "The Secret Tesla Motors Master Plan (just between you and me)." Tesla Motors Blog. August 2, 2006. https://www.tesla.com/blog/secret-tesla-motors-master-plan-just-between-you-and-me

It was June of 2013, and Musk was sharing the stage with a giant obelisk: Tesla. "Tesla Motors Supercharger Event." YouTube video, September 25, 2012. https://youtu.be/wgk5-eB9oTY

In a company press release, Musk called the Supercharger network "a game changer for electric vehicles": Tesla. "Tesla Motors Launches Revolutionary Supercharger Enabling Convenient Long Distance Driving." Tesla.com, September 24, 2012. http://ir.tesla.com/newsreleases/news-release-details/tesla-motors-launches-revolutionary-supercharger-enabling

not a single station had solar panels until 2015, when one was opened in Rocklin, CA: George Parrott. "UPDATE: Tesla's First Solar-Powered Supercharger-Store-Service Center Now Open." Green Car Reports, March 2, 2015. https://www.greencarreports.com/news/1096926_teslas-first-solar-poweredsupercharger-storeservice-center-is-almost-ready

This hadn't stopped Musk from grabbing headlines in 2013: Kevin Bullis. "Tesla Is Prepared for the Zombie Apocalypse." MIT Technology Review, May 30, 2013. https://www.technologyreview.com/s/515561/tesla-is-prepared-for-the-zombie-apocalypse/

Only "a half-dozen or so" of the firm's eight hundred charging stations: Fred Lambert. "Tesla plans to disconnect 'almost all' Superchargers from the grid and go solar+battery, says Elon Musk." Electrek, June 19, 2017. https://electrek.co/2017/06/09/tesla-superchargers-solarbattery-grid-elon-musk/

When he was told on Twitter that a coal plant: Ibid.

when it held yet another event in Hawthorne to unveil a battery-swapping system: Tesla. "Battery Swap Event." Tesla.com, June 21, 2013. https://www.tesla.com/videos/battery-swapevent

a company blog post announced that the first Tesla swap station: The Tesla Team. "Battery Swap Pilot Program." Tesla.com, December 19, 2014. https://www.tesla.com/blog/battery-swappilot-program

By Memorial Day weekend, there was only one report: Edward Niedermeyer. "Tesla Battery Swap Unused Over Busy Holiday Weekend." Daily Kanban, May 27, 2015. https://dailykanban.com/2015/05/tesla-battery-swap-unused-over-busy-holiday-weekend/

suddenly forum reports flooded in of Tesla owners receiving invitations: Tesla Motors Club. "Tesla Battery Swap Program Invite-Pros and Cons?" Teslamotorsclub.com, April 18, 2015. https://teslamotorsclub.com/tmc/threads/tesla-battery-swap-program-invite-pros-and-cons.46083/

At the 2015 Tesla shareholder meeting in mid-June: Bob Sorokanich. "Musk: Tesla "unlikely" to pursue battery swapping stations." Road and Track, June 10, 2015. https://www.roadandtrack.com/new-cars/car-technology/news/a25872/elon-musk-tesla-batteryswap/

In 2013, California revised its Zero Emissions Vehicle credit system: Edward Niedermeyer. "Tesla Battery Swap: CARB's Bridge To Nowhere." Daily Kanban, June 23, 2015. https://dailykanban.com/2015/06/tesla-battery-swap-carbs-bridge-to-nowhere/

By demonstrating battery swap on just one vehicle,: Ibid.

As it turned out, the California Air Resources Board staff: Edward Niedermeyer. "Tesla Battery Swap: CARB's Bridge To Nowhere." Daily Kanban, June 23, 2015. https://dailykanban.com/2015/06/tesla-battery-swap-carbs-bridge-to-nowhere/

the company earned some $217 million from ZEV credits in 2014: John Lippert. "Will Tesla Ever Make Money?" Bloomberg Markets Magazine, March 3, 2015. https://www.bloomberg.com/news/articles/2015-03-04/as-tesla-gears-up-for-suv-investors-askwhere-the-profits-are

Tesla's pivotal Q1 2013 (non-GAAP) profit of $11 million: James R. Healey and Fred Meier. "Tesla earns first profit-$11 million in Q1." USA Today, May 8, 2013. https://www.usatoday.com/story/money/cars/2013/05/08/tesla-first-profit/2145065/

Tesla's only other quarterly profit, which brought in $22 million during the third quarter of 2016, was similarly made possible by $139 million in ZEV credit revenue: Tesla. "Tesla Third Quarter 2016 Update." Tesla.com. http://ir.tesla.com/static-files/cf3629e2-4ecd-4299-a550-2d2d2d125acb

By exploiting CARB's fast-refueling rules, Tesla appears to have earned as much as $100 million in additional revenue: Tesla Motors Club. "Blogger Claims Tesla's Battery Swap a Scam." Teslamotorsclub.com, June 2, 2015. https://teslamotorsclub.com/tmc/threads/bloggerclaims-teslas-battery-swap-a-scam.48158/page-2#post-1027921

Tesla regularly releases updates on the amount of carbon: Fred Lambert. "Tesla claims its owners saved ~2.5 million tons of CO2 - releases new map of its fleet's impact." Electrek, September 29, 2017. https://electrek.co/2017/09/29/tesla-global-fleet-carbon-emission-savedmap/

and yet new promises of off-grid Superchargers were still coming: Fred Lambert. "Tesla plans to disconnect 'almost all' Superchargers from the grid and go solar+battery, says Elon Musk." Electrek, June 9, 2017. https://electrek.co/2017/06/09/tesla-superchargers-solar-batterygrid-elon-musk/

10장

As Ashlee Vance tells it: Ashlee Vance. Elon Musk: Tesla, SpaceX, and the Quest for a Fantastic Future. Ecco, 2015.

and Musk himself disputes that there was a formal offer: Mike Ramsey. "Elon Musk Takes Uncustomary Humble Tone for Tesla's Sales." Wall Street Journal, May 4, 2015. https://blogs.wsj.com/corporate-intelligence/2015/05/04/elon-musk-takes-uncustomary-humbletone-for-teslas-sales/

I think Tesla will most likely develop its own autopilot system for the car: Alan Ohsnman. "Tesla CEO Talking With Google About 'Autopilot' Systems." Bloomberg, May 7, 2013. https://www.bloomberg.com/news/articles/2013-05-07/tesla-ceo-talking-with-google-aboutautopilot-systems

"Intense effort underway at Tesla to develop a practical autopilot system for Model S": Elon Musk. Twitter, September 18, 2013. https://twitter.com/elonmusk/status/380451200782462976

"We should be able to do 90 per cent of miles driven within three years": Richard Waters and Henry Foy. "Tesla moves ahead of Google in race to build self-driving cars." Financial Times, September 17, 2013.

https://www.ft.com/content/70d26288-1faf-11e3-8861-00144feab7de

Marc Tarpenning would later say the technology: Startup Grind. "The Story of Building Tesla." YouTube video, June 2, 2018. https://youtu.be/pGf1tyPXBpA

arguing that Google's full self-driving strategy was unnecessary: Alan Ohsnman. "Tesla CEO Talking With Google About 'Autopilot' Systems." Bloomberg, May 7, 2013. https://www.bloomberg.com/news/articles/2013-05-07/tesla-ceo-talking-with-google-aboutautopilot-systems

"In one year we will have a car that drives on auto-pilot from freeway on ramp to freeway off ramp": Dana Hull. "Five takeaways from Tesla's shareholder meeting." Silicon Beat, June 3, 2014. http://www.siliconbeat.com/2014/06/03/five-takeaways-from-teslas-shareholder-meeting/

"It's $2,500 to activate the autonomous features forever": Electrek. "Tesla press conference for the Autopilot v7.0 software." YouTube video, May 14, 2015. https://www.youtube.com/watch?v=73_Qjez1Mbl

In the Tesla blog post announcing the release of Autopilot: The Tesla Team. "Your Autopilot has arrived." Tesla Motors Blog, October 14, 2015. https://www.tesla.com/blog/yourautopilot-has-arrived

Musk echoed the warning at a press event announcing the new feature: Electrek. "Tesla press conference for the Autopilot v7.0 software." YouTube video, May 14, 2015. https://www.youtube.com/watch?v=73_Qjez1Mbl

"I went hands-free in Tesla's Model S on Autopilot, even though I wasn't supposed to": Nick Jaynes. "I went hands-free in Tesla's Model S on Autopilot, even though I wasn't supposed to." Mashable, October 14, 2015. https://mashable.com/2015/10/14/tesla-auotpilot-hands-on/

"Tesla's Cars Now Drive Themselves, Kinda": Molly McHugh. "Tesla's Cars Now Drive

Themselves, Kinda." Wired, October 14, 2015.
https://www.wired.com/2015/10/tesla-
selfdriving-over-air-update-live/

From Slate: Will Oremus. "The Paradox of the
Self-Driving Car." Slate, November 12, 2015.
https://slate.com/technology/2015/11/teslas-
autopilot-is-a-safety-feature-that-could-
bedangerous.html

to Car and Driver: Don Sherman. "Elon, Take the
Wheel! We Test Tesla's New Autopilot Feature."
Car and Driver, October 14, 2015.
https://www.caranddriver.com/news/a15352468/
elon-take-the-wheel-we-test-teslas-newautopilot-
feature/

concerns resurfaced with a vengeance when
Tesla published a blog post: The Tesla Team. "A
Tragic Loss." Tesla Motors Blog, June 30, 2016.
https://www.tesla.com/blog/tragic-loss

just months earlier had tweeted a video: Elon
Musk. Twitter, April 17, 2016.
https://twitter.com/elonmusk/status/7218292377
41621248?lang=en

it was revealed that a twenty-three-year-old
Tesla owner named Gao Yaning had died: Neal
E. Boudette. "Autopilot Cited in Death of Chinese
Tesla Driver." New York Times, September 14,
2016.
https://www.nytimes.com/2016/09/15/business/
fatal-tesla-crash-in-china-involvedautopilot-
government-tv-says.html

When Fortune magazine questioned why Tesla
had not disclosed the Brown crash: Carol J.
Loomis. "Elon Musk Says Autopilot Death 'Not
Material' to Tesla Shareholders." Fortune, July 15,
2016.
http://fortune.com/2016/07/05/elon-musk-tesla-
autopilot-stock-sale/

Autonomous car experts derided Musk's safety
statistic comparisons: Tom Simonite. "Tesla's
Dubious Claims About Autopilot's Safety Record."
MIT Technology Review, July 6, 2016.
https://www.technologyreview.com/s/601849/
teslas-dubious-claims-about-autopilotssafety-
record/

Because Tesla's data-recording capabilities did
not fit the precise definition: Bozi Tatarevic.
"Who Owns Your Vehicle's Crash Data?" The Truth
About Cars, June 30, 2016.
https://www.thetruthaboutcars.com/2016/06/
owns-vehicles-crash-data/

finally released a data-reading tool: Tesla. Tesla.
com.
https://edr.tesla.com/

in the wake of a lawsuit: Edward Niedermeyer.
"Tesla's EDR About-Face Raises More Questions."
Daily Kanban, March 5, 2018.
https://dailykanban.com/2018/03/teslas-edr-
faceraises-questions/

One such owner, profiled in the Wall Street
Journal: Mike Spector, Jack Nicas, and Mike
Ramsey. "Tesla's Autopilot Vexes Some Drivers,
Even Its Fans." Wall Street Journal, July 6, 2016.
https://www.wsj.com/articles/teslas-autopilot-
vexes-some-drivers-even-its-fans-1467827084

Musk's frustration boiled over in an October
conference call: "Elon Musk Autopilot 2.0
Conference Call Transcript." Xautoworld, October
19, 2016.
http://www.xautoworld.com/tesla/transcript-
elon-musk-autopilot-2-conference-call/

Not only did NHTSA's final report exonerate
Autopilot: Kareem Habib. "ODI Resume PE-
16-007." National Highway Traffic Safety
Administration, January 19, 2017.
https://static.nhtsa.gov/odi/inv/2016/INCLA-
PE16007-7876.PDF

Shortly after the report came out, a company
called Quality Control Systems: Safety Research
& Strategies, Inc. "Quality Control Systems Corp.
Sues DOT for Tesla Data." Safetyresearch.net, June
28, 2017.
http://www.safetyresearch.net/blog/articles/
quality-controlsystems-corp-sues-dot-tesla-data

In May 2018, NHTSA finally admitted: David
Shepardson. "U.S. safety agency says 'did not
assess' Tesla Autopilot effectiveness." Reuters, May
2, 2018.
https://www.reuters.com/article/ustesla-

autopilot/us-safety-agency-says-did-not-assess-tesla-autopilot-effectivenessidUSKBN1I334A

after two years of Tesla and NHTSA fighting QCS's calls for transparency: Safety Research&Strategies, Inc. "New Analysis Challenges Bold Tesla Claims." Safetyresearch.net, February 8, 2019.
http://www.safetyresearch.net/blog/articles/new-analysis-challenges-bold-tesla-claims

when yet another Tesla crashed while on Autopilot, killing its driver: The Tesla Team. "An Update on Last Week's Accident." Tesla Motors Blog, March 30, 2018.
https://www.tesla.com/blog/update-last-week's-accident

but the fact that Tesla and NHTSA had argued: United States District Court For The District Of Columbia Memorandum Opinion And Order, September 30, 2018.
http://www.safetyresearch.net/Library/Memorandum_Opinion_and_Order.pdf

the National Transportation Safety Board had conducted a thorough investigation: NTSB News Release. "Driver Errors, Overreliance on Automation, Lack of Safeguards, Led to Fatal Tesla Crash." National Transportation Safety Board, September 12, 2017.
https://www.ntsb.gov/news/press-releases/Pages/PR20170912.aspx

Autopilot engineers would tell the Wall Street Journal: Tim Higgins. "Tesla Considered Adding Eye Tracking and Steering-Wheel Sensors to Autopilot System." Wall Street Journal, May 14, 2018.
https://www.wsj.com/articles/tesla-considered-adding-eye-tracking-and-steeringwheel-sensors-to-autopilot-system-1526302921

a claim Musk called "false" in a tweet: Elon Musk. Twitter, May 14, 2018.
https://twitter.com/elonmusk/status/996102919811350528

11장

According to Ashlee Vance, Musk and Tesla's design boss Franz von Holzhausen: Ashlee Vance. Elon Musk: Tesla, SpaceX, and the Quest for a Fantastic Future. Ecco, 2015.

"Everyone tried to come up with an excuse as to why we couldn't do it," one engineer told Vance. Ibid.

Tesla filed a lawsuit against the US division of a Swiss automotive supplier: "Tesla Motors, Inc. v Hoerbiger Automotive Comfort Systems, LLC and Hoerbiger America Holding, Inc." Scribd, January 19, 2016.
https://www.scribd.com/document/296081396/Tesla-Complaint

Media reports implying HOERBIGER was responsible: Ibid.

door and window seal problems: Tesla Motors Club. "Seal issues?" Teslamotorsclub.com, March 15, 2016.
https://teslamotorsclub.com/tmc/threads/seal-issues.65746/

interior squeaks and rattles: Tesla Motors Club. "Anyone else have door rattles in their Model X?" Teslamotorsclub.com, April 1, 2016.
https://teslamotorsclub.com/tmc/threads/anyone-else-have-door-rattles-in-their-model-x.67081/

doors didn't align properly: Tesla Motors Club. "Driver side window hitting the frame when closing." Teslamotorsclub.com, March 23, 2016.
https://teslamotorsclub.com/tmc/threads/driverside-window-hitting-the-frame-when-closing.66339/

refused to open: Tesla Motors Club. "Driver door won't open or close completely." Teslamotorsclub.com, March 17, 2016.
https://teslamotorsclub.com/tmc/threads/driver-doorwont-open-or-close-completely.65928/

stopped self-presenting: Tesla Motors Club. "Model X Self-presenting front door." Teslamotorsclub.com, August 31, 2016.

https://teslamotorsclub.com/tmc/threads/model-x-selfpresenting-front-door.76495/page-2

even opened themselves randomly: Tesla Motors Club. "Passenger rear door popping open and screen going black." Teslamotorsclub.com, March 24, 2016.
https://teslamotorsclub.com/tmc/threads/passenger-rear-door-popping-open-and-screen-goingblack.66392/#post-1434707

owners would share the latest suggestions from their local service center: Tesla Motors Club. "Model X Auto Opening and Closing Door Issues" Teslamotorsclub.com, February 19, 2016.
https://teslamotorsclub.com/tmc/threads/model-x-auto-opening-and-closing-doorissues.62975/#post-1390791

Eventually Tesla issued a firmware update: Richard Truett. "Updated Tesla Model X falcon wing door frustrates owners." Automotive News, August 31, 2016.
https://www.autonews.com/article/20160831/OEM11/160839968/updated-tesla-model-x-falconwing-door-frustrates-owners

popularly illustrated with YouTube videos showing the doors chopping: Jason Torchinsky. "Did Tesla Quietly Remove A Safety Feature From The Model X's Falcon Doors?" Jalopnik, August 31, 2016.
https://jalopnik.com/did-tesla-quietly-remove-a-safety-feature-from-the-mode-1786000681

panels to be within specification, a mismatch was easy to see: Tesla Motors Club. "How far will Tesla go to fix alignment issues (doors, chrome trim, etc.)." Teslamotorsclub.com, April 30, 2016.
https://teslamotorsclub.com/tmc/threads/how-far-will-tesla-go-to-fix-alignment-issuesdoors-chrome-trim-etc.69311/page-9#post-1568260

on the first quarterly earnings call of 2016: Cadie Thompson. "Elon Musk keeps a sleeping bag next to Tesla's production line so that he can personally inspect vehicles." Business Insider, May 4, 2016.
https://www.businessinsider.com/elon-musk-sleeps-at-the-tesla-factory-2016-5

When the X was rated "much worse than average" in the 2018 Consumer Reports survey: Peter Valdes-Dapena. "Tesla sinks in Consumer Reports reliability rankings." CNN Business, October 24, 2018.
https://www.cnn.com/2018/10/24/cars/consumer-reports-reliabilitytesla/index.html

problems with both the self-presenting: Tesla Motors Club. "Auto-Presenting Doors not working." Teslamotorsclub.com, October 3, 2017.
https://teslamotorsclub.com/tmc/threads/autopresenting-doors-not-working.99302/

and falcon-wing doors: Tesla Motors Club. "Falcon doors (randomly) only open part-way." Teslamotorsclub.com, October 5, 2018.
https://teslamotorsclub.com/tmc/threads/falcon-doorsrandomly-only-open-part-way.130949/

seals: Tesla Motors Club. "Falcon door flaw." Teslamotorsclub.com, December 20, 2018.
https://teslamotorsclub.com/tmc/threads/falcon-door-flaw.138475/

windows: Tesla Motors Club. "Cold weather-doors won't close." Teslamotorsclub.com, January 30, 2019.
https://teslamotorsclub.com/tmc/threads/cold-weather-doorswon%E2%80%99t-close.141739/

panel fit: Tesla Motors Club. "Painting and Doors aligment issues." Teslamotorsclub.com, February 5, 2019.
https://teslamotorsclub.com/tmc/threads/painting-and-doors-aligmentissues.142178/

half-shaft consumption: Tesla Motors Club. "Acceleration Shudder." Teslamotorsclub.com, July 23, 2016.
https://teslamotorsclub.com/tmc/threads/acceleration-shudder.74184/page-21

squeaks: Tesla Motors Club "MX 7 seater squeaky second row." Teslamotorsclub.com, November 28, 2018
https://teslamotorsclub.com/tmc/threads/mx-7-seater-squeaky-secondrow.136515/

whistles: Tesla Motors Club. "Wind whistle behind dash…" Teslamotorsclub.com, January 13, 2019.

https://teslamotorsclub.com/tmc/threads/wind-whistle-behind-dash.140289/

forums remain stubbornly well-stocked with complaints: Tesla Motors Club. "Tesla is losing me." Teslamotorsclub.com, December 19, 2018. https://teslamotorsclub.com/tmc/threads/teslais-losing-me.138369/
Tesla Motors Club. "Auto-Presenting Doors not working." Teslamotorsclub.com, October 3, 2017. https://teslamotorsclub.com/tmc/threads/auto-presenting-doors-not-working.99302/
Tesla Motors Club. "Acceleration Shudder." Teslamotorsclub.com, July 23, 2016. https://teslamotorsclub.com/tmc/threads/acceleration-shudder.74184/page-21
Tesla Motors Club. "Wind whistle behind dash…" Teslamotorsclub.com, January 13, 2019. https://teslamotorsclub.com/tmc/threads/wind-whistle-behind-dash.140289/

maybe 30 percent of the parts are in common between the S and the X: Jerry Hirsch. "Tesla's Musk: New 'ludicrous' mode shoots Model S to 60 mph in 2.8 seconds." Los Angeles Times, July 17, 2015. https://www.latimes.com/business/autos/la-fi-hy-elon-musk-teslaludicrous-20150716-story.html

here was way too much complexity right at the beginning: Alistair Charlton. "Elon Musk admits the 'very foolish' mistakes he made with the Tesla Model X." International Business Times, June 7, 2017. https://www.ibtimes.co.uk/elon-musk-admits-very-foolish-mistakes-hemade-tesla-model-x-1625151

The Model X "is like a Faberg- egg of cars," he said at the 2017 shareholders meeting: Sean O'Kane. "7 Things we learned from Elon Musk's Tesla shareholder meeting." The Verge, June 6, 2017. https://www.theverge.com/2017/6/6/15750228/elon-musk-tesla-model-3-model-ytwitter-red-wine

12장

collapsed into bankruptcy and infamy: Frank Pangallo. "Sun Cube Saga." Today Tonight Adelaide, November 18, 2013. https://www.todaytonightadelaide.com.au/stories/sun-cube-saga

his Flickr folder of images of Model S vehicles with broken suspensions: Keef Wivaneef. "Tesla -Whompy Wheels." Flickr. https://www.flickr.com/photos/136377865@N05/sets/72157658490111523/

a Tesla owner named Peter Cordaro posted a thread at the Tesla Motors Club forum: Tesla Motors Club. "Suspension Problem on Model S." Teslamotorsclub.com, April 28, 2016. https://teslamotorsclub.com/tmc/threads/suspension-problem-on-model-s.69204/

Not only was Tesla covering up its quality problems, it was covering up the fact that it was covering up its quality problems: Edward Niedermeyer. "Tesla Suspension Breakage: It's Not the Crime, It's the Coverup." Daily Kanban, June 8, 2016. https://dailykanban.com/2016/06/tesla-suspension-breakage-not-crime-coverup/

the company blog post twisted my story: The Tesla Team. "A Grain of Salt." Tesla Motors Blog, June 9, 2016. https://www.tesla.com/blog/grain-of-salt

NHTSA confirmed to other sources that it was still collecting data: Jeff Cobb. "Contrary To Musk's Suggestion, NHTSA Did Not Call Tesla Suspension Complaints 'Fraudulent.'" HybridCars.com, June 14, 2016. https://www.hybridcars.com/contrary-to-musks-suggestionnhtsa-did-not-call-tesla-suspension-complaints-fraudulent/

I took the unusual step of writing a blog post: Edward Niedermeyer and Bertel Schmitt. "Declarations Under Penalty Of Perjury Re Tesla Motors." Daily Kanban, June 13, 2016. https://dailykanban.com/2016/06/declarations-penalty-perjury-re-tesla-motors/

A separate TMC thread: Tesla Motors Club. "When to report NHTSA issues?" Teslamotorsclub.com, September 18, 2013.
https://teslamotorsclub.com/tmc/threads/when-toreport-nhtsa-issues.21682/

vividly illustrated by its handling of an earlier problem that caused its vehicles to suddenly lose power: Edward Niedermeyer. "With Misleading Messages And Customer NDAs, Tesla Performs Stealth Recall." Combustion, April 2017.
http://newcartographer.com/combustion/teslarecall.html

Tesla's motivation for concealing real or potential defects or safety problems can be found: Tesla. "Form 10-Q." US Securities and Exchange Commission, April 29, 2016.
https://www.sec.gov/Archives/edgar/data/1318605/000156459016018886/tsla-10q_20160331.htm

13장

when an Elon Musk tweet suddenly blew them away: Elon Musk. Twitter, July 10, 2016.
https://twitter.com/elonmusk/status/752182992982843392

The company's stock jumped 4 percent: BBC. "Tesla stock rises after Elon Musk's masterplan tweet." BBC, July 11, 2016.
https://www.bbc.com/news/technology-36765823

Six days later, Musk tweeted: Elon Musk. Twitter, July 16, 2016.
https://twitter.com/elonmusk/status/754272832440250368

The next day he delayed again: Elon Musk. Twitter, July 17, 2016.
https://twitter.com/elonmusk/status/754772600365664768

Musk finally delivered: Elon Musk. "Master Plan, Part Deux." Tesla Motors Blog, July 20, 2016.
https://www.tesla.com/blog/master-plan-part-deux

Musk fired back: Mike Ramsey. "Mobileye Ends Partnership With Tesla." Wall Street Journal, July 26, 2016.
https://www.wsj.com/articles/mobileye-ends-partnership-with-tesla-1469544028

The war of words continued into September: Eric Auchard and Tova Cohen. "Mobileye says Tesla was 'pushing the envelope in terms of safety.'" Reuters, September 14, 2016.
https://www.reuters.com/article/us-mobileye-tesla/mobileye-says-tesla-was-pushing-theenvelope-in-terms-of-safety-idUSKCN11K2T8

and Musk contending that Mobileye: Alexandria Sage. "Tesla says Mobileye balked after learning carmaker to make own cameras." Reuters, September 15, 2016.
https://www.reuters.com/article/us-mobileye-tesla/tesla-says-mobileye-balked-after-learningcarmaker-to-make-own-cameras-idUSKCN11L2XI

Mobileye responded with a press release: Mobileye. "Mobileye Responds To False Allegations." PRNewswire, September 16, 2016.
https://www.prnewswire.com/newsreleases/mobileye-responds-to-false-allegations-300329427.html

Tesla announced that its new post-Mobileye Autopilot hardware was complete: The Tesla Team. "All Tesla Cars Being Produced Now Have Full Self-Driving Hardware." Tesla Motors Blog, October 19, 2016.
https://www.tesla.com/blog/all-tesla-cars-being-produced-now-havefull-self-driving-hardware

In a conference call with reporters: "Elon Musk Autopilot 2.0 Conference Call Transcript." Xautoworld, October 19, 2016.
http://www.xautoworld.com/tesla/transcript-elon-muskautopilot-2-conference-call/

Tesla released a video: Tesla, Inc. "Full Self-Driving Hardware on All Teslas." Vimeo video, October 19, 2016.
https://vimeo.com/188105076

Tesla filmed the car driving the route multiple times: Edward Niedermeyer. "CA DMV Report

Sheds New Light On Misleading Tesla Autonomous Drive Video." Daily Kanban, February 3, 2017. https://dailykanban.com/2017/02/ca-dmv-report-sheds-new-light-misleadingtesla-autonomous-drive-video/

Several months later, when the state of California released: California Department of Motor Vehicles: "Autonomous Vehicle Disengagement Reports 2016." https://www.dmv.ca.gov/portal/dmv/detail/vr/autonomous/disengagement_report_2016

to which he replied, "3 months maybe, 6 months definitely": Elon Musk. Twitter, January 23, 2017. https://twitter.com/elonmusk/status/823727035088416768

at least in part due to the belief: Ianthe Jeanne Dugan and Mike Spector. "Tesla's Push to Build a Self-Driving Car Sparked Dissent Among Its Engineers." Wall Street Journal, August 24, 2017. https://www.wsj.com/articles/teslas-push-to-build-a-self-driving-car-sparks-dissentamong-its-engineers-1503593742

so Musk promised that the next update: Elon Musk. Twitter, May 21, 2017. https://twitter.com/elonmusk/status/866470387248316416

By August, Tesla fan site Electrek was reporting: Fred Lambert. "Tesla has a new Autopilot '2.5' hardware suite with more computing power for autonomous driving." Electrek, August 9, 2017. https://electrek.co/2017/08/09/tesla-autopilot-2-5-hardware-computer-autonomousdriving/

By the summer of 2018, Tesla was hyping: Greg Kumparak. "Tesla is building its own AI chips for self-driving cars." TechCrunch, August 1, 2018. https://techcrunch.com/2018/08/01/tesla-is-building-its-own-ai-chips-for-self-driving-cars/

Morgan Stanley analyst Adam Jonas predicted: Michelle Jones. "Tesla Motors Inc Up After Morgan Stanley Raises Price Target." Valuewalk, August 17, 2015. https://www.valuewalk.com/2015/08/tesla-motors-morgan-stanley-raises-price-target/

the on-demand mobility market could be worth $2 trillion: Arjun Kharpal. "Tesla could be worth 'multiples' of current $50 billion market cap by 2020, fund manager says." CNBC, May 19, 2017. https://www.cnbc.com/2017/05/19/tesla-stock-valuation-driverless-taxi.html

Gartner released its latest "hype cycle" analysis: Mike Ramsey. "Autonomous Vehicles Fall Into The Trough Of Disillusionment … But That's Good." Forbes, August 14, 2018. https://www.forbes.com/sites/enroute/2018/08/14/autonomous-vehicles-fall-into-the-trough-ofdisillusionment-but-thats-good/#3b5a3c6e7b5a

John Krafcik publicly admitted that autonomous vehicles might never work in all locations: Sam Abuelsamid. "Transition To Autonomous Cars Will Take Longer Than You Think, Waymo CEO Tells Governors." Forbes, July 20, 2018. https://www.forbes.com/sites/samabuelsamid/2018/07/20/waymo-ceo-tells-governors-av-timewill-be-longer-than-you-think/#277b432cd7da

reports of heavy discounts during the third quarter of 2016: Liane Yvkoff. "Tesla Confirms-And Ends-Discounts, But Why Were They Offered In The First Place?" Forbes, September 29, 2016. https://www.forbes.com/sites/lianeyvkoff/2016/09/29/tesla-confirms-andends-discounts-but-why-were-they-offered-in-the-first-place/

14장

Tesla's earnings call for the first quarter of 2016: Thomson Reuters. "Q1 2016 Tesla Motors Inc Earnings Call Transcript." Bamsec, May 10, 2016. https://www.bamsec.com/transcripts/5986830

Musk cited line speed and volumetric density as the major areas for improvement: "This is why we're long Tesla." Teslamondo, June 2, 2016. https://teslamondo.com/2016/06/02/this-iswhy-were-long-tesla/

he mocked the slow speed of the industry's

assembly lines: Sean O'Kane. "Tesla faces a critical year, but Elon Musk is obsessed with the future." The Verge, February 8, 2018. https://www.theverge.com/2018/2/8/16990730/tesla-earnings-2017-elon-musk

straining the local road infrastructure and labor and housing markets: Benjamin Spillman. "Musk plunges Tesla into Nevada's housing crisis." Reno Gazette Journal, October 12, 2018. https://www.rgj.com/story/news/2018/10/12/elon-musk-tesla-gigafactory-nevada-housingcrisis/1619609002/

were already pointing the way to the trouble ahead: Jeff Cobb. "Model 3 'Bottleneck' Blamed on Chaos and Incompetence At Tesla Gigafactory." HybridCars.com, October 31, 2017. https://www.hybridcars.com/model-3-bottleneck-blamed-on-chaos-and-incompetence-at-teslagigafactory/

one of its trademark extravaganza events at the Fremont factory: Model 3 Owners Club. "Model 3 Delivery event live stream." YouTube video, July 28, 2017. https://youtu.be/NO9q0Rq44uc

he had recently broken up with the actress Amber Heard: Neil Strauss. "Elon Musk: The Architect of Tomorrow." Rolling Stone, November 15, 2017. https://www.rollingstone.com/culture/culture-features/elon-musk-the-architect-of-tomorrow-120850/

At the beginning of 2017: Thomson Reuters. "Q1 2017 Tesla Motors Inc Earnings Call Transcript." Bamsec, May 7, 2017. https://www.bamsec.com/transcripts/10231043

Tesla dialed those targets back: Elon Musk and Deepak Ahuja. "Tesla Second Quarter 2017 Update." Tesla.com. http://ir.tesla.com/static-files/967ca2fa-9f4c-415c-856d-ee19c184331b

Tesla revealed that it had built a total of just 260 Model 3s: Angelica LaVita and Phil LeBeau. "Tesla Model 3 deliveries lower than expected because of "production bottlenecks."" CNBC, October 2, 2017. https://www.cnbc.com/2017/10/02/tesla-q3-deliveries.html

the situation was worse than anyone had imagined: Tim Higgins. "Behind Tesla's Production Delays: Parts of Model 3 Were Being Made by Hand." Wall Street Journal, October 6, 2017. https://www.wsj.com/articles/behind-teslas-production-delays-parts-of-model-3-werebeing-made-by-hand-1507321057

Musk told analysts that the initial production run: Thomson Reuters. "Q2 2017 Tesla Motors Inc Earnings Call Transcript." Bamsec, August 31, 2017. https://www.bamsec.com/transcripts/10723104

Tesla released a technical service bulletin: Tesla, Inc. "Replace Rear Drive Unit." National Highway Traffic Safety Administration, January 23, 2018. https://static.nhtsa.gov/odi/tsbs/2018/MC-10142979-9999.pdf

multiple reports saying that a stunningly high percentage of its cars needed to be reworked: Lora Kolodny. "Tesla employees say automaker is churning out a high volume of flawed parts requiring costly rework." CNBC, March 14, 2018. https://www.cnbc.com/2018/03/14/teslamanufacturing-high-volume-of-flawed-parts-employees.html; Alexandria Sage. "Build fast, fix later: speed hurts quality at Tesla, some workers say." Reuters, November 29, 2017. https://www.reuters.com/article/us-tesla-quality-insight/build-fast-fix-later-speed-hurts-qualityat-tesla-some-workers-say-idUSKBN1DT0N3

reports published at BusinessInsider, CNBC, and Bloomberg, alleging ··· problems at the sprawling Nevada plant: Linette Lopez. "Tesla employees describe what it's like to work in the gigantic Gigafactory." Business Insider, September 4, 2018. https://www.businessinsider.com/tesla-workers-describe-working-in-gigafactory-2018-8; Linette Lopez. "Insiders describe a world of chaos and waste at Panasonic's massive battery-making operation for Tesla." Business Insider, April 16, 2019.

https://www.businessinsider.com/panasonic-battery-cell-operations-tesla-gigafactory-chaotic-2019-4; Lora Kolodny. "Tesla employees say to expect more Model 3 delays, citing inexperienced workers, manual assembly of batteries." CNBC, January 28, 2018. https://www.cnbc.com/2018/01/25/tesla-employees-say-gigafactory-problems-worse-thanknown. html; Matt Robinson and Zeke Faux. "When Elon Musk Tried to Destroy a Tesla Whistleblower." Bloomberg Businessweek, March 13, 2019. https://www.bloomberg.com/news/features/2019-03-13/when-elon-musk-tried-to-destroy-teslawhistleblower-martin-tripp

Cuts in maintenance hit the paint shop especially hard: Edward Niedermeyer. "Tesla Veterans Reveal Fires, Accidents, and Delays Inside Elon Musk's Company." The Daily Beast, June 5, 2018. https://www.thedailybeast.com/tesla-veterans-reveal-fires-accidents-and-delaysinside-elon-musks-company

Tesla eventually hit its goal of producing five thousand Model 3s per week: Drew Harwell. "Tesla hits 5,000-a-week Model 3 production goal." Washington Post, July 2, 2018. https://www.washingtonpost.com/business/economy/tesla-hits-5000-a-week-model-3-production-goal/2018/07/02/a3306ca0-7e48-11e8-b660-4d0f9f0351f1_story.html?utm_term=.595a5d3f189f

20 percent of reservations canceled by the end of the third quarter: Elon Musk and Deepak Ahuja. "Tesla Third Quarter 2018 Update." Tesla.com. http://ir.tesla.com/static-files/725970e6-eda5-47ab-96e1-422d4045f799

15장

Again and again, automotive innovations quickly shift: Horace Dediu. Twitter, April 9, 2014. https://twitter.com/asymco/status/453920989098045441

"Innovation Killers: How Financial Tools Destroy Your Capacity To Do New Things": Clayton M. Christensen, Stephen P. Kaufman, and Willy C. Shih. "Innovation Killers: How Financial Tools Destroy Your Capacity to Do New Things." Harvard Business Review, January 2008. https://hbr.org/2008/01/innovation-killers-how-financial-tools-destroy-your-capacity-todo-new-things

as Ghosn explained it to Wired magazine: Chuck Squatriglia. "Q&A: Renault-Nissan CEO Pledges $5.6 Billion for EVs." Wired, June 16, 2011. https://www.wired.com/2011/06/qa-withcarlos-ghosn/

Wired said he was "either a brilliant visionary or crazy as a loon": Chuck Squatriglia. "Q&A: Renault-Nissan CEO Pledges $5.6 Billion for EVs." Wired, June 16, 2011. https://www.wired.com/2011/06/qa-with-carlos-ghosn/

Porsche also joined with BMW to one-up Tesla on charging speed, rolling out fast chargers capable of 450 kilowatts in Europe: Jon Porter. "Porsche and BMW unveil EV charger that's three times faster than Tesla's." The Verge, December 14, 2018. https://www.theverge.com/2018/12/14/18140868/fastcharge-porsche-bmw-450kw-electricvehicle-charging-station

with prices as low as 20,000 euros, and generating three million sales per year: Edward Taylor and Jan Schwartz. "Bet everything on electric: Inside Volkswagen's radical strategy shift." Reuters, February 5, 2019. https://www.reuters.com/article/us-volkswagen-electricinsight/bet-everything-on-electric-inside-volkswagens-radical-strategy-shift-idUSKCN1PV0K4

It isn't just talk, either: VW has committed over $90 billion to its electric vehicle strategy: Andreas Franke. "Volkswagen Group doubles electric vehicle battery contract volume to Eur40 billion" S&P Global Platts, May 8, 2018. https://www.spglobal.com/platts/en/marketinsights/latest-news/metals/050818-

volkswagen-group-doubles-electric-vehicle-
battery-contractvolume-to-eur40-billion

By 2018, with China's plug-in vehicle market
growing to roughly triple the size of that of the
United States: Roland Irle. "China Plug-in Vehicle
Sales for the 1st Half of 2018." EVvolumes. com.
http://www.ev-volumes.com/country/china/

Then, suddenly an opportunity presented itself:
China relaxed its rules: Bloomberg News, with
assistance by Ying Tian, Yan Zhang, Christoph
Rauwald, Elisabeth Behrmann, Kevin Buckland,
Jeanny Yu, and Jamie Butters. "Tesla Gets
Edge Under China's Relaxed Rules for Foreign
Automakers." Bloomberg, April 17, 2018.
https://www.bloomberg.com/news/
articles/2018-04-17/china-to-remove-auto-
ventures-foreignownership-limit-by-2022

its China-made vehicles would face even
tougher pricing challenges in a market where
the top-selling EV: Mark Kane. "Nearly 1 In
Every 25 Cars Sold In China Plugged In This July."
InsideEVs, August 23, 2018.
https://insideevs.com/1-in-25-cars-sold-china-
plug-in/

its market for these micro-EVs boomed to 1.75
million in the same year: Trefor Moss. "China's
Giant Market for Really Tiny Cars." Wall Street
Journal, September 21, 2018.
https://www.wsj.com/articles/chinas-giant-
market-for-tiny-cars-1537538585

16장

The crowd went nuts as Elon Musk emerged:
Tesla. "Tesla Semi & Roadster Unveil." YouTube
video, December 14, 2017.
https://youtu.be/5RRmepp7i5g

the new Roadster instantly inspired a meme:
"Tesla Roadster Comparisons." KnowYourMeme
com, November 21, 2017.
https://knowyourmeme.com/memes/tesla-
roadstercomparisons

when Musk announced pricing: Claudia Assis.

"Want the new Tesla Roadster in 2020? Prepare
to pay Tesla $250,000 now." MarketWatch,
November 22, 2017.
https://www.marketwatch.com/story/want-the-
new-tesla-roadster-in-2020-prepare-to-pay-tesla-
250000-now-2017-11-17

Tesla's board proposed a new ten-year
compensation plan for Musk: Tesla. "Tesla
Announces New Long-Term Performance Award
for Elon Musk." Tesla.com, January 23, 2018.
http://ir.tesla.com/news-releases/news-
release-details/tesla-announces-new-long-
termperformance-award-elon-musk

claiming that he tweets under the influence:
Elon Musk. Twitter, June 6, 2017.
https://twitter.com/elonmusk/
status/872260000491593728

admitting he might be bipolar: Katie Collins. "Elon
Musk tweets about 'terrible lows and unrelenting
stress.'" CNET, July 31, 2017.
https://www.cnet.com/news/elon-musk-tweets-
aboutterrible-lows-and-unrelenting-stress/

Musk cut short questions about Tesla's
reservations and capital requirements: Thomson
Reuters. "Q1 2018 Tesla Motors Inc Earnings Call
Transcript." Bamsec, June 1, 2018.
https://www.bamsec.com/transcripts/11482485

he claimed to be launching a website: Matt
Stevens. "Why Is Elon Musk Attacking the Media?
We Explain. (Also, Give Us a Good Rating!)" New
York Times, May 24, 2018.
https://www.nytimes.com/2018/05/24/business/
elon-musk-tesla-twitter-media.html

he repeated the accusation in an angry,
profanity-laced email: Ryan Mac, Mark DiStefano,
and John Paczkowski. "In A New Email, Elon Musk
Accused A Cave Rescuer Of Being A 'Child Rapist'
And Said He 'Hopes' There's A Lawsuit." Buzzfeed,
September 4, 2018.
https://www.buzzfeednews.com/article/
ryanmac/elon-musk-thai-cave-rescuer-
accusationsbuzzfeed-email

even Musk's most loyal investors expressed
concern: Sam Levin. "Tesla investors demand Elon

Musk apologize for calling Thailand diver 'pedo.'"
The Guardian, July 17, 2018.
https://www.theguardian.com/technology/2018/
jul/17/tesla-elon-musk-thailand-diver-pedo

his own tweet on August 7, 2018: Elon Musk.
Twitter, August 7, 2018.
https://twitter.com/elonmusk/
status/1026872652290379776

Coming on the same day as news: Arash
Massoudi. "Saudi Arabia's sovereign fund builds
$2bn Tesla stake." Financial Times, August 7, 2018.
https://www.ft.com/content/42ca6c42-a79e-
11e8-926a-7342fe5e173f

Within a week of Musk's tweet: Matthew
Goldstein, Jessica Silver-Greenberg, and Kate
Kelly. "Tesla Is Said to Be Subpoenaed by S.E.C.
Over Elon Musk Tweet." New York Times, August
15, 2018.
https://www.nytimes.com/2018/08/15/business/
tesla-musk-sec-subpoenagoldman.html

began posting outlandish and attention-
grabbing claims: Constance Grady. "Banks, Elon
Musk, and Grimes, explained." Vox, August 16,
2018.
https://www.vox.com/2018/8/16/17692700/
azealia-banks-elon-musk-grimes-explained

a lengthy and rambling appearance on the
popular Joe Rogan podcast: PowerfulJRE. "Joe
Rogan Experience #1169 - Elon Musk." Youtube
video, September 6, 2018.
https://youtu.be/ycPr5-27vSI

Musk abruptly rejected the offer and threatened
to leave the company: James B. Stewart. "Elon
Musk's Ultimatum to Tesla: Fight the S.E.C., or I
Quit." New York Times, October 2, 2018.
https://www.nytimes.com/2018/10/02/business/
tesla-elon-musk-sec.html

The next day the SEC publicly filed suit:
Matthew Goldstein and Emily Flitter. "Tesla Chief
Elon Musk Is Sued by S.E.C. in Move That Could
Oust Him." New York Times, September 27, 2018.
https://www.nytimes.com/2018/09/27/business/
elon-musk-sec-lawsuit-tesla.html

receiving a phone call from Mark Cuban: Susan
Pulliam, Dave Michaels, and Tim Higgins. "Mark
Cuban Prodded Tesla's Elon Musk to Settle SEC
Charges." Wall Street Journal, October 4, 2018.
https://www.wsj.com/articles/mark-cuban-
prodded-teslas-elon-musk-to-settle-
seccharges-1538678655

a subsequent tweet taunting the SEC: Elon
Musk. Twitter, October 4, 2018.
https://twitter.com/elonmusk/status/1047943670
350020608?lang=en

forty-one top-level executives ··· according to
one count: Sara Salinas. "Tesla keeps losing senior
leadership-here are some of the key departures
this year." CNBC, September 8, 2018.
https://www.cnbc.com/2018/09/07/tesla-
executive-departures-in-2018.html

Tesla slashed Model 3 prices by $2,000: Clifford
Atiyeh. "Tesla cuts prices on Model 3, Model S,
and Model X by $2000." Car and Driver, January 2,
2019.
https://www.caranddriver.com/news/a25725993/
tesla-price-cut-model-3/

another $1,100 in February: "Tesla cuts Model 3
price for second time this year." CNBC, February 5,
2019.
https://www.cnbc.com/2019/02/06/tesla-cuts-
model-3-price-for-second-timethis-year.html

slashing thousands of jobs: The Tesla Team.
"Company Update." Tesla Motors Blog. January 18,
2019.
https://www.tesla.com/blog/tesla-company-
update

"There is a strong indication that ··· note
circulated at the end of January: Sonam Rai and
Jasmine I S, "Musk not worried about Tesla Model
3 demand, Wall Street thinks otherwise." Reuters.
January 31, 2019.
https://www.reuters.com/article/us-tesla-
results-stocks/musk-notworried-about-tesla-
model-3-demand-wall-street-thinks-otherwise-
idUSKCN1PP1TO

Tesla tweeted about new store openings: Tesla,
Twitter. December 10, 2018.

https://twitter.com/Tesla/
status/1072297925957554176

it was promptly reported that once again many
employees had no idea: Dana Hull. "Tesla Sell-
Off Worsens After Elon Musk's Surprise Store
Closings." Bloomberg. March 4, 2019.
https://www.bloomberg.com/news/
articles/2019-03-05/musk-is-said-to-blindside-
tesla-staffwith-store-closing-plans

Tesla walked them back days later: Tom
Krisher. "Tesla walks back its plan to close most
showrooms." March 11, 2019.
https://www.foxnews.com/us/tesla-walks-back-
its-plan-to-closemost-showrooms

reports that planned deliveries of the Standard
Range Model 3 were canceled by Tesla at the
last minute: Edward Niedermeyer. "Tesla Delaying
Deliveries of Standard Range Model 3." The Drive,
March 25, 2019.
https://www.thedrive.com/tech/27150/tesla-
delaying-deliveries-ofstandard-range-model-3

The cheapest version was then pulled: Tim
Higgins. "Tesla Halts Online Sales of $35,000
Version of Model 3." Wall Street Journal, April 12,
2019.
https://www.wsj.com/articles/teslahalts-online-
sales-of-35-000-version-of-model-3-weeks-after-
introducing-it-11555050405

sales referral program that Tesla canceled
in January: Andrew J. Hawkins. "Tesla to end
customer referral program, Elon Musk says." The
Verge. January 17, 2019.
https://www.theverge.
com/2019/1/17/18186753/tesla-end-customer-
referral-program-elon-musk

and brought back in March: Sean Hollister. "Tesla
brings back its customer referral program-with
fewer free cars." The Verge, March 21, 2019.
https://www.theverge.
com/2019/3/21/18276559/tesla-brings-back-its-
customer-referral-programwith-fewer-free-cars

a series of changes to Autopilot pricing: Rob
Stumpf. "Musk Says Lowering Price Was A Mistake,
Tesla to Also Increase Autopilot Cost." The Drive,

March 12, 2019.
https://www.thedrive.com/news/26902/musk-
says-lowering-price-was-a-mistake-tesla-to-
alsoincrease-autopilot-cost

the SEC hauling Musk back to court: Ahiza
Garcia. "SEC: Elon Musk's failure to comply with
court order over his tweets is 'stunning.'" CNN
Business, March 19, 2019.
https://www.cnn.com/2019/03/18/tech/elon-
musk-sec-contempt-of-court/index.html

sudden departure of the general counsel Tesla
had hired: Ryan Lovelace. "Tesla GC Butswinkas
Makes Hasty Return to Williams & Connolly."
National Law Journal, February 20, 2019.
https://www.law.com/
nationallawjournal/2019/02/20/tesla-gc-
butswinkas-makes-hastyreturn-to-williams-
connolly/

summarized by the prominent $TSLAQ account
@TeslaCharts: TeslaCharts. "The $TSLA bull thesis
is the same as the bear thesis: Elon Musk is willing
to do anything to win. Anything. We saw that in
spades last night." Twitter, October 25, 2018.
https://twitter.com/TeslaCharts/
status/1055420713253982208

17장

a projected capacitive touchscreen: Andrew
Rassweiler, Mark Boyadjis, and Stephanie
Brinley. "Tesla Motors: A case study in disruptive
innovation." IHS Markit, October 7, 2014.
https://ihsmarkit.com/research-analysis/
q14-tesla-motors-a-case-study-in-
disruptiveinnovation.html

a dashboard can reach: Hussain H. Al-Kayiem.
"Study on the Thermal Accumulation and
Distribution Inside a Parked Car Cabin." American
Journal of Applied Sciences, January 2010.
https://www.researchgate.net/
publication/46179184_Study_on_the_Thermal_
Accumulation_and_Distribution_Inside_a_Parked_
Car_Cabin

even without help from: Cristian Sorin

Popescu. "Thermal and fluid simulation of the environment under the dashboard, compared with measurement data." IOP Conference Series: Material Science and Engineering, October 2017. https://www.researchgate.net/publication/320579641_Thermal_and_fluid_simulation_of_the_environment_under_the_dashboard_compared_with_measurement_data

In 2012-2015 Teslas: Tesla Motors Club. "bubbles on touchscreen." Teslamotorsclub.com, October 18, 2015. https://teslamotorsclub.com/tmc/threads/bubbles-on-touchscreen.55868/

In 2012-2015 Teslas: Tesla Motors Club. "Touchscreen: Mositure/Leak?" Teslamotorsclub.com, August 16, 2015. https://teslamotorsclub.com/tmc/threads/touchscreenmositure-leak.51679/

In 2012-2015 Teslas: Tesla Motors Club. "Bubbles on Display." Teslamotorsclub.com, March 31, 2017. https://teslamotorsclub.com/tmc/threads/bubbles-on-display.88412/

In 2012-2015 Teslas: "Gel Leaking from Touchscreen." Forums.tesla.com, November 12, 2015. https://forums.tesla.com/forum/forums/gel-leaking-touchscreen

In 2012-2015 Teslas: "Touch screen bubbles / leakage." Forums.tesla.com, August 12, 2017. https://forums.tesla.com/forum/forums/touch-screen-bubbles-leakage

yellow bands forming around the edge of screens in 2016 and later Teslas: Tesla Motors Club. "The yellow screen fringe, seems to be a bigger issue for them." Teslamotorsclub.com, August 21, 2018. https://teslamotorsclub.com/tmc/threads/the-yellow-screen-fringe-seems-to-bea-bigger-issue-for-them.126429/

yellow bands forming around the edge of screens in 2016 and later Teslas: Tesla Motors Club. "Yellow ring around Main Display?" Teslamotorsclub.com, August 22, 2018.

https://teslamotorsclub.com/tmc/threads/yellow-ring-around-main-display.106017/

yellow bands forming around the edge of screens in 2016 and later Teslas: Tesla Motors Club. "screen discoloration." Teslamotorsclub.com, August 10, 2017. https://teslamotorsclub.com/tmc/threads/screen-discoloration.96016/

yellow bands forming around the edge of screens in 2016 and later Teslas: "Yellow band along borders of touchscreen." Forums.tesla.com, September 21, 2017. https://forums.tesla.com/forum/forums/yellow-band-along-borders-touchscreen

yellow bands forming around the edge of screens in 2016 and later Teslas: "MCU Touch Screen Yellow Border: Dealer Update." Forums.tesla.com, December 5, 2018. https://forums.tesla.com/forum/forums/mcu-touch-screen-yellow-border-dealer-update

almost certainly tied to high heat: Silvia Cruz et al. "Analysis of the bonding process and materials optimization for mitigating the Yellow Border defect on optically bonded automotive display panels." Displays, February 2017. https://www.researchgate.net/publication/314125064_Analysis_of_the_bonding_process_and_materials_optimization_for_mitigating_the_Yellow_Border_defect_on_optically_bonded_automotive_display_panels

the company would not replace screens: Tesla Motors Club. "Tesla halts center screen replacements." Teslamotorsclub.com, November 30, 2018. https://teslamotorsclub.com/tmc/threads/tesla-halts-center-screen-replacements.136674/

Apple iPhones: MacRumors. "iPhone 5 edge of screen turning yellow?" MacRumors, March 25, 2014. https://forums.macrumors.com/threads/iphone-5-edge-of-screen-turningyellow.1719879/

Microsoft Surface Books: iFixIt. "Yellow streak around edge of screen." iFixit, July 26, 2017. https://www.ifixit.com/Answers/View/414634/Yell

ow+streak+around+edge+of+screen

what if a website: Tesla Motors Club. "Tesla blames MCU resets on Tesla Waze Website." Teslamotorsclub.com, May 24, 2018.
https://teslamotorsclub.com/tmc/threads/tesla-blames-mcuresets-on-tesla-waze-website.116126/

or a software update: Tesla Motors Club. "48.12.1 = Daily MCU Crash." Teslamotorsclub.com, January 2, 2019.
https://teslamotorsclub.com/tmc/threads/48-12-1-dailymcu-crash.139405/

a website made your odometer fail: Tesla Motors Club. "Advice on ICU / MCU issues(S90D 2017)." Teslamotorsclub.com, May 16, 2018.
https://teslamotorsclub.com/tmc/threads/advice-on-icu-mcu-issues-s90d-2017.115458/

"we've got people, like, writing apps for the car": Sival Teokal. "Elon Musk takes first Model S buyer for a spin (2009)." YouTube video, June 30, 2015.
https://youtu.be/1llEcjAlDjY